NAPOLÉON Ier

PAR

LE Dr A. FOURNIER

MEMBRE DE LA CHAMBRE DES DÉPUTÉS AUTRICHIENNE,
PROFESSEUR ORDINAIRE A L'UNIVERSITÉ ALLEMANDE DE PRAGUE

TRADUIT PAR E. JAEGLÉ

TOME DEUXIÈME

1802-1810

PARIS
ÉMILE BOUILLON, ÉDITEUR
67, RUE RICHELIEU, 67

1892

DERNIÈRES PUBLICATIONS

GUERRE DE CÉSAR ET D'ARIOVISTE

Et premières opérations de César en l'an 702

Par le baron STOFFEL

Un vol. gr. in-4 avec cartes et plans en couleurs

Prix : **30** fr.

HISTOIRE DE JULES CÉSAR

GUERRE CIVILE

Par le Même

2 volumes grand in-4, avec un atlas de 24 cartes

Prix : **100** francs.

Histoire du règne de Marie Stuart

Par M. PHILIPPSON

Tomes I et II. — 2 volumes in-8

Prix : **12** fr.

LA POLITIQUE EXTÉRIEURE DE LOUISE DE SAVOIE

Relations diplomatiques de la France et de l'Angleterre

Pendant la captivité de François Ier (1525-1526)

Par G. JACQUETON

1 vol. gr. in-8. — Prix : **13** fr. **50**

Les derniers Carolingiens

LOTHAIRE, LOUIS V, CHARLES DE LORRAINE (954-991)

Par F. LOT

1 vol. gr. in-8. — Prix : **13** fr.

NAPOLÉON Ier

NAPOLÉON IER

NAPOLÉON Ier

PAR

Le Dr A. FOURNIER

MEMBRE DE LA CHAMBRE DES DÉPUTÉS AUTRICHIENNE,
PROFESSEUR ORDINAIRE A L'UNIVERSITÉ ALLEMANDE DE PRAGUE

TRADUIT PAR E. JAEGLÉ

TOME DEUXIÈME

1802-1810

PARIS
ÉMILE BOUILLON, ÉDITEUR
67, RUE RICHELIEU, 67

1892

NAPOLÉON IER

1802-1810

I

Les dernières années du Consulat. Napoléon empereur.

La paix générale signée en 1802 fut pour la France une source de fortune et de considération. Les étrangers affluaient en foule à Paris pour visiter les lieux immortalisés par la Révolution et contempler l'homme qui avait su apaiser les flots soulevés. On eût dit que le centre du monde se trouvait sur les bords de la Seine, dans cette ville dont les habitants se reprenaient à mener une existence réglée faite de travail et de plaisir. Ce n'était plus la sarabande furieuse des premiers temps du Directoire. Alors tous étaient à la vérité heureux d'avoir échappé au règne de la Terreur mais ne se croyaient nullement sûrs du lendemain ; maintenant on jouissait en paix ; le travail avait repris son cours régulier et donnait des gains honnêtes tandis que, quelques années auparavant, c'avait été un agiotage insolent, une soif effrénée de l'argent gagné n'importe comment. Les éléments modérés, la bourgeoisie, que Napoléon avait impitoyablement mitraillée en Vendémiaire — ses rêves, disait-il, en étaient encore hantés sans cesse — ces modérés avaient à présent le sentiment d'une sécurité plus complète qu'elle n'avait jamais été sous l'ancien régime et en déportant — injustement — les députés jacobins, il avait voulu affirmer que l'homme qui tenait les rênes du gouvernement depuis le 18 brumaire, n'avait rien de commun avec le général de la Convention de 1795, et il avait atteint son but. Les partisans de la royauté étaient rentrés en grand nombre en France ; ils avaient recouvré leurs biens, en partie du moins. Ceux qu'on appelait *les nouveaux riches*, et tous ceux qui avaient acheté des biens nationaux acquéraient la certitude, grandissante de jour en jour, de ne pas être dépossédés en voyant Napoléon renoncer toujours plus nettement à jouer le rôle de Monk. Ceux-là par conséquent désiraient le voir exercer le pouvoir personnel pour être à l'abri des excès révolutionnaires, ceux-ci pour n'avoir pas à redouter le retour des Bourbons, tous pour pouvoir travailler et jouir en paix.

Il importait fort peu qu'il y eût en face de la masse représentant les intérêts et la force matériels, un certain nombre de républicains intraitables qui déploraient la perte de leur liberté politique absolue, ou bien encore l'altière noblesse du faubourg Saint-Germain qui préférait avoir pour maître un roi légitime plutôt qu'un parvenu peu au courant des belles manières. La masse de la nation en avait assez de la politique et elle subissait de bon gré la tyrannie du nouveau gouvernement qui rétablissait l'ordre et le garantissait. Ce qui caractérise le Consulat c'est la confiance absolue qu'on mettait en celui qui avait su vaincre les ennemis du dehors comme ceux de l'intérieur. Le pouvoir absolu d'un seul homme était à ce moment-là tout aussi populaire que *la liberté l'égalité et la fraternité* de tous l'avaient été auparavant. Fort de cette popularité, le nouveau monarque pouvait se permettre bien des choses, presque tout. Il s'est tout permis, et c'est ce qui fut cause de sa chute.

Quiconque avait quitté Paris au début de la période consulaire et y rentrait après quelques années, comme ce fut le cas pour le conseiller d'État Miot de Mélito, par exemple, était saisi d'étonnement à la vue des changements survenus pendant son absence. Partout les derniers vestiges de l'époque révolutionnaire avaient disparu. Dans les dernières années du siècle la mode avait imposé un costume mi-civil, mi-militaire ; maintenant on reprenait celui de l'ancien régime ; on ne portait plus le sabre mais l'épée de cérémonie ; les bottes avaient cédé le pas aux bas et aux souliers à boucle. Seuls les émigrés rentrés en France portaient, pour faire montre de leur pauvreté, le costume égalitaire, frac et pantalon. On ne s'appelait plus *citoyen*, mais *Monsieur* et en 1803 l'Almanach officiel alla jusqu'à prescrire l'emploi du mot *Madame*, au lieu de citoyenne. Le calendrier républicain était, à la vérité, encore en usage, mais le décadi avait fait place à l'ancien dimanche, et personne — le premier Consul moins encore que les autres — ne négligeait d'assister à la messe ce jour-là. Les rues avaient repris leurs anciennes dénominations, le Palais Égalité s'appelait de nouveau Palais-Royal, la Place de la Révolution était redevenue la Place Louis XV. La littérature à la mode reniait les coryphées de la France éclairée et philosophique, les Voltaire, les Rousseau, dans les écrits desquels on voyait la cause première de tout le mouvement révolutionnaire.

Mais c'est dans l'entourage immédiat de Napoléon qu'on pouvait constater la différence la plus profonde. Les Tuileries, qu'il était venu occuper en Janvier 1800 comme résidence du chef de l'État, étaient devenues le séjour d'une véritable cour. Il y régnait une étiquette sévère où tout était réglementé. Les femmes auxquelles le régime démocratique n'avait concédé aucun droit politique, en eurent à présent : Joséphine avait ses audiences tout comme son époux. Tout, à l'exception des mots de consul et de république, était monarchique et personnel ; tout se concentrait en un seul homme dominant tout. Dans cette cour où — par ordre — on faisait revivre les usages de l'ancienne royauté et où l'on nommait de préférence aux différentes fonctions des membres de l'aristocratie, hommes du monde, bien des choses rappelaient, il est vrai, l'élévation subite du maître. On y voyait des gens qui, selon l'expression sarcastique de Talleyrand, ne savaient pas marcher sur un parquet ciré, des femmes d'officier bien gauches, d'origine obscure et ne payant pas de mine, des généraux plutôt bien dressés que bien élevés qui obéissaient servilement au caprice fait de calcul et de nervosité d'un homme qui avait pour principe de stimuler le zèle en inspirant la crainte. Le despotisme de Napoléon ne tolérait aucune contradiction ; il était d'ailleurs d'un caractère à ne pas accepter d'entraves, pas même celles qu'acceptait tout le monde. « Je ne suis pas un homme comme un autre, disait-il, et les lois de morale ou de convenance ne peuvent être faites pour moi. » On prétend en effet, qu'il poussa le mépris des choses qui pour tous sont sacrées jusqu'à donner à sa femme le droit de l'accuser d'avoir avec ses propres sœurs un commerce incestueux. Il était d'ailleurs resté l'être sombre et morne que nous avons connu. Les succès qu'il avait remportés n'avaient pas transformé le rêveur en un homme joyeux et serein. Il avait des moments de tristesse qui plus tard allaient faire place à une humeur noire et chagrine. « Je ne suis pas fait pour le plaisir », avait-il coutume de dire et ce que nous savons des moyens qu'il employait pour se distraire prouve amplement qu'il disait vrai. « Je l'ai vu se passionner, écrit Mme de Rémusat, au murmure du vent, parler avec enthousiasme des mugissements de la mer, être tenté quelquefois de ne pas croire hors de toute vraisemblance les apparitions nocturnes, enfin avoir du penchant pour certaines superstitions. Lorsque, en quittant son cabinet, il entrait le soir dans le salon de Mme Bonaparte, il lui arrivait quelquefois de faire couvrir les bougies d'une gaze blanche ; il nous prescrivait un profond silence, et se plaisait à nous faire ou à nous entendre conter des histoires de revenants ; ou bien il écoutait des morceaux de musique lents et doux, exécutés par des chanteurs italiens, accompagnés seulement d'un petit nombre d'instruments légèrement ébranlés. On le voyait alors tomber dans une rêverie que chacun respectait, n'osant ni faire un mouvement, ni bouger de sa place. Au sortir de cet état qui semblait lui avoir procuré une sorte de détente, il était ordinairement plus serein et plus communicatif. »

Depuis qu'on avait attenté à sa vie, Bonaparte s'était isolé toujours davantage. On ne pouvait l'approcher et lui remettre des pétitions qu'aux revues qu'il passait dans la cour des Tuileries. Il ne traversait la ville qu'avec une forte escorte de cavalerie autour de son carrosse, et quand il allait au théâtre, ce qu'il faisait régulièrement, il fallait un énorme déploiement de police qui s'étendait jusqu'aux premières coulisses situées en face de sa loge : elles étaient occupées par un détachement de la garde consulaire. A la Malmaison, des patrouilles d'un fort effectif parcouraient les allées du parc et jamais le Premier Consul ne rentrait à Paris sans que la police n'eût fouillé les rues qu'il allait traverser. Il était rempli d'une profonde méfiance à l'égard de tous. Parfois il devenait invisible pour les ministres eux-mêmes ; il leur faisait tenir ses ordres par un de ses jeunes aides de camp. Comme il n'agissait que par calcul, il cherchait à pénétrer le but et le mobile des actions d'autrui. Rien ne lui semblait mieux fondé que le principe de Machiavel qu'avec ses amis il fallait toujours se comporter comme vis-à-vis de gens qui pourraient fort bien devenir des ennemis. Il n'avait aucune magnanimité et il ne supposait pas que les actions des autres pussent avoir des mobiles élevés. Un jour Bourrienne, son secrétaire, perdit sa montre. L'homme qui l'avait trouvée la rapporta et Napoléon fut tellement surpris de cette action honnête qu'il le libéra du service militaire et s'intéressa à sa famille. Ce qu'il pensait de l'honnêteté, il le pensait également de la véracité ; selon lui, la vérité n'était pas toujours bonne à dire. Il se plaisait à raconter que son oncle lui avait prédit « qu'il gouvernerait le monde, parce qu'il avait coutume de mentir toujours. » Aussi ne se fiait-il pas à la seule police officielle ; il avait, au contraire, à côté d'elle et cela surtout à partir de 1802 où Fouché perdit son portefeuille, différentes agences de police secrète dirigées par ses généraux les plus dévoués, Duroc, Savary, Davout, Moncey, Junot et autres, et qui se contrôlaient réciproquement.

Ce fut Joséphine, aristocrate de naissance, qui parvint à attirer la noblesse française à la cour du

Premier Consul. Grâce à elle et à ses relations datant d'avant la révolution, mainte famille portant un grand nom fut réconciliée avec l'état de choses présent et trouva son intérêt à voir se consolider le nouveau régime. Par contre les frères du consul, Joseph et Lucien, affectaient un certain républicanisme qui, d'ailleurs, n'avait pas de racines assez profondes pour que finalement la volonté énergique du nouveau César n'en pût triompher. Ce fut au moins le cas pour Joseph. Quant à Lucien qui avait amassé une grande fortune comme ambassadeur à Madrid, il se brouilla avec Napoléon parce qu'il contracta mariage avec une bourgeoise au lieu d'épouser la reine d'Étrurie devenue veuve, et qu'il refusa de divorcer malgré les instances de son frère, ce qui finalement lui valut d'être exilé. Plus tard il se plaisait à faire montre de sentiments démocratiques quoiqu'il soit à peu près prouvé qu'en 1801 il caressait le rêve d'être roi. Quant au troisième frère, Louis, il avait épousé, à l'instigation de Joséphine, la belle Hortense Beauharnais, fille de celle-ci. Les deux jeunes gens n'y avaient consenti qu'à contre-cœur ; l'union ne fut pas heureuse ; elle était la preuve éclatante de l'hostilité qui régnait entre les deux familles, les Bonaparte et les Beauharnais. La cause en était à la stérilité de Joséphine, grâce à laquelle ses enfants, le beau-fils et la belle-fille de Napoléon, acquéraient une importance telle qu'ils portaient ombrage aux Bonaparte dont ils contrecarraient l'ambition. Dès ce moment les frères et les sœurs du consul, et particulièrement Lucien — cela est un fait acquis — parlaient d'un divorce et que Joséphine, poussée par la crainte d'être délaissée, alla jusqu'à prendre en main la cause des Bourbons [1]. Jérôme, le

[1] Voir la lettre que Lucien écrivait de Madrid, en date

plus jeune des frères, menait à ce moment-là une existence assez déréglée dans l'Amérique du Nord. Il épousa à Baltimore la belle Élisa Patterson que plus tard il allait, sur l'ordre de son frère, délaisser en Europe. Il était destiné à occuper une haute situation dans la marine, mais il allait monter plus haut encore. Quant aux sœurs du tout puissant consul, l'aînée, Élisa, était mariée depuis 1797 à un officier français, Italien de famille noble, Pascal Bacciochi qui fut nommé en 1803 commandant du fort Saint-Jean à Marseille. Son esprit était cultivé et, de concert avec son frère Lucien, elle réunissait autour d'elle, à Paris, un cercle d'écrivains distingués au nombre desquels étaient Fontanes et Chateaubriand qu'elle recommanda à Napoléon. La seconde des sœurs, Pauline, était belle mais légère. Elle avait épousé le général Leclerc qui succomba, à Saint-Domingue, avec des milliers de ses compatriotes, à la fièvre jaune. En 1803 elle revint en France et fut immédiatement demandée en mariage par le prince Borghèse. L'ambitieuse Caroline qui était depuis 1800 la femme du général de cavalerie Murat, auquel elle était de beaucoup supérieure au point de vue de l'intelligence, était la plus acharnée à ourdir des intrigues contre les Beauharnais. La mère de Bonaparte, Lætitia, vivait à Paris, dans un palais à elle, jouissant de la haute situation de son fils mais n'ayant pas, en femme expérimentée, une confiance absolue en sa fortune et profitant de sa situation pour amasser des fonds afin de se constituer une réserve en cas de malheur. Elle n'avait pas changé, elle était même restée

du 4 avril 1801 à Napoléon dans Jung, *Lucien Bonaparte et ses Mémoires* II, p. 67, dans laquelle il fait allusion à l'infante Isabelle, que la reine d'Espagne voudrait marier « au futur maître de la monarchie universelle ».

fidèle à son dialecte corse, ce dont Napoléon lui en voulait sérieusement, car rien ne devait lui rappeler son origine étrangère [1]. Son oncle Fesch, l'ancien abbé, l'ancien commissaire des guerres à l'armée d'Italie lui fut plus utile. Une fois la paix faite avec l'Église, le Premier Consul avait tout intérêt à voir dans sa famille un parent qui fût dans les ordres. Fesch dut reprendre la soutane qu'il avait jetée aux orties, et peu après la signature du concordat il fut nommé archevêque de Lyon et cardinal.

C'était là la cour de l'homme qui, disait-il, dirigeait la politique de l'Europe. Et il n'exagérait pas. Il la dirigeait en effet, prêt à abattre, en recourant aux armes, la moindre résistance où qu'elle se montrât. Il avait conclu la paix générale parce qu'il en avait besoin dans son propre intérêt, mais il n'avait nulle envie de la maintenir et ce maintien en outre eût été contraire au système révolutionnaire qu'il avait fait sien. Nous trouvons dans des Mémoires dignes de foi une conversation qu'il eut avec un conseiller d'État peu avant l'époque où il fut nommé consul à vie. Son interlocuteur ayant déclaré que selon lui il fallait avant tout, pour le bien de la France, que la paix fût maintenue en Europe, le Premier Consul lui demanda s'il ne croyait donc pas à l'inimitié des puissances qui venaient de signer la paix. Et quand il lui eut répondu que sans nul doute l'Angleterre, l'Autriche et les autres seraient à l'avenir aussi les ennemis de la France : « Eh bien, dit le Premier Consul, tirez la conséquence ! Si ces gouvernements ont toujours la guerre *in petto*, s'ils doivent la renouveler un jour, il vaut mieux

[1] Dont il rougissait sincèrement. « C'est-à-dire que je suis très fâché d'être né Corse », disait-il à ses frères (Jung, *Lucien Bonaparte* etc.).

que ce soit plus tôt que plus tard ; car chaque jour affaiblit en eux l'impression de leurs dernières défaites, et tend à diminuer chez nous le prestige de nos dernières victoires, tout l'avantage est donc de leur côté[1]... Songez bien qu'un Premier Consul ne ressemble pas à ces rois par la grâce de Dieu qui regardent leurs États comme un héritage, leur pouvoir a pour auxiliaire les vieilles habitudes. Chez nous, au contraire, les vieilles habitudes sont des obstacles. Le gouvernement français d'aujourd'hui ne ressemble à rien de ce qui l'entoure. Haï de ses voisins, obligé de contenir dans l'intérieur plusieurs classes de malveillants, pour imposer à tant d'ennemis, il a besoin d'actions d'éclat, et par conséquent de la guerre. Il faut qu'il soit le premier de tous ou qu'il succombe. Je supporterai la paix, si nos voisins savent la garder ; mais s'ils m'obligent à reprendre les armes avant qu'elles soient émoussées par la mollesse ou une longue inaction, je regarderai cela comme un avantage... Il y a toujours un esprit de guerre entre de vieilles monarchies, et une république toute nouvelle... Dans notre position je regarde toutes les paix comme de courtes trêves, et ma décennalité comme destinée à guerroyer sans interruption[2].

Quiconque lira attentivement ces paroles pronon-

[1] Nous voyons par la dépêche de l'envoyé anglais Withworth, du 1er décembre 1802, publiée récemment, combien cette pensée était juste : « Chaque nouvelle année de paix, y est-il dit, tout en affaiblissant le gouvernement consulaire, donnera de la force et du courage à ceux dont c'est le but et l'intérêt de le renverser. De fait nous entretenons, en maintenant la paix, un état de guerre contre ce gouvernement qui est plus décisif et plus dangereux par lui-même que des hostilités déclarées ».

[2] Miot de Mélito, *Mémoires* II, p. 226.

cées dans le courant de l'été de 1802 — que ce soit là la teneur exacte ou non — y verra exprimée la ferme résolution qu'avait Napoléon d'exécuter en recourant aux armes le programme de l'hégémonie française formulé par Hauterive en 1801. Mais était-ce là son but unique ? Ne s'agissait-il, réellement, que de procurer, comme il disait, l'hégémonie à l'État français ou bien visait-il un but qu'il ne pouvait confier à un conseiller d'Etat français ? Peut-être qu'alors déjà il avait en secret conçu l'idée qu'il communiquait deux ans plus tard à un cercle d'intimes : « Il n'y aura de repos en Europe que sous un seul chef qui aurait pour officiers des rois, qui distribuerait ses royaumes à des lieutenants, qui ferait l'un roi d'Italie, l'autre de Bavière, celui-ci landamman de Suisse, celui-là stathouder de Hollande, tous ayant des charges dans la maison impériale avec les titres de grand échanson, grand panetier, grand écuyer, grand veneur, etc. On dira que ce plan n'est qu'une imitation de celui sur lequel l'empire d'Allemagne a été établi, et que ces idées ne sont pas neuves ; mais il n'y a rien d'absolument nouveau ; les institutions politiques ne font que rouler dans un cercle et souvent il faut revenir à ce qui a été fait. « On le voit, quelque affectation qu'il mît, en particulier pendant le consulat, à se donner pour Français, il n'en était pas un. S'il avait appartenu à cette nation il se fût contenté d'assurer à son pays un rôle prépondérant à la tête des puissances. Et c'était précisément parce qu'il n'avait ni patriotisme français, ni ambition française que, depuis le moment où il avait dû renoncer à sa petite patrie, il ne savait plus imposer de bornes nationales à son ambition, gigantesque à la vérité, puisqu'elle s'étendait au monde tout entier et, d'autre part, infiniment mesquine parce qu'elle ne servait qu'à assouvir sa soif personnelle de gloire et de grandeur [1].

Nous le voyons donc fermement décidé à faire la guerre, et quiconque a cette volonté est sûr de la déchaîner sans avoir besoin de faire l'agresseur. En effet, ce furent les conquêtes faites par Napoléon au cours de la paix qui ont servi le plus efficacement à amener la guerre et qui finalement la firent éclater.

Dans les derniers mois de 1801 déjà, quand les préliminaires conclus avec l'Angleterre et la convention signée avec la Russie eurent établi la paix générale, Bonaparte avait déployé la plus grande activité pour tirer parti du besoin que toutes les nations avaient de la paix et pour faire les acquisitions que son système lui imposait. La lutte soutenue en dernier lieu avait abouti à ce résultat que, par suite de l'épuisement momentané des différents États, l'équilibre européen était détruit en faveur du vainqueur. Il était surtout préoccupé de donner aux pays compris dans la sphère d'influence de la France une organisation intérieure telle qu'ils fussent absolument à sa discrétion. La plupart d'entre eux avaient conservé jusque là des constitutions stricte-

[1] Lucien dans ses *Mémoires* (Éd. Jung, II, p. 165), nous donne à entendre que dès 1802, Napoléon songeait à conquérir l'Europe non pour la France, mais pour lui seul, dans le passage suivant : « Je ne suis pas de ceux qui ont cru et qui persistent à croire que mon frère Napoléon fit la guerre malgré lui à aucune époque que ce soit. J'ai trop connu à cet égard le fond de sa pensée, particulièrement du temps dont je parle. Et disons franchement que cette pensée, beaucoup plus ambitieuse que patriotique qui lui faisait alors une nécessité personnelle de la guerre, m'avait été révélée presque sans mystère ».

ment républicaines copiées sur celles que la France s'était donnée en 1795 : les partis se succédaient au pouvoir et tous n'étaient pas des instruments également dociles. Il s'agissait donc de modifier ces constitutions, de les adapter à celle que la France avait acceptée en 1799.

On débuta par la Hollande. De concert avec l'envoyé de la république batave, on élabora à Paris une nouvelle loi constitutionnelle remplaçant les cinq directeurs par un président unique portant l'ancien titre de grand pensionnaire et les deux Chambres par un corps législatif comprenant des députés dont les droits étaient fort restreints. Ce nouveau statut fut imposé au pays par les directeurs eux-mêmes que la France avait gagnés et que ses troupes soutinrent vigoureusement, (17 octobre 1801). Puis eut lieu le plébiscite, 50.000 Hollandais votèrent non; les autres se turent. Ce silence fut interprété par Napoléon comme constituant un acquiescement; il déclara que le peuple batave avait voulu lui-même une nouvelle constitution. Il le faisait pour la forme, vu que l'article II de la paix de Lunéville portait ceci : « Les Parties contractantes se garantissent mutuellement l'indépendance des dites Républiques (Batave, Helvétique, Cisalpine, Ligurienne), et la faculté aux peuples qui les habitent d'adopter telle forme de gouvernement qu'ils jugeront convenable. »

Dans la Cisalpine la situation était la même qu'en Hollande. Là aussi il y avait encore une constitution républicaine avec un directoire; là aussi il fallait faire passer le pouvoir des mains des assemblées dans celle d'un pouvoir exécutif un que l'on dirigerait bien plus facilement de Paris que la masse sans cesse fluctuante des partis parlementaires. En septembre 1801 déjà Napoléon s'était entendu avec quelques hommes de confiance de la Lombardie, puis il avait fait élaborer par Maret une constitution dont il avait fourni les données. On l'envoya à Milan pour qu'on l'étudiât et qu'on en délibérât en secret. Elle portait qu'un président unique serait placé à la tête du gouvernement. A Milan on consentit à tout ; on demanda même que Napoléon désignât les personnages qu'il croyait les plus aptes à remplir les principales fonctions. Le Premier Consul chercha derechef à se conformer à l'article II de la Paix de Lunéville en invitant les représentants des trois classes reconnues par la constitution, des propriétaires fonciers, des lettrés et des commerçants (*possidenti, dotti, commercianti*), à venir à Lyon, où de concert avec eux on nomma aux principaux emplois à l'exception de la magistrature suprême. Napoléon se la réser ait, Talleyrand dut arranger l'affaire. L'avisé diplomate profita de la revue des troupes revenues d'Égypte qui attira au dehors la plupart des étrangers pour réunir les quelques députés restés en ville, un tiers environ, et faire procéder par eux à un scrutin d'essai. Ils votèrent pour Melzi d'Eril. Talleyrand donna à entendre aux Italiens qu'ils pouvaient faire un choix plus heureux. Ils comprirent et résolurent d'offrir la présidence à Napoléon tandis que Melzi serait nommé vice-président. Le 26 janvier 1802 le Premier Consul déclara qu'il était disposé à accepter. Son premier acte fut de changer le nom de République cisalpine en République italienne. Cela était fort habile car déjà la parole prononcée par Alfieri « *Italia virtuosa, magnanima, libera et una* » avait rempli d'enthousiasme bien des cœurs. Le nom qu'il venait de donner à la Cisalpine était, se disait-on, tout un programme, celui de l'indépendance et de l'unité nationale. Or, qui eût été mieux à même de l'exécuter que le vainqueur de Marengo ?

Mais ce n'était qu'un leurre. Le sort fait au Piémont le prouvait. Ce pays était situé aux portes de la France et formait en quelque sorte un pont menant vers la République lombarde. Les Français l'occupaient depuis leur dernière victoire sur les Autrichiens et, la paix signée, ils ne l'avaient pas évacué. Tant que vécut l'empereur Paul qui, en tirant l'épée, avait déclaré le faire, entre autres, pour sauvegarder les droits légitimes du roi de Sardaigne, Napoléon s'en était tenu à une simple occupation, afin de ne pas offusquer son nouvel ami. Mais à peine le czar eut-il péri qu'il chargea le général Jourdan — le jacobin du 18 brumaire était devenu un instrument des plus souples entre les mains du nouveau monarque — d'annoncer aux Piémontais que leur pays allait former une nouvelle division militaire française et être divisé en six préfectures. C'était le procédé qu'avait appliqué la Convention pour préluder à l'annexion de la rive gauche du Rhin. Pour l'annexion proprement dite, le Premier Consul attendit que la paix définitive fût signée avec l'Angleterre. Pendant qu'on la négociait, ses plénipotentiaires reçurent les instructions les plus strictes de ne pas tolérer la moindre ingérence de la part de l'Angleterre dans les questions continentales, et cette puissance, sentant le besoin absolu d'obtenir un moment de répit, consentit à des sacrifices ; le traité d'Amiens ne contenait pas la moindre clause en faveur de Victor-Amédée. Dès qu'il se fut mis à couvert de ce côté, Napoléon prit possession du Piémont en bonne et due forme. Le 4 septembre 1802, un Sénatus-consulte daté de Paris déclarait qu'il faisait partie du territoire français et qu'il formerait six départements dont l'un porterait le nom glorieux de Marengo.

La cour de Vienne fut atterrée de cet accroissement subit de la France en Italie : « Comment, écrivait alors le ministre des affaires étrangères, comte Louis Cobenzl, comment ce qui reste en Italie d'étranger à la France, peut-il espérer d'échapper à sa domination? Où s'arrêtera-t-il, ce torrent plus rapide et plus dévastateur dans la paix que dans la guerre ? »[1] Le torrent n'allait de longtemps pas s'arrêter. En effet n'y avait-il pas au sud du Piémont la République ligurienne, le territoire de l'antique ville des doges? Sa constitution aussi n'était plus à la mode et le 26 juin 1802 l'envoyé français à Gênes, ce même Salicetti que nous avons vu jouer un rôle quand Napoléon débutait dans la carrière, soumit au gouvernement un projet de constitution élaboré à Paris, que celui-ci accepta avec reconnaissance tout en déclarant aux Génois qu' « à l'homme qui changea la face de l'Europe il appartenait aussi de transformer la république ligurienne». Précédemment déjà, dès le mois de décembre 1801, la petite république de Lucques s'était vu octroyer par les Tuileries une constitution plaçant à sa tête un gonfalonier qui, tout comme le président hollandais, n'était élu que pour un temps fort court afin qu'il ne pût pas prendre de l'importance, l'agent français étant le véritable chef du gouvernement. Le royaume d'Étrurie-Toscane était vis-à-vis de la France dans un état de dépendance tout aussi grand. Napoléon y tenait en tutelle, par les généraux Clarke et Murat, le jeune roi, puis à sa mort en 1803, la reine; il fit même réglementer jusque dans ses moindres détails l'administration militaire du royaume. L'île d'Elbe enfin, cédée par l'Espagne, fut déclarée province française au mois d'aout 1802, quand les Anglais l'eurent quittée. Afin de sauver

[1] Archives de Vienne.

les apparences et de faire croire qu'il obéissait simplement à la volonté populaire, Napoléon fit venir de Porto-Ferrajo une députation à Paris. Le ministre de l'intérieur la traita magnifiquement, on donna à chacun des membres quelques milliers de francs, sur quoi ces messieurs exprimèrent, dans un discours préparé d'avance, la félicité que ressentaient leurs concitoyens d'être réunis à la France.

Fin août 1802, toute l'Italie supérieure, à l'exception de la Vénétie appartenant à l'Autriche, se trouvait donc, directement ou indirectement, au pouvoir de la France. Le Piémont seul ne suffisait pas à établir les communications absolument sûres avec ces territoires. Dans sa dernière campagne, Napoléon avait pu apprécier les facilités que lui donnaient les lignes de communication par les Alpes suisses et, comme il était bien résolu à recommencer la guerre, il voulut s'en assurer d'une manière durable. Aussi demanda-t-il à la République helvétique de lui céder le Valais par le territoire duquel passait la route du Simplon, en échange du Frickthal que l'empereur François avait dû lui céder lors de la paix de Lunéville. Mais les Valaisans ne voulaient pas se laisser incorporer à la France et Napoléon fut assez avisé pour ne point insister. Il n'hésitait jamais à employer les moyens détournés quand il ne pouvait atteindre son but en suivant le droit chemin. Il se contenta donc de voir le Valais séparé de la Suisse pour former une république à part ayant son président à elle (30 août 1802). Il n'était pas question de lui assurer une indépendance réelle car, par le deuxième article de sa constitution déjà la République était placée sous la « protection des Républiques française et italienne, » tandis que l'article 7 la dispensait de garder elle-même ses défilés et que par l'article 9 elle s'interdisait formellement d'ouvrir sans le consentement de la France une route quelconque menant sur le territoire étranger.

Le reste de la Suisse était, d'ailleurs, tout autant sous la dépendance de sa voisine occidentale. Le directoire déjà avait eu besoin de la République helvétique comme formant le trait d'union entre ses annexes d'Italie et celles du Rhin et Napoléon, du moment qu'il voulait maintenir la position offensive de la Révolution — et il lui fallait la maintenir — ne pouvait renoncer à exercer une influence prépondérante dans les montagnes suisses. Aussi tout le monde croyait-il, en Europe, pendant la période consulaire, qu'il se placerait lui-même, tout comme en Lombardie, à la tête du gouvernement suisse, et l'on prétend que réellement il en avait eu l'intention pendant un certain temps. Mais les clauses du traité de Lunéville qui garantissaient à la Suisse son indépendance nominale s'y opposaient d'une part, et de l'autre la Russie venait d'envoyer à Paris une note portant que le Premier Consul voulût bien respecter l'indépendance de ses voisins et de la sorte dissiper les appréhensions de l'Europe. Et Napoléon renonça au dessein de se faire nommer président de la République helvétique, mais il sut s'assurer une influence prépondérante en retirant ses troupes, ce qui fit éclater la lutte à main armée entre les fédéralistes partisans de l'ancien régime aristocratique et les libéraux unitaires, dans laquelle il intervint comme médiateur armé. Dès le 30 avril 1801, il avait soumis aux délégués des deux partis un projet de constitution destiné à les satisfaire tous deux, mais ils n'avaient pas pu s'entendre. Déjà les fédéralistes avaient demandé le secours de l'Angleterre et de l'Autriche, déjà un agent anglais était arrivé à Berne pour combattre l'influence française quand Napoléon se décida soudain à intervenir : il fit entrer en Suisse 30.000 hommes commandés par le général Ney et lui octroya son *acte de médiation*. Il y tenait compte des aspirations de chacun des partis : elle satisfaisait les fédéralistes en accordant à chaque canton sa constitution propre, et les progressistes en maintenant le principe de l'égalité de tous les citoyens. Une diète comprenant les représentants de tous les cantons et présidée par un landamman réglait les affaires extérieures (19 février 1803)[1] Par cette habile manœuvre, le Premier Consul obtint ce grand résultat que, durant tout le temps qu'il gouverna la France, la Suisse fut calme à l'intérieur, qu'elle se montra inaccessible à toute influence étrangère à celle de Napoléon, à laquelle elle se montra absolument soumise.

Nous voyons donc que le Premier Consul sut étendre son pouvoir bien au delà des Alpes, l'une des frontières naturelles de la France. Va-t-il respecter l'autre, celle du Rhin?

Après la paix de Lunéville, comme après celle de Campo-Formio, la question des indemnités à accorder aux princes allemands dépossédés par la France d'une partie ou de la totalité de leur territoire, n'avait pas été réglée. Après ce dernier traité, le congrès de Rastatdt devait la régler ; mais la guerre éclata de nouveau et tout ce qui avait été décidé fut nul et non avenu. Après la paix de Lunéville, la question fut reprise. A Rastatdt il avait été décidé que les princes séculiers lésés trouveraient leurs

[1] Si Jomini dans ses souvenirs *(Précis politique et militaire des campagnes de 1812 à 1814, II, p. 224)* dit que « l'acte de médiation... fut l'ouvrage des meilleures têtes de la Suisse et non celui de l'Empereur » cela est vrai en ce sens que Napoléon chargea Hauterive, directeur aux Affaires Étrangères, de lui soumettre le résultat des propositions faites par les deux partis.

compensations dans les territoires des princes ecclésiastiques, situés sur la rive droite. Cette clause fut insérée dans le traité de Lunéville. L'intention que poursuivait Napoléon était en tout conforme au principe de la Révolution qui avait supprimé en France l'existence politique de la mainmorte et le principe de la sécularisation des biens de l'église avait pénétré en Allemagne. Il y avait des princes ecclésiastiques, donc des princes sans famille, que nul intérêt dynastique ne poussait à rendre leur maison indépendante et souveraine. Aussi avaient-ils été de tout temps les plus fermes soutiens de l'empire féodal et étant catholiques ils étaient par cela même restés toujours les partisans de l'Autriche et de la dynastie des Habsbourg. Or, si ces principautés étaient réparties entre les principautés séculières, c'est-à-dire dynastiques, l'antique constitution de l'Empire s'en trouvait ébranlée, l'empereur d'Allemagne perdait ceux qui en tout et partout avaient été ses adhérents, la tendance séparatrice prévalait et à l'empire se substituait, en mettant les choses au mieux, une confédération d'États, résultant de ce bouleversement. La constitution de l'Empire ne pouvait tout au plus être conservée que si on ne donnait aux princes séculiers que les domaines ecclésiastiques suffisant tout juste à les indemniser, mais pas un pouce de plus; elle était anéantie du moment qu'on les sécularisait tous. Les différents gouvernements français issus de la Révolution avaient, par principe, demandé la sécularisation totale. En 1795, alors qu'à Paris on pensait — pendant un moment, — à faire la paix générale, ce principe fut défendu par Sieyès dans le comité du salut public et sans nul doute Napoléon et ses ministres prirent plus tard connaissance de son projet de répartition de toutes les principautés ecclésiastiques entre les princes séculiers [1]. Le célèbre abbé partait de ce principe qu'il fallait éloigner le plus possible du Rhin les deux grandes puissances allemandes, l'Autriche et la Prusse et que le long du fleuve il ne fallait tolérer que des États d'importance secondaire trouvant contre les tentatives d'agrandissement des deux autres un appui solide en la France dont ils seraient les adhérents fidèles. Or, selon Sieyès, on ne pouvait pour cela pas compter sur les principautés ecclésiastiques dont les princes, étant électifs, n'avaient pas d'intérêts dynastiques et n'offraient aucune garantie comme alliés fidèles. Donc, disait-il, il faut les séculariser, comme on a déjà fait pour une partie d'entre elles lors de la paix de Westphalie.

Si c'était là le point de vue de la diplomatie française, celui des deux grandes puissances allemandes n'y était pas absolument opposé. Quant à la Prusse, ç'avait été par la sécularisation opérée par la paix de Westphalie que le Brandebourg avait vu sa puissance considérablement accrue, la grandeur de cet État reposait donc sur le même principe que proclamait la Révolution. De plus la Prusse était intéressée à voir son parent, le Stathouder héréditaire de Hollande, dépossédé, recevoir une compensation en Allemagne. Pour ce qui est de l'Autriche, elle avait demandé pour elle, lors des négociations du traité de Campo-Formio une principauté ecclésiastique, l'archevêché de Salzbourg, et de la sorte elle avait donné à la France le droit de lui offrir une compensation provenant de la sécularisation d'une de ces principautés [2]. Le traité de Lunéville conte-

[1] Ce sera l'objet d'une étude ultérieure d'établir quelle part revient à Sieyès dans la politique étrangère du Consulat et de l'Empire.

[2] Article 5 : « La République française emploira ses bons

nait cette clause que le grand-duc de Toscane trouverait une compensation en Allemagne et ce même archevêché de Salzbourg avec Berchtesgaden avait été désigné à cet effet. C'est qu'à Vienne on songeait plus aux intérêts de l'État autrichien qu'à ceux de l'Empire, comme du temps de Joseph II où il avait été question de séculariser toutes les principautés ecclésiastiques de l'Allemagne. Aucune des deux grandes puissances n'était donc opposée en principe à cette idée et ce fait fut d'une importance décisive. Ce qui était tout aussi essentiel, c'est que la question avait cessé d'être purement allemande ; en assignant à des princes nullement allemands — Toscane et Hollande — comme compensation des territoires allemands et en consignant la chose dans des pactes internationaux on en avait fait une question intéressant toute l'Europe. Aussi ne devra-t-on pas s'étonner de voir la France qui avait su conquérir la première place dans le concert des peuples, jouer un rôle prépondérant dans la solution de cette question qui fut tranchée non pas à la diète de Ratisbonne, mais aux Tuileries. Les différents princes allemands accouraient pour traiter directement avec le Premier Consul. On recherchait, on se disputait la faveur de Talleyrand et des fonctionnaires de son ministère, on marchandait, on achetait leur protection. C'était un spectacle nouveau de voir les princes allemands sacrifier pour quelques lopins de terre la dignité de l'Empire et le bon renom de la nation germanique. Mais le 20 mai 1802 le Wurtemberg signa avec la France une convention particulière qui lui assurait un accroissement considérable en territoires ecclésiastiques. La maison de Wurtem-

offices pour que S. M. l'Empereur acquière en Allemagne l'Archevêché de Salzbourg etc. »

berg étant alliée à la famille impériale russe, on espérait de la sorte obtenir l'assentiment d'Alexandre I pour toutes les autres sécularisations. Le 23 mai la Prusse signa à son tour sa convention particulière qui assurait également à Frédéric-Guillaume III des « compensations » très considérables en biens ecclésiastiques [1]. Le 24 fut signé à Paris le traité avec la Bavière et peu après ce fut le tour des conventions passées avec Bade et la Hesse. Ces différents traités servirent de base au projet d'ensemble d'une sécularisation générale qui fut alors élaboré à Paris et qui ne laissait debout que le seul archevêché de Mayence. Le 3 juin 1802 Napoléon s'assura de l'assentiment de la Russie qui s'engageait en outre à en recommander, de concert avec la France, l'acceptation à la diète de Ratisbonne.

On avait tout laissé ignorer à l'Autriche. Son ambassadeur à Paris n'apprit que par le Moniteur quelle était la teneur du projet de compensation et que la Russie y donnait son assentiment. L'empereur François protesta non pas parce que, étant empereur, il lui incombait de sauvegarder la constitution de l'Empire et sa considération et de la défendre contre l'immixtion étrangère, mais parce que la part faite à la Prusse était trop considérable et celle de l'Autriche insuffisante. Mais ce fut en vain que ses troupes occupèrent le territoire de l'évêché de Passau destiné à la Bavière. Les princes allemands avaient fait cause commune avec la France et la sommation catégorique de Napoléon contraignait la cour de Vienne à céder. Elle dut accepter, en plus de Salzbourg avec Berchtesgaden pour le

[1] Différents territoires ecclésiastiques nommés dans cette convention, à savoir : Hildesheim, Paderborn, Eichsfeld, Essen, Werden, Quedlinbourg, figurent dès 1795 dans le projet de Sieyès comme devant être attribués à la Prusse.

grand-duc de Toscane, Brixen et Trente et une partie de l'évêché d'Eichstædt et en échange donner son assentiment, dans une convention signée avec la France le 26 décembre 1802, à toutes les modifications survenues dans la Haute Italie. Dans l'intervalle, la diète de Ratisbonne avait été amenée à accepter le plan d'indemnités présenté par la France et la Russie le 25 février 1803; celui-ci fut sanctionné par l'arrêt dit *Haupt-Recess ;* le pouvoir temporel des princes ecclésiastiques se trouva supprimé et la base même de l'antique constitution de l'empire était sapée.

Les peuples d'outre-Rhin aussi avaient subi l'influence politique de Napoléon et les petits états voisins de la France, en particulier ceux de l'Allemagne du sud, étaient devenus ses satellites. Il était sorti vainqueur de la lutte diplomatique qu'il avait engagée avec l'Autriche, celle-ci était totalement isolée et la convention de décembre 1802 constituait pour elle incontestablement une défaite, et s'il cessa de poursuivre la série de ses triomphes, c'est qu'une complication avait surgi ailleurs.

La paix signée à Amiens avec l'Angleterre avait, il est vrai, créé une situation telle que pour un moment on put laisser l'épée au fourreau, mais elle ne présentait aucune garantie sérieuse d'un repos durable. Nous avons vu, dans le parlement anglais, des hommes se lever pour déclarer hautement qu'on venait d'abandonner l'Italie à Napoléon et avec elle l'empire du continent. Le peuple anglais, épuisé par une guerre longue et coûteuse, avait salué de ses cris de joie les préliminaires d'octobre 1801, mais quand en mars 1802 fut signée la paix définitive, l'enthousiasme avait singulièrement baissé et cela pour de bonnes raisons. Les Anglais, en effet, avaient espéré profiter de la trêve pour relever leur commerce ; or, au bout de quelques mois, ils constatèrent qu'ils s'étaient trompés. Napoléon n'avait pas consenti à renouveler, selon le désir du gouvernement anglais, le traité de commerce de 1786 favorisant l'importation des produits anglais au détriment de l'industrie française. Il demandait, au contraire, que l'Angleterre signât une nouvelle convention qui n'entravait en rien le développement de cette dernière. Les négociations traînaient en longueur, on n'aboutissait pas, et dans l'intervalle Napoléon ferma, en édictant des droits d'entrée fort élevés, les ports français et ceux des États dépendant de la France, les ports italiens et hollandais, aux marchandises anglaises. Dès lors les fabricants et négociants de l'Angleterre ne désirèrent plus que la guerre qui avait été moins préjudiciable à leurs intérêts que cette paix qui les ruinait. Et qu'adviendrait-il quand le Premier Consul aurait réussi à étendre à d'autres états le système fédératif de la France et à restreindre davantage encore le marché de l'Angleterre sur le continent ? En 1798 il avait menacé, en entreprenant l'expédition d'Egypte, le système colonial de l'Angleterre, à présent il menaçait son industrie. Tout comme alors les insulaires ne pouvaient à aucun prix tolérer l'extension de la puissance rivale ; la nécessité s'imposait à eux de la restreindre au prix des plus grands efforts.

De son côté, Napoléon était convaincu qu'une rupture était probable, en tous cas il avait dès le mois de mai 1802 parlé dans ce sens à l'ambassadeur autrichien ; mais il croyait que le peuple anglais qui, lors de la conclusion de la paix, n'était intervenu en faveur ni des Hollandais, ni des Italiens, avait un tel besoin de la paix que celle-ci serait d'une certaine durée. Du moins entreprit-il l'exécution de tout un plan économique qui ne pouvait réussir qu'à cette condition. Il voulait inaugurer un vaste système de politique coloniale ayant pour base d'une part Saint-Domingue, et de l'autre les Antilles et le territoire de la Louisiane que l'Espagne lui avait cédé. De part et d'autre il surgit de graves difficultés.

Au cours de la dernière guerre un noir de Saint-Domingue fort intelligent, Toussaint-Louverture, s'était signalé à la tête de ses frères ; il avait opposé aux Anglais une résistance si vigoureuse que finalement ils durent quitter l'île. Puis il avait pris le pouvoir et adopté un système de gouvernement despotique mais honnête. Il avait donné à l'île une constitution aux termes de laquelle la suzeraineté de la France n'était plus que nominale, tandis que lui en sa qualité, de président à vie — on voit que Napoléon faisait école — eût exercé le pouvoir en toute indépendance. Saint-Domingue renaissait ; grâce à son autorité, les noirs devenus libres n'en continuaient pas moins à travailler, la liberté commerciale rapportait de grosses sommes au pays. Mais tout cela cadrait mal avec le système colonial de Napoléon dont Talleyrand peut-être était l'inspirateur. Aussi le Premier Consul refusa-t-il de sanctionner la constitution ; il envoya dans l'île une armée de 25.000 hommes, commandés par son beau-frère Leclerc, afin de replacer Saint-Domingue sous la dépendance commerciale de la France. Cette armée qu'on envoyait si loin, qu'on exposait à un climat des plus pernicieux, on l'avait formée, intentionnellement sans nul doute, de corps qui pendant la dernière guerre avaient été placés sous les ordres de Moreau et comptaient parmi les plus fidèles adhérents du système républicain. Leclerc, de même que Richepanse qui fut envoyé à la

Martinique, avait pour mission de rétablir l'esclavage; Toussaint, à la tête de ses noirs, lui résista et les Français, dont le courage et la persévérance furent au-dessus de tout éloge dans cette campagne, eurent fort à faire pour l'amener à se rendre après lui avoir promis l'amnistie pour lui et les siens. Mais l'expédition n'en échoua pas moins. Chaque jour des centaines de braves succombaient à la fièvre jaune, si bien que sept mois après son arrivée, en juillet 1802, Leclerc ne disposait plus que de 8.000 hommes. Il redoutait un nouveau soulèvement de Toussaint qui avait gardé son grade de général et conseilla à Napoléon de le faire venir en France et de s'assurer de sa personne. Ainsi fut fait et, dans les derniers jours du mois de mars 1803, Toussaint succombait, au fort de Joux, au climat si rude de ces parages et aux mauvais traitements de ses gardiens. Mais Leclerc aussi mourut, de l'autre côté de l'Océan, de la fièvre jaune et son successeur, quoiqu'il eût reçu des renforts considérables, ne parvint pas à rétablir la domination des Français. En 1803 ceux-ci abandonnèrent totalement Saint-Domingue. La deuxième partie du programme colonial de Napoléon eut le même sort. Les États-Unis d'Amérique opposèrent un veto des plus menaçants à l'extension des Français en Louisiane. La paix avec l'Angleterre allait d'ailleurs prendre fin plus vite que Napoléon n'avait supposé et dès lors son plan colonial perdait sa base essentielle, la liberté de la navigation sur l'Océan pour sa marine marchande.

Dans le courant de 1802, pendant l'expédition de Saint-Domingue, l'opinion publique en Angleterre s'était de plus en plus nettement prononcée contre la France, si bien que finalement le ministère pacifique de lord Addington dut agir sous la pression de cette opinion. Les stipulations du traité d'Amiens n'avaient pas encore été toutes exécutées : l'île de Malte, cette étape si précieuse de la route de l'Inde, se trouvait encore au pouvoir des Anglais. En présence des empiétements de la France sur le continent, on avait éludé l'engagement pris lors de la paix de la rendre à l'ordre de Saint-Jean et on en considérait la possession comme une compensation vis-à-vis de l'extension du puissant rival. La situation s'était singulièrement aggravée par les sorties extrêmement mordantes des journaux anglais contre sa personne et le refus du gouvernement anglais, invoquant la liberté de la presse, de mettre fin à ce scandale. De part et d'autre on nourrissait des sentiments hostiles qui allaient chaque jour en augmentant. Napoléon n'hésite pas, il ouvre les hostilités en faisant entendre des menaces. Si celles-ci, se dit-il, intimident le cabinet anglais, son prestige à lui n'en sera que plus grand en France et en Europe ; si les Anglais se décident à faire la guerre, son programme colonial tombera à l'eau, mais alors il aura — l'Angleterre devant forcément chercher à se faire des alliés — à faire la guerre sur le continent, il fera cette guerre qui lui sera profitable et qui faisait l'objet de ses continuelles préoccupations [1].

Un premier prétexte s'était offert dès l'automne de 1802 quand l'Angleterre se plaignit que la neutralité de la Suisse avait été violée, par l'entrée dans ce pays, de l'armée française sous les ordres de Ney. Napoléon dicta à son ministre des relations extérieures des instructions pour l'envoyé français, Otto, à Londres, qui nous montrent en germe toute sa politique telle qu'elle allait être. Pour la Suisse, disait-il, il était bien résolu à ne rien modifier ; il ne

[1] Voir page, 25 la conversation avec l'envoyé autrichien.

tolérerait pas la présence d'émissaires anglais dans les Alpes. Que si l'Angleterre menaçait d'ouvrir les hostilités, la question serait de savoir de quelle nature serait cette guerre. Une guerre purement maritime n'offrirait que peu d'avantages à l'Angleterre car le butin qu'elle ferait serait des plus minimes. Elle bloquerait, il est vrai, les ports français, mais elle se verrait bloquée à son tour et cela immédiatement vu que, dès les premières hostilités, toutes les côtes depuis le Hanovre jusqu'à Tarente seraient gardées par les troupes françaises. Et qu'arriverait-il si le Premier Consul réunissait tous les bateaux plats de la Flandre et de la Hollande et constituait de la sorte une flotte de transport pour cent mille hommes afin de suspendre sur l'Angleterre la menace incessante d'une invasion possible, voire même probable ? Si d'autre part le cabinet de Londres voulait rallumer la guerre continentale, il forcerait simplement Napoléon à conquérir l'Europe. « Le Premier Consul n'a que trente-trois ans, disait-il pour finir, il n'a encore détruit que des états de second ordre. Qui sait ce qu'il lui faudrait de temps, s'il y était forcé, pour changer de nouveau la face de l'Europe, et ressusciter l'empire d'Occident ? » (23 octobre 1802). L'envoyé ne transmit, à Londres, qu'un faible écho de ces menaces et la paix fut maintenue. Talleyrand ainsi que les autres ministres, les frères de Napoléon tout autant, voulaient éviter un éclat. Le Premier Consul seul, irrité du refus persistant d'évacuer Malte et des provocations de la presse anglaise, se laissa entraîner à la guerre. Il renonça à sa politique coloniale et chercha lui-même à précipiter les choses. Il fit imprimer dans le *Moniteur* le rapport du général Sébastiani envoyé en mission en Egypte où il était dit que les Anglais n'avaient pas davantage évacué

Alexandrie, mais que, vu les hostilités qui venaient d'éclater entre les Turcs et les Mameluks, 6.000 Français suffiraient à reconquérir le pays. S'il avait publié ce rapport pour irriter l'Angleterre, son but était pleinement atteint[1]. La perspective de voir de nouveau fermée la route de l'Inde était insupportable aux Anglais et dès lors il fut bien décidé qu'ils ne rendraient pas Malte. Mais Napoléon poussa les choses plus loin encore. Dans le rapport annuel qu'il soumit en février 1803 au Corps législatif, il était question de la lutte engagée entre les deux partis anglais, entre les amis de la paix et les ennemis de la France. Celle-ci, disait-il, était obligée de tenir prêt un demi-million de soldats en prévision de la victoire de ces derniers. L'Angleterre seule, continuait-il, ne saurait lutter avec la France. Cette nouvelle insulte blessa profondément la fierté nationale des Anglais. Georges III envoya un ultimatum dans lequel il exigeait entre autres un dédommagement pour le roi de Sardaigne et l'évacuation, par les Français, de la Hollande et de la Suisse. On lui répondit par un refus. Vers le milieu du mois de mai 1803, les envoyés français et anglais quittèrent Paris et Londres. La guerre était déclarée.

Les hostilités avaient d'ailleurs commencé. Depuis plusieurs semaines déjà l'Angleterre donnait la chasse à tous les navires marchands français qui étaient sortis en se fiant à la paix et Napoléon riposta en faisant arrêter tous les Anglais séjournant en France. Peu après, des escadres anglaises vinrent

[1] Et c'était bien là son intention, selon Sébastiani, lequel raconta plus tard que le Premier Consul, quand il lui eut lu son rapport, s'était écrié : « Parbleu, nous verrons si cela ne décidera par John Bull à guerroyer. Pour ma part je ne crains pas la guerre. » (*Mémoires de Lucien*, II, p. 165).

bloquer les ports français et alors le premier consul se mit à exécuter de point en point son programme de combat, tel qu'il l'avait esquissé dans ses instructions pour Otto. Nous avons vu qu'il comprenait trois parties : bloquer l'Angleterre en fermant à ses navires les côtes du continent, « du Hanovre à Tarente » surveillées par les troupes françaises ; rassembler une armée sur le canal afin de menacer l'Angleterre d'une invasion imminente ; enfin, au cas où l'Angleterre réussirait à allumer la guerre sur le continent, soumettre celui-ci aussi loin que porteraient les armes françaises. Le Premier Consul accentua encore ce programme en faisant revivre le souvenir de la pucelle d'Orléans dont on célébra la fête afin de raviver le chauvinisme et la haine de l'ennemi héréditaire.

Dès le mois de mai il fit entrer une armée dans le Hanovre appartenant au roi d'Angleterre. Les troupes électorales n'opposèrent qu'une faible résistance et capitulèrent. Cette occupation fermait aux navires ennemis les bouches du Weser et de l'Elbe et privait le commerce anglais de ses communications principales avec l'Allemagne du Nord. Bientôt on put en voir les conséquences : « Vous avez porté un coup funeste à l'Angleterre, écrivait Napoléon au général Mortier, beaucoup de maisons ont fait faillite. » Puis il lui recommande de veiller à ce qu'aucun envoi de marchandises anglaises ne pénètre dans le pays. Peu après un autre corps d'armée, sous les ordres de Gouvion Saint-Cyr, pénétra dans le royaume de Naples et occupa — au mépris des traités — les ports de Tarente, de Brindisi et d'Otrante.

De la sorte les deux points extrêmes du cordon étaient délimités et à partir de ce moment tout ce qui se trouvait entre eux était étroitement et solidement lié à la politique de la France. En premier lieu la République batave. Une convention lui imposait l'obligation de pourvoir à l'entretien d'un corps français de 18.000 hommes et d'en lever un à elle de 16.000, en outre de fournir cinq vaisseaux de ligne et cent chaloupes canonnières pour la guerre maritime. En échange, Napoléon lui garantissait son intégrité et lui promettait de lui faire restituer toutes les colonies qu'elle perdrait au cours de la guerre et si les circonstances le permettaient, même Ceylan (25 juin 1803). Puis ce fut le tour de la Suisse de s'engager en faveur de la France. Une alliance offensive et défensive qu'elle dut conclure avec sa puissante voisine lui imposait l'obligation de lever une armée de 16.000 hommes qu'on porterait à 28.000 si la France était attaquée. Elle mettait donc au service d'intérêts absolument étrangers une grande partie de ses forces militaires. Enfin l'Espagne et le Portugal durent entrer dans la ligue. Un différend assez grave avait surgi avec l'Espagne. Quand dans les premiers mois de 1803 Napoléon renonça définitivement à sa politique coloniale, il se dit que la Louisiane, que Charles IV lui avait cédée et que les États-Unis voulaient s'annexer, ne serait qu'un embarras pour lui et il fit offrir au président de la grande République de lui vendre ce territoire, lequel fut en effet acquis par les États-Unis pour la somme de 80 millions. Or, l'Espagne s'était réservé, dans ses traités avec la France, le droit de reprendre la Louisiane et, quand on apprit que Napoléon avait violé cette clause, il éclata une telle agitation à Madrid que le prince de la Paix, Godoy, pensa un moment à résister à son puissant voisin, surtout quand celui-ci exigea de l'Espagne bien plus qu'elle n'était tenue de lui fournir. Les traités de 1796 en effet portaient qu'en cas de guerre la cour de Madrid fournirait à la France 25 vaisseaux et 28.000 hommes. Le Premier Consul exigea en plus des subsides considérables, 6 millions par mois et, pour donner plus de poids à sa demande, il rassembla une armée à Bordeaux. Mais Bonaparte n'entendait pas qu'on lui répondît par une fin de non-recevoir. Il porta plainte auprès du roi contre le prince de la Paix, il ne craignit même pas de faire allusion aux rapports qui existaient entre celui-ci et la reine. Il avait employé le bon moyen. Le ministre fit amende honorable et, le 19 octobre 1803, la convention fut signée avec toutes les clauses que Napoléon voulut y introduire. Dès lors l'Espagne était au nombre des ennemis de l'Angleterre et elle vit celle-ci lui déclarer formellement la guerre en 1804. Le Portugal forcément subit les mêmes nécessités. Il fut contraint d'acheter à la France sa neutralité au prix d'un million par mois. En février 1804, Gênes se vit imposer l'obligation de fournir 6.000 matelots à la flotte de son puissant voisin.

Tandis qu'il organisait de la sorte le blocus de l'Angleterre, le Premier Consul rassemblait sur les bords du Canal, à Boulogne, une imposante armée qu'il équipa de son mieux et qu'il exerça en vue de tenter le passage, soit pour faire une simple démonstration, soit dans l'intention réelle de franchir le bras de mer. On construisit des bateaux plats en grand nombre et les soldats furent exercés à les manœuvrer. C'était un appareil grandiose destiné à terrifier John Bull. Mais le moment d'agir n'était pas venu. Napoléon n'avait pas seulement à lutter contre l'ennemi du dehors. A l'intérieur s'en élevait un autre contre lequel les armées et la flotte étaient impuissantes. C'est lui qu'il va combattre. Il en triomphera et avec son génie, sa science de parvenir, il fera de l'adversaire terrassé le piédestal de son élévation suprême.

Les décrets de 1801 qui le mettaient hors la loi avaient frappé au cœur le parti jacobin : il n'y avait donc plus en France que deux groupes qui étaient les ennemis irréconciliables du système du gouvernement personnel et de son représentant : les républicains modérés, les bourgeois du 13 vendémiaire à la tête desquels se trouvait le général Moreau, et les royalistes exilés qui ne considéraient la capitulation de la Vendée, en 1800, que comme une trêve qu'ils étaient résolus de rompre à la première occasion favorable. Ces derniers avaient leur quartier général en Angleterre ; leur chef suprême était Charles d'Artois, frère du roi guillotiné ; Dumouriez, Pichegru et autres étaient leurs agents les plus actifs. Ces deux partis n'avaient pas bougé tant qu'on était en paix. Mais quand la guerre éclata de nouveau, ils reprirent espoir. Ils entrèrent même en rapports l'un avec l'autre : Pichegru vint à Paris et se rapprocha de Moreau. On ne pouvait pas se passer de celui-ci, on était résolu à lui donner le pouvoir, pour un moment, afin qu'il jouât le rôle de Monk et préparât la rentrée des Bourbons Le complot se basait sur l'espérance qu'on avait de faire disparaître Napoléon. Cette fois-ci on ne le manquerait pas comme dans la rue Saint-Nicaise quand, un certain soir de Noël, la machine infernale n'atteignit pas celui qu'on voulait tuer. Le coup devait être fait par Georges Cadoudal, un chef vendéen qui vint en secret à Paris afin de se mettre à la tête de partisans sûrs dont la longue guerre civile avait fait de véritables bandits politiques. Ils devaient assaillir, en grand nombre, le Premier Consul quand, entouré de son escorte, il traverserait la ville, le prendre, le tuer, à ce que dit le *Moniteur* et du coup mettre fin à son pouvoir. Quelques ministres anglais étaient au courant; ils avaient donné leur approbation, du moins à la partie inoffensive du programme. Mais Napoléon était averti. Ses agents de Londres l'avaient renseigné sur le complot avant même qu'un des conjurés eût mis le pied sur le sol français. Ils furent arrêtés un à un, à leur arrivée et l'on apprit par eux — non sans avoir eu recours à certains moyens coercitifs — tous les détails du complot. Moreau fut également arrêté. Après un long procès, Cadoudal fut exécuté avec un certain nombre de ses acolytes; quant à Pichegru, on le trouva étranglé dans sa prison. Moreau auquel on put prouver ses accointances avec ce dernier, mais non avec Cadoudal, fut condamné, après que Napoléon eut exigé et obtenu la révision de son procès, à deux ans de prison après lesquels il irait en bannissement en Amérique. L'essentiel était que la cause des Bourbons se trouvât compromise et que Moreau, le seul rival sérieux du Premier Consul, se vît par suite de sa participation — peu active — au complot, dépouillé de tout ascendant sur l'armée, tandis que la popularité de Napoléon, grâce au danger qu'il venait de courir, s'accrût encore dans la masse du peuple qui n'était d'aucun parti.

Il allait lui-même effacer, en partie du moins, l'impression profonde produite par le complot en commettant une chose que rien ne saurait justifier. Au cours de son interrogatoire, Cadoudal avait déclaré que les princes de la maison royale étaient au courant de ce qu'il allait tenter et qu'ils voulaient être présents à l'exécution. Il ressortait de là, à la vérité, que certains membres de la famille des Bourbons étaient ses complices. Mais tous ne l'étaient pas, les Condés par exemple qui avaient désapprouvé le complot et refusé d'y participer. Or, le jeune duc d'Enghien était le dernier rejeton de cette branche. L'amour qu'il ressentait pour sa cousine Charlotte de Rohan l'avait conduit à Ettenheim, dans le grand duché de Bade, localité faisant partie du diocèse du cardinal de Rohan et où celui-ci résidait avec sa nièce depuis que la Révolution l'avait chassé de Strasbourg. Là, le prince fut marié en secret avec celle qu'il aimait. Il vivait d'une pension que lui faisait l'Angleterre et il désirait, maintenant que la guerre allait recommencer, s'en montrer reconnaissant, soit en combattant dans les rangs de l'armée anglaise, soit en rendant des services sur le continent. Il avait, en effet, proposé de former un corps franc avec les mécontents de l'Alsace et des garnisons voisines. Le gouvernement anglais avait refusé et Enghien dut rester inactif dans son lieu d'exil. Or, l'Angleterre envoyait à ce moment dans l'Allemagne du sud, tout comme en Suisse, des agents destinés à soulever les esprits contre la France. La police de Napoléon dans ses rapports exagérait le rôle de ces agents. Dans l'un d'eux, il était question des relations existant entre eux et le jeune Condé et cet émissaire, disait le rapport, pourrait bien être le redoutable Dumouriez. Napoléon en conclut qu'Enghien pourrait avoir trempé dans le complot contre sa personne et l'idée lui vint de s'emparer du prince, n'ayant pas pu s'assurer de la personne du comte d'Artois. Peu lui importait de devoir, pour arriver à ses fins, violer le droit des gens en pénétrant sur le territoire d'un État étranger. Le 15 mars le général Ordener franchit le Rhin avec quelques centaines de dragons ; il s'empara de la personne du prince au moment où celui-ci allait partir pour la chasse et l'amena à Strasbourg d'où il fut conduit à Paris sous bonne escorte.

Pendant qu'il était en route, le conseil privé avait

délibéré sur son sort. Napoléon fut d'avis de le faire comparaître devant un conseil de guerre, Cambacérès le lui déconseilla, Lebrun, interrogé, répondit d'une façon évasive; Talleyrand et Fouché tout au contraire insistaient pour qu'on le fît juger; le Premier Consul s'en tint donc à son premier avis quoique, à la lecture des papiers du prince, il eût pu se convaincre que celui-ci n'avait pas été le moins du monde en rapport avec les conjurés et que le fameux « Dumouriez » du premier rapport n'était au fond qu'un vulgaire « Thumery ». Il était bien décidé à sacrifier un Bourbon pour terrifier les autres et les empêcher de continuer leurs attaques contre lui. Le soir même où Enghien arrivait à Vincennes, les membres du conseil de guerre, soigneusement triés, furent convoqués. L'accusé fut interrogé: il nia toute connivence avec Pichegru et les autres; mais, disant fièrement la vérité, il déclara que la guerre une fois déclarée, il avait demandé à prendre du service en Angleterre, et espéré jouer un rôle sur le Rhin, ajoutant que nul n'ignorait qu'antérieurement il avait porté les armes contre la France. Cela suffisait aux juges pour prononcer un arrêt qui, ils le savaient, plairait à leur maître; ils avaient pour eux un semblant de légalité; car la Révolution, dans toutes les phases qu'elle avait traversées, punissait de mort le crime commis par un Français en portant les armes contre sa patrie et cette loi n'avait pas été abrogée. Aussi Napoléon put-il répondre à Joséphine venant lui demander la grâce du prisonnier: « Je suis l'homme de l'État, je suis la Révolution française; et je la soutiendrai. » A peine les colonels composant le conseil de guerre eurent-ils signé l'arrêt, qu'on mena, en pleine nuit — le 28 mars 1804 — le prince dans les fossés du fort; là on le plaça devant une fosse préparée d'avance et un peloton de gendarmes le fusilla. D'après tous les rapports authentiques le dernier Condé mourut en héros[1].

A la nouvelle de ce méfait, une muette horreur s'empara du monde entier. Un membre de la famille qui, durant des siècles, avait régné sur la France, venait d'être dans la capitale de la France, condamné et exécuté sur un signe fait par un étranger. Les massacres de la Terreur n'avaient donc pas pris fin, on les revoyait sous un régime qui pourtant avait su édicter des codes si parfaits. Ah! si le prince avait été réellement le complice des hommes conjurés contre le chef du gouvernement, on eût compris sa mort. Mais cela n'était pas ; il avait fallu d'abord aller le ravir sur la terre étrangère pour le tuer. Et l'ordre de l'exterminer n'avait pas été donné dans le premier moment d'indignation dans un mouvement de colère passionnée contre les fauteurs de desseins criminels, mais bien après mûre réflexion, tout comme on prend une résolution concernant l'État. En prononçant ce mot « ma politique », Napoléon croyait réduire au silence toutes les objections que provoquait sa sévérité et cette politique il la caractérisait en disant : « Au moins ils verront ce dont nous sommes capables, et dorénavant, j'espère, on nous laissera tranquilles. » Mais il ne réussit pas à convaincre qui que que ce fût. Même les classes

[1] Quelques instants avant de mourir il avait remis à l'officier commandant le peloton, une bague et une boucle de cheveux, le priant de les faire tenir avec son dernier adieu à la princesse de Rohan. Son dernier désir ne fut pas rempli, les reliques furent déposées, avec les actes, aux archives de la Préfecture de Police d'où Napoléon III, dans les premières années de son règne, les fit passer dans la chancellerie impériale. Depuis,elles ont disparu avec les fascicules. (Lalanne, les derniers jours du Consulat p. XII).

que les intérêts matériels liaient étroitement à lui ressentirent la commotion. A la Bourse le cours fléchit sensiblement et le Premier Consul dut sacrifier des millions pour le maintenir afin que la baisse n'attirât pas trop l'attention du public. Jusqu'alors, à côté de la considération qu'on avait pour l'homme de génie, les sympathies ne lui faisaient pas défaut. A partir de ce moment, ce fut fini, on ne s'accommodait de son régime que par calcul. Il ne pouvait plus compter que sur l'obéissance mais non sur l'affection, et cela tant que les Français le croyaient le plus propre à sauvegarder leurs intérêts. Le crime de Vincennes, à la vérité, ne put ébranler cette confiance. « Le procès du général Moreau, la mort du duc d'Enghien surtout, révoltèrent les sentiments, mais n'ébranlèrent pas les opinions », dit Mme de Rémusat dans ses mémoires et l'envoyé prussien à la cour des Tuileries, Luchesini, dont on vient de publier le rapport excellent à tous égards sur ces événements, y dit ce qui suit : « Si le caractère de la nation française n'avait de tout temps imprimé plus de vivacité que de persévérance à ses actions, on pourrait croire que le Premier Consul, par l'acte de pouvoir absolu qu'il vient de faire éxécuter sur le duc d'Enghien, eût perdu une grande et imposante portion de la confiance, de l'enthousiasme, du dévouement et de l'attachement sur lesquels repose son autorité actuelle et doit se fonder sa dignité future. Mais il se peut qu'il connaisse les Français mieux qu'ils ne se connaissent eux-mêmes, et que l'exemple du cardinal de Richelieu lui eût prouvé qu'en France les coups d'État les plus hardis, au lieu d'ébranler l'autorité supérieure, la consolident. »

La supposition du diplomate prussien était fondée à plusieurs égards. Nous avons vu dans chacune de ses phases l'ambition qu'avait Napoléon d'arriver au pouvoir monarchique. Il y a deux ans, il s'était contenté du consulat à vie; mais il était bien décidé à ne pas s'en tenir là. En mai 1803 déjà, l'envoyé autrichien mandait à Vienne qu'on allait lui conférer le pouvoir suprême à vie avec le titre *d'empereur des Gaulois* et, au même moment, le chargé d'affaires de Prusse écrivait à son gouvernement que le Consul n'avait pas seulement l'intention de changer de titre mais encore de rendre le pouvoir héréditaire dans sa famille. En mars 1803, l'Anglais Jackson notait la même chose sur son carnet et, à partir de ce moment, l'idée de constituer un *Empire des Gaules* ne disparait plus de la surface. Napoléon lui-même se comporta absolument comme il avait fait dans des occasions semblables. Il voulait qu'on vînt à lui. Cette fois-ci encore on trouva le personnage voulu pour négocier la chose. Fouché qui ne se consolait pas d'avoir perdu le poste si lucratif de ministre de la police espérait le recouvrer en réalisant le désir caché du Premier Consul. La conspiration ourdie contre sa personne et contre la paix intérieure compromise, s'il venait à disparaître, fournirent à Fouché le prétexte voulu. Les départements, les corps constitués avaient envoyé d'innombrables adresses de félicitations et, tablant sur celles-ci, Fouché s'entendit avec un certain nombre de sénateurs sur une nouvelle modification de la Constitution. Depuis 1802, comme nous l'avons vu, le Sénat avait qualité pour cela. Sur lui aussi le danger qu'avait couru le Premier Consul avait produit la plus vive impression. Les sénateurs comprenaient qu'un changement de système les eût privés de leurs fonctions si lucratives en mettant fin à la générosité corruptrice de Napoléon. A cet argument égoïste venait se joindre un autre plus élevé : incontestablement un coup d'État et la discorde civile qu'il entraînerait à sa suite était bien plus facile tant que le système du gouvernement ne reposait que sur un seul homme et qu'il ne s'agirait que de faire disparaître cet homme seul. Il l'était bien moins du moment que le gouvernement devenait héréditaire, de façon qu'un successeur légitime pût immédiatement prendre la place de Napoléon et gouverner selon ses principes. A elle seule cette hérédité était la garantie d'une stabilité plus grande en empêchant d'autres attentats, qui n'eussent point mené au but désiré. L'intérêt général tout aussi bien que leur intérêt personnel exigeait des sénateurs de rendre héréditaire le pouvoir monarchique issu de la Révolution. Aussi le crime de Vincennes ne les empêcha-t-il pas de légiférer en ce sens et à peine huit jours après ce néfaste événement, une députation du Sénat se présentait-elle devant le Premier Consul pour lui adresser les paroles suivantes : « Vous fondez une ère nouvelle, mais vous devez l'éterniser : l'éclat n'est rien sans la durée. Nous ne saurions douter que cette grande idée ne vous ait occupé, car votre génie créateur embrasse tout, et n'oublie rien. Mais ne différez point ; vous êtes pressé par les événements, par les conspirateurs, par les ambitieux, vous l'êtes, dans un autre sens, par une inquiétude qui agite les Français. Vous pouvez enchaîner le temps, maîtriser les événements, désarmer les ambitieux, tranquilliser la France entière, en lui donnant des institutions qui cimentent votre édifice, et qui prolongent pour les enfants ce que vous fîtes pour les pères : Citoyen Premier Consul, soyez bien assuré que le Sénat vous parle ici au nom de tous les citoyens. »

Les sénateurs étaient dans le vrai. Quand on connut leur dessein, il s'éleva bien plus de voix approbatrices que de contradiction; « non que quelque mouvement d'affection pour le Premier Consul déterminât l'opinion à favoriser le nouvel accroissement de grandeur pour lui et sa famille, dit à ce sujet Miot de Mélito; — jamais il n'avait été moins aimé —, mais le besoin de repos et de stabilité était si pressant, l'avenir si inquiétant, la crainte du terrorisme si grande, le retour des Bourbons, ayant tant de vengeances à exercer, paraissait si redoutable qu'on saisissait avidement tout ce qui pouvait écarter des dangers contre lesquels on ne voyait aucun autre moyen de se prémunir[1]. »

Mais il ne suffisait pas à Napoléon que le Sénat lui conférât sa nouvelle dignité. On savait trop combien ce corps était sous la dépendance du gouvernement. Il voulut qu'elle lui fût offerte par ceux qui jadis avaient combattu la royauté. Sans nul doute, il se disait que de la sorte il préviendrait toute opposition et rendrait en même temps impossible toute confusion entre sa souveraineté et celle des rois de France, car il était impossible, se disait-on, qu'il tuât aujourd'hui l'un des Bourbons pour faire mine, dès le lendemain, de vouloir usurper leur héritage. Il fallait donc que la proposition vînt du Tribunat. A cet effet on gagna l'un des membres de ce corps, Curée, en lui promettant l'une des sénatories si bien

[1] Un autre témoignage vient encore confirmer celui de Miot : L'envoyé prussien mandait à Berlin que : « L'attente de l'événement est générale et quelque considérable que doit être le nombre des personnes jalouses ou mécontentes d'une entreprise également contraire aux vœux des royalistes et aux principes des républicains, Paris et la France entière feront à peine apercevoir dans cette circonstance leurs véritables sentiments. On veut du repos partout, on souhaite la garantie des possessions actuelles et la perspective d'un avenir sans troubles. Le nouvel ordre de choses en donne l'espoir. »

dotées, afin qu'il proposât au Tribunat la résolution suivante rédigée dans le cabinet du Premier Consul : 1° Le gouvernement de la République française est confié à Napoléon Bonaparte, avec le titre d'empereur ; 2° la dignité impériale est déclarée héréditaire pour ses descendants. Un autre tribun, un exilé du 18 fructidor, devait soutenir cette proposition. Ce fut dans la séance du 30 avril 1804 que Curée la porta à la tribune. Un seul homme parla contre l'adoption, c'était Carnot ; tous les autres votèrent pour elle. Le Corps législatif également, convoqué en toute hâte, se réunit en une session extraordinaire ; son vote fut également favorable. Puis un comité de gouvernement où, à côté des consuls, siégeaient Talleyrand et Fouché élabora, sous la direction de Napoléon, une nouvelle constitution ; le Conseil d'État en délibéra, puis elle fut transmise au Sénat afin qu'il la sanctionnât. Il l'adopta à l'unanimité moins quatre voix, dont celle de Sieyès, dans la séance solennelle du 18 mai 1804, « vu que l'intérêt du peuple français l'exigeait » ; puis la nouvelle constitution de la France fut remise au Premier Consul, à Saint-Cloud, où elle fut publiée ce jour-là même comme loi fondamentale de l'Etat. La République avait à sa tête un empereur.

Cette constitution de l'an XII n'imposait aucune limite au pouvoir monarchique. En la rédigeant on n'avait pas voulu lui en imposer. Un petit nombre de Sénateurs seulement en avaient timidement parlé. On s'était surtout attaché à rétablir l'hérédité du pouvoir suprême. L'empereur qui n'avait pas d'enfants avait le droit d'adopter les enfants ou les petits-enfants de ses frères, lesquels eussent été les héritiers de son pouvoir. Au cas où Napoléon n'eût pas d'enfants issus de son mariage ou d'enfants adoptifs, ses frères Joseph et Louis et leurs descendants étaient désignés comme ses successeurs. Ils furent déclarés princes français. On fixa la liste civile du nouvel empereur à 25 millions; c'était là le chiffre auquel on s'était arrêté en 1791, en élaborant la constitution royale. Six grands dignitaires entouraient le trône impérial, jouissant des mêmes honneurs que les princes et ayant droit comme eux au titre d'altesse et à l'appellation « monseigneur. » C'étaient le grand électeur, l'archichancelier d'Empire, l'archichancelier d'État, l'architrésorier, le connétable et le grand amiral. Puis venaient les grands officiers de l'Empire, c'est-à-dire seize maréchaux et un certain nombre de hauts fonctionnaires civils; ils faisaient tous, comme les six grands dignitaires, partie du Sénat. A côté de la Chambre Haute à laquelle Napoléon ne reconnaissait aucun caractère ni national, ni représentatif, il y avait encore le Corps législatif et le Tribunat. On rendit même la parole au premier de ces deux corps, mais il n'en pouvait user que les portes closes, dans le sein des trois sections (les sections juridique, administrative et financière) entre lesquelles ses membres étaient répartis. Le public n'était pas admis aux séances.

La constitution à peine publiée, on procéda aux nominations. Les deux consuls, Cambacérès et Lebrun furent nommés grands dignitaires, celui-là archichancelier d'Empire, celui-ci architrésorier. Joseph Bonaparte devint grand électeur, Louis, connétable. Talleyrand qui avait pris une part prépondérante à la confection du nouveau statut avait espéré lui aussi obtenir une de ces grandes dignités. Ce qui le tentait surtout, c'étaient les émoluments de plus de 300,000 francs attachés à la charge. Mais il conservait son portefeuille des relations extérieures et un ministre, aux termes de la constitution, ne pouvait être grand dignitaire. Fouché, par contre, reçut la récompense qu'il ambitionnait ; il redevint ministre de la police et il allait occuper le premier rang parmi les conseillers de l'empereur. Quatorze généraux furent nommés maréchaux de France : Jourdan pour sa victoire de Fleurus en 1794, Berthier pour ses services rendus comme chef d'état major général, Masséna pour Rivoli, Zurich et Gênes, Lannes et Ney pour différentes actions d'éclat, Augereau pour Castiglione, Brune pour l'affaire du Helder, en 1799, Murat pour le rôle joué à la tête de la cavalerie, Bessières parce qu'il commandait la garde, Davout pour ses hauts faits en Égypte, de plus Bernadotte, Soult, Moncey et Mortier.

La cour du nouveau souverain reçut une organisation tout aussi brillante que l'État. Il y eut un grand aumônier, le cardinal Fesch ; un grand maréchal du palais, Duroc ; un grand chambellan, Talleyrand ; un grand veneur, Berthier ; un grand écuyer, Caulaincourt ; un grand maître des cérémonies, et en outre un nombre incalculable de préfets du palais, de dames du palais et de fonctionnaires de moindre importance. Pour ces fonctions. Napoléon cherchait de préférence à gagner des personnes portant un beau nom et il y réussit. On voit figurer un Salm, un Arenberg, un Larochefoucauld, un Montesquiou à la cour du petit cadet de Brienne qui avait jadis été en butte aux railleries des fils d'illustres familles. Il leur avait pardonné après les avoir asservis. Parmi les grandes charges de la cour, celle du grand maitre des cérémonies devint la plus importante. Napoléon en revêtit un autre émigré venu à résipiscence, M. de Ségur, qui avait dans le temps représenté Louis XVI à la cour de Russie. Il avait la tradition de la vieille cour, aussi fut-il bien vite un des personnages les plus recherchés, mais aussi les plus tracassés. C'est qu'on se livrait aux Tuileries à l'étude approfondie de l'étiquette. On compulsait de gros volumes sur le cérémonial à la cour de Louis XVI, on faisait des extraits : il y avait des répétitions générales, la veille des grands jours. Madame Campan, l'ancienne femme de chambre de Marie-Antoinette dirigeait alors une pension de jeunes filles. On la fit venir à la cour pour la consulter. Il va de soi que bien des gens à Paris riaient en dessous de la cour du parvenu. On disait par exemple que la liberté n'avait fait à Paris qu'une courte apparition ; entrée par la barrière de l'Enfer, elle est sortie par celle du Trône. Un personnage facétieux esquissa une caricature représentant une femme connue de toute la ville qui avait été condamnée pour avoir dérobé un diadème : elle s'adresse au nouvel empereur pour lui demander si ce crime méritait réellement d'être réprimé et le supplier de faire reviser son procès. Mais c'était là des critiques isolées qui n'avaient que peu d'écho. Quand on soumit au peuple français la question de savoir non pas si Napoléon serait empereur — cela allait de soi, — mais si la dignité impériale serait héréditaire dans sa famille, il n'y eut que deux mille cinq cents *non* contre trois millions de *oui* [1].

La France s'était donc déclarée en faveur de l'hérédité et de la durée de la monarchie révolutionnaire avec toutes les conséquences qu'elle comportait. Or, la plus importante était la guerre. Ce qui frappe surtout dans la Constitution de 1804, c'est la distinction entre *Empire* et *État*. On savait ce qu'était l'Etat français ; la Révolution lui avait donné pour limites les Alpes, le Rhin et les Pyrénées. Mais jusqu'où l'Empire napoléonien s'étendait-il ? Où étaient

[1] Ce sont là les chiffres du *Moniteur*. Fait curieux : des deux cents avocats de Paris, trois seulement votèrent *oui*.

ses limites et en avait-il ? Ce vague des expressions garantissait la guerre, mais non la paix que tous désiraient ardemment. Tant que durera l'Empire, il combattra et quand il cessera d'être victorieux, il disparaîtra. Quand il s'agit d'établir le nouveau sceau impérial, la commission qui en était chargée proposa comme symbole « un lion au repos ». Napoléon biffa ces mots d'un gros trait de plume et les remplaça par ces autres rapidement tracés : « un aigle déployé. »

II

La guerre de 1805.

Quelques semaines à peine après avoir été élevé à la dignité impériale, Napoléon se rendit au camp de Boulogne pour distribuer les croix de la légion d'honneur aux officiers et aux soldats qui s'étaient signalés dans les dernières campagnes. Il donnait au simple soldat le même insigne qu'à celui qui le commandait, mesure éminemment habile qui sauvegardait le principe révolutionnaire de l'égalité et flattait en même temps l'ambition des petits. Il faut lire dans les *cahiers* du capitaine Cogniet, qui reçut la croix étant simple soldat, l'orgueil que faisait naître cette décoration populaire respectée par la nation tout entière. Cet orgueil fit, à partir de ce jour, taire dans l'armée tout autre sentiment. A l'enthousiasme de la liberté qui avait rempli les soldats des armées révolutionnaires succédait l'amour de la gloire et la volonté de se distinguer et d'être distingué. Et de même qu'il avait su s'attacher et soumettre à sa volonté les simples soldats, Napoléon s'attacha également les chefs. C'est à ce moment-là que, enflammant leur ambition et en même temps leur soif des richesses, il leur parla pour la premièr efois de « l'empire d'Europe » dont les différents pays écherraient à ses lieutenants comme fiefs et qu'il fit luire à leurs yeux de glorieuses perspectives de magnificence et de richesse. A eux de savoir s'ils l'aideraient à le conquérir, cet empire, pour lui et pour eux. Et ils se promirent bien de l'y aider. C'est ainsi que l'armée républicaine est devenue impérialiste et elle le restera fidèlement tant que le plus faible rayon de gloire illuminera le « petit caporal ». « C'est, disait à ce moment-là Joseph Bonaparte à l'envoyé prussien, c'est ce grand appareil de forces toujours entretenues dans l'espoir d'aller conquérir à sa voix et sur ses pas de nouveaux lauriers et des richesses nouvelles, c'est cela qui fait la puissance réelle et la sûreté de mon frère. »

L'armée qui occupait les côtes septentrionales, l'une des meilleures et des plus belles dont Napoléon ait jamais disposé, était placée sous les ordres de Bernadotte, qui occupait le Hanovre, de Ney, de Soult, de Davout, d'Augereau et du général de division Marmont. L'infanterie était sans cesse entraînée au service de mer sur les bateaux plats et tout semblait indiquer que l'Angleterre allait payer cher les pertes graves que depuis la reprise des hostilités elle avait infligées à la marine marchande de la France et de la Hollande et à leurs colonies. Certains militaires considéraient l'entreprise comme extrêmement risquée ; d'autres et selon Marmont, c'était la grande majorité, croyaient qu'on pouvait la tenter. Mais ce qu'il serait intéressant de savoir c'est si Napoléon avait réellement le dessein de franchir la Manche ou si, comme il était dit dans les instructions envoyées à Otto au mois d'octobre 1802, il voulait simplement maintenir l'Angleterre dans la « peur constante » d'une invasion. Cette dernière hypothèse pourrait bien être la seule vraie. Nous savons combien, en 1798, il était aise de se soustraire à cette entreprise, à cause des énormes difficultés qu'elle présentait. Ces difficultés, il devait s'en rendre compte, existaient à présent encore. Un jour, il dit à son frère Joseph qu'il ne comptait nullement entreprendre personnellement le débarquement, qu'il le ferait exécuter par Ney, non en Angleterre mais en Irlande. Dans ses lettres il se montre absolument incertain du temps qu'exigerait le passage. Quand Fulton lui offrit son projet de bateau à vapeur qui l'eût rendu indépendant du vent et du temps et lui eût assuré la supériorité sur les Anglais dans leur domaine des mers, il n'examina pas ce projet et renvoya bonnement l'inventeur en le traitant de *charlatan*. Enfin il a assuré plus tard qu'il n'avait jamais sérieusement songé au débarquement. De plus, nous trouvons dans les notes de contemporains perspicaces, de Mme de Rémusat, de Miot de Mélito, du général Hulot, des diplomates Luchesini et Metternich, plus d'un passage permettant d'admettre qu'ils doutaient fort que ce projet annoncé à grand renfort de rhétorique et préparé avec tout le soin possible fût destiné à être mis à exécution. Ce qu'il y a de certain, c'est qu'il fut remis de l'automne 1803 au printemps 1804, puis encore à l'automne pour n'être derechef pas exécuté[1]. Mais même sans descente, Napoléon avait

[1] C'est ainsi que Luchesini écrivait en date du 17 mai 1804 : « La guerre du continent, je ne saurais assez le répéter, est dans les circonstances actuelles le vœu secret du Premier Consul. Elle dégage son honneur compromis dans la descente proclamée avec trop de solennité ».

atteint un double but. D'abord il était parvenu réellement à faire peur aux Anglais. Ils organisèrent une armée de volontaires et l'exercèrent à grands frais à la guerre défensive ; ils fortifièrent leurs côtes ; une partie de leur flotte fut immobilisée dans la Manche. En second lieu Napoléon avait été mis à même, en prétextant un débarquement en Angleterre, de réunir une armée puissante pour l'employer, le cas échéant, sur le continent. Dans une séance du Conseil d'État tenue au mois de janvier 1805 et où l'on débattit la loi des finances, l'Empereur fit la déclaration suivante : « Depuis deux ans la France a fait les plus grands sacrifices qu'on puisse lui demander, et elle les a supportés. Une guerre générale sur le continent n'en exigerait pas d'autres. J'ai l'armée la plus forte, l'organisation militaire la plus complète, et je suis déjà dans la même situation où j'aurais à me placer si la guerre sur le continent avait lieu. Mais pour pouvoir, en temps de paix, rassembler tant de forces, pour avoir 20.000 chevaux d'artillerie, des équipages entiers, il fallait trouver un prétexte de les créer et de les réunir sans que les puissances continentales pussent s'en alarmer ; et ce prétexte nous a été fourni par le projet de descente en Angleterre. Je sais bien qu'entretenir en temps de paix tous ces chevaux d'artillerie, c'est jeter trente millions dans l'eau ; mais aujourd'hui j'ai vingt journées d'avance sur tous mes ennemis, et je serai depuis un mois en campagne, avant que l'Autriche ait acheté des chevaux d'artillerie. Je n'aurais pas pu vous dire cela, il y a deux ans, et c'était là cependant mon unique but [1]. »

[1] Miot de Mélito qui entendit l'empereur prononcer tout ce discours, le cite dans ses *Mémoires*, (II, p. 258).

Voilà donc quels avaient été les préparatifs militaires de la guerre continentale qu'il était depuis longtemps décidé à faire. Mais quels avaient été les diplomatiques ? Convenons-en, les premières mesures que Napoléon prit quand surgit son différend avec l'Angleterre portent un caractère nettement offensif. L'occupation de l'électorat allemand du Hanovre impliquait au fond une violation de la paix avec l'Empire germanique et si cet Empire n'avait été sur le point de se disloquer, cette occupation seule eût suffi à amener la guerre. Mais le chef de l'Empire n'était plus sensible qu'aux attaques qui étaient directement dirigées contre l'Autriche. En Prusse, le ministre Haugwitz avait à la vérité émis l'avis de prendre les devants et de faire occuper le Hanovre par les troupes prussiennes ; mais les autres membres du cabinet et la reine Louise s'y étaient opposés et Frédéric-Guillaume III lui-même déclara ne pas vouloir abandonner la neutralité avant qu'un sujet prussien n'ait été tué sur son propre territoire. Il y avait bien encore un Empire germanique, mais depuis longtemps il n'y avait plus de politique allemande.

Mais l'occupation de Naples devait avoir des conséquences plus graves que celle du Hanovre. Elle froissait la Russie et cela à plusieurs égards. D'abord le Premier Consul s'était engagé dans la convention secrète du 11 octobre 1801 à ne pas toucher au royaume de la reine Caroline et cet engagement il le violait. En second lieu, l'occupation de Tarente ne tenait pas seulement en échec les Anglais, à Malte, mais encore les troupes russes à Corfou, où elles tenaient garnison depuis la guerre de 1799. En troisième lieu, la position française sur l'Adriatique avait une portée toute particulière ; elle servait de base aux projets que Napoléon nourrissait à l'égard de l'Orient et qui étaient diamétralement opposés à ceux de l'empire des czars. Là aussi le nouvel Empereur ne faisait que continuer la politique du Directoire dont les relations secrètes avec tous les mécontents de la presqu'île balkanique avaient grandement contribué à provoquer la dernière guerre avec la Russie. De nouveau, les diplomates parlent dans leurs rapports des visées de Napoléon dans la Morée et ils ne se trompaient guère, car nous connaissons entre autres une lettre de lui au ministre de la marine Decrès, du 21 février 1803, dans laquelle il lui ordonne d'équiper un navire chargé d'armes et de munitions pour les Souliotes révoltés et d'autres habitants du Péloponèse en guerre avec la Turquie. A Raguse, dont le Sénat s'était mis en rapport avec Bonaparte au cours de la campagne d'Italie déjà, et qui depuis lui était resté entièrement dévoué, le consul français, Bruyère, avait reçu la mission de gagner à prix d'argent l'évêque du Monténégro pour qu'il livrât aux Français les montagnes et les bouches du Cattaro, dessein que l'Autriche découvrit en juin 1803 et qu'elle fit connaître à Saint-Pétersbourg. Alexandre avait repris la politique de Catherine II qui ambitionnait non seulement la conquête de Constantinople, mais avait des visées autrement hautes : elle voulait s'assurer une position dominante dans la Méditerranée. Le czar fut très froissé en apprenant les machinations de Napoléon. Celui-ci allait immédiatement s'en apercevoir. Il ne voulait pas rompre avec Alexandre, il comptait au contraire lui voir dès l'abord observer la neutralité et l'avait choisi pour arbitre dans son différend avec l'Angleterre. Mais le czar, voulant réserver sa liberté, n'avait pas accepté et s'était contenté d'offrir sa médiation. Or, les conditions qu'il proposait à Paris et à Londres au mois d'août 1803 montrent clairement qu'il prend parti contre la France. A la vérité, il demandait que les Anglais abandonnassent Malte, en échange de l'île de Lampedouse, mais par contre il proposait que les Français évacuassent le Hanovre, la Suisse, l'Italie supérieure et inférieure, ne gardant que le Piémont dont le roi serait enfin indemnisé. C'était là un programme de résistance nettement dessinée contre les empiétements de Napoléon. Aussi celui-ci refusa-t-il d'accepter ces conditions, sur quoi l'ambassadeur russe Markow quitta Paris. La rupture entre les deux puissances était un fait accompli[1].

Dès les premiers nuages qui s'étaient élevés entre elle et la France, la Russie avait fait des démarches pour gagner à sa cause l'Autriche et la Prusse. Elles n'aboutirent point d'abord. La Prusse resta neutre pour les motifs que nous connaissons et l'an d'après seulement (24 mai 1804) elle consentit à signer avec le czar une alliance défensive qui ne devait entrer en vigueur que si Napoléon s'étendait au delà du Hano-

[1] Quoique la véritable cause de la rupture soit connue depuis des années, on n'en lit pas moins dans des ouvrages parus tout dernièrement que ce fut l'exécution du duc d'Enghien qui fit d'Alexandre l'ennemi du parvenu corse. Or, il se trouve dans les *Mémoires* du prince Adam Czartoryski, ministre des affaires étrangères russes en 1804, Mémoires qui viennent d'être publiés, une pièce où la politique orientale de la Russie est nettement indiquée. La voici : « La masse des pays turcs en Europe devrait être partagée en états séparés, gouvernés d'après les localités et liés par une fédération commune, sur laquelle la Russie pourrait s'assurer une influence décisive et légale au moyen du titre d'empereur ou de protecteur des Slaves et d'Orient qui serait décerné à S. M. I... L'Autriche, s'il fallait obtenir son assentiment, pourrait avoir la Croatie, une partie de la Bosnie et de la Valachie, Belgrade, Raguse etc. La Russie aurait la Moldavie, *Cattaro*, *Corfou* et surtout Constantinople et les Dardanelles avec les ports rapprochés qui nous y fassent dominer ».

vre ou qu'il attaquât directement la Prusse. Frédéric-Guillaume fit faire des démarches à Paris pour que ni l'une ni l'autre de ces deux éventualités ne se présentât et on le lui promit (Ier juin 1804). L'Autriche d'autre part était trop affaiblie par les dernières guerres pour pouvoir de sitôt songer à reprendre les armes. On ressentit à la vérité une joie fort vive à Vienne en apprenant le revirement qu'avait subi la politique russe, mais on n'avait nullement envie de se laisser entraîner à prendre vis-à-vis de la France des allures offensives, on poussa même fort loin la condescendance et la déférence vis-à-vis de Napoléon afin de ne fournir aucun prétexte à la reprise des hostilités. Dès le début de la guerre anglo-française François II avait fermé ses ports aux navires des deux puissances et cette mesure avait été particulièrement sensible aux Anglais. On refusa à Mme de Staël, l'ennemie de Napoléon, l'autorisation de séjourner en Autriche. Il en fut de même pour le duc d'Enghien qui dans l'hiver de 1803 voulut se rendre en Angleterre en passant par Vienne. Le gouvernement autrichien interdisait la vente des livres où la France était attaquée. Il défendit aux émigrés de porter les ordres de l'ancienne royauté et de se rapprocher à moins de cinquante lieues des frontières française et suisse. Quand les princes de l'Allemagne du sud médiatisèrent la noblesse immédiate et que celle-ci porta plainte à la cour de Vienne qui ordonna de renforcer les troupes impériales dans l'Autriche antérieure pour les protéger, la France exigea catégoriquement que cette mesure ne reçût point d'exécution et le cabinet de Vienne donna immédiatement contre-ordre. Quand pour arrêter le duc d'Enghien les troupes françaises violèrent le territoire de l'Empire, François II n'éleva de faibles réclamations que sur les instances de la Russie et quand on apprit l'exécution du prince on se contenta de dire à Vienne que la politique imposait quelquefois de « dures nécessités » et que l'affaire était purement française. On ne fit pas la moindre difficulté pour reconnaître le titre impérial conféré à Napoléon, à la condition, il est vrai, que celui-ci reconnaîtrait à son tour l'empire d'Autriche nouvellement constitué (11 août 1804), qu'il le déclarerait l'égal de l'empire français et céderait la préséance à l'Empereur François en sa qualité de chef de l'Empire allemand. Napoléon y consentit avec quelque hésitation. Il savait mieux que personne que l'Empire allemand n'avait plus que bien peu de temps à vivre et comme pour montrer le peu de prix qu'avait cette concession de pure forme, il se rendit, précisément à ce moment-là — septembre 1804 — par la Belgique à Aix-la-Chapelle afin de tenir sa cour dans le Palais de Charlemagne au milieu de ses sujets allemands et pour recevoir leurs hommages. N'était-ce pas une insulte faite à l'Autriche d'exiger du monarque qui alors encore portait la couronne de Charlemagne, d'envoyer précisément à Aix-la-Chapelle la lettre par laquelle il reconnaissait le nouvel empire français ? Mais l'Autriche fit encore ce sacrifice pour l'amour de la paix. Son ambassadeur arriva à Aix à l'époque fixée.

Les Russes et les Anglais avaient beau faire, ils n'obtenaient rien d'un gouvernement qui se montrait à ce point accommodant vis-à-vis de Napoléon. C'est en vain que Gentz, dans une nouvelle publication, montra le caractère révolutionnaire et envahisseur de la politique française; il prouvait que l'empire n'était autre chose que la Révolution sous une nouvelle forme, car, disait-il, Napoléon n'a pas obtenu sa nouvelle dignité malgré les révolutionnaires, mais grâce à leur seul appui. Il ne s'est pas fait proclamer empereur par l'armée, il a fondé son élévation sur la souveraineté populaire consacrée par la Révolution et c'est reconnaître celle-ci que de reconnaître le nouvel Empire. Il faut absolument résister, il faut que l'Autriche et la Prusse se lient intimement et agissent de concert. Mais pour le moment on était incapable, à Vienne, d'entrer dans ses vues. On se tenait pour satisfait du moment que la France ne lésait pas les intérêts particuliers de l'Autriche. L'occupation du Hanovre serait peut-être pour la Prusse la source de difficultés ; tant mieux, on n'était pas fâché de voir l'ancien adversaire dans la peine ; les projets de politique orientale de la Russie se trouvaient sans nul doute contrecarrés, mais, après tout, cela n'était pas pour déplaire à l'Autriche.

Mais la cour de Vienne n'allait plus jouir longtemps du calme que lui assurait sa neutralité. Peu de temps après avoir été proclamé empereur, Napoléon empiéta directement sur la sphère des intérêts autrichiens et sur le point, qui de tout temps avait été le plus sensible à l'Autriche, en Italie. Elle possédait encore un pays dans le nord de la péninsule, et tout nouvel empiétement, dans ces parages, constituait une menace pour ses possessions. Or, voici ce qui s'était passé. Dès le mois de mai 1804, le nouvel empereur avait déclaré au chargé d'affaires de la République italienne qu'il n'était guère convenable qu'il fût en même temps empereur et président d'une république, s'il devait continuer à assurer à cette république les bienfaits de son gouvernement et que la Consulte de Milan eût à y réfléchir et à lui transmettre ses propositions. Melzi avait communiqué cette nouvelle au chargé d'affaires autrichien à Milan et l'on se demandait à Vienne quels desseins Napoléon nourrissait à l'endroit de l'Italie. On sut bientôt qu'il s'agissait là aussi, de fonder une monarchie héréditaire par laquelle l'État italien se verrait plus intimement et d'un façon durable enchaîné à la France. Or cela allait droit contre les visées de la politique autrichienne qui ne voulait à aucun prix renoncer définitivement à recouvrer son influence sur la péninsule. Elle avait, il est vrai, reconnu, dans la convention qu'elle signa avec la France le 26 décembre 1802, la présidence à vie de Napoléon ; cela n'était pas absolument en contradiction avec ses projets d'avenir ; mais la fondation d'une dynastie napoléonienne en Italie les anéantissait du coup. Cette préoccupation était si grande à Vienne que Cobenzl déclara que le sort ultérieur de la République italienne était la pierre de touche permettant de se rendre compte des véritables intentions de Napoléon : s'il mettait fin à l'indépendance de l'État lombard, alors il s'emparerait également de toute l'Italie, il étendrait la main sur l'Allemagne du nord et du sud et voudrait conquérir la Morée et l'Égypte. Ce fut cette préoccupation qui dérangea soudain la quiétude de l'Autriche et qui la rapprocha de la Russie sur l'appui de laquelle on voulait pouvoir compter en cas de besoin. Le 6 novembre 1804, les deux puissances conclurent un traité dont le caractère, à la vérité, était purement défensif et qui ne devait entrer en vigueur que si la France se rendait coupable de nouveaux empiétements soit en Allemagne, soit en Italie ou bien dans l'Orient, mais qui au cas où les deux puissances sortiraient victorieuses de la lutte assurait à l'Autriche son extension jusqu'à l'Adda et le retour des archiducs à Florence et à Modène ainsi que le rétablissement du royaume de Piémont. La question tant discutée jadis des légations étaient réservée. Afin d'être à l'abri d'une surprise, l'Autriche, prétextant l'établissement d'un cordon sanitaire, renforça ses garnisons en Vénétie.

Tandis que les grandes puissances de l'Est armaient de la sorte pour s'opposer à de nouveaux empiétements de la France, le pape Pie VII, à Rome, s'apprêtait à faire le voyage de Paris pour couronner Napoléon. L'empereur croyait cette cérémonie indispensable pour donner aux yeux du monde l'éclat et la splendeur voulus à son élévation qu'il ne devait qu'à lui seul. Le vicaire du Christ ne s'était décidé qu'à contre-cœur à entreprendre ce pénible voyage au cœur de l'hiver, après qu'on eut longtemps négocié sur la teneur du serment, et ce voyage il l'entreprenait pour oindre celui qui peu de temps auparavant avait été accusé d'un crime horrible. Pie sans doute obéissait à deux sentiments opposés, à la crainte et à l'espérance, à la crainte d'irriter par un refus le puissant du jour et de se voir dépouillé peut-être de ses États, à l'espérance d'en obtenir d'autres peut-être, de se voir restituer les Légations et 'e montrer à l'Europe le plus puissant des souverains, l'adepte du Coran en 1798, pliant le genou devant l'évêque de Rome. La majorité du Sacré Collège, entre autres le secrétaire d'État Consalvi, homme d'un grand génie politique, avait conseillé le voyage de Paris où le pape arriva en novembre 1804. Une fois arrivé il put, à la vérité, constater que Napoléon évitait avec le plus grand soin le moindre signe de soumission[1]. Il ne céda que sur un point. José-

[1] Savary raconte dans ses *Mémoires* que l'Empereur, en se rendant en voiture, de Fontainebleau à Paris, avec le pape, avait même occupé la droite et Lanfrey accepta l'assertion de Savary. Mais ailleurs nous trouvons l'affirmation contraire. Consalvi, dans ses *Mémoires*, ne parle que d'une manière générale, de « petits manques d'égards » de Napoléon vis-à-vis de son hôte, dont il se rendait coupable afin

phine, qui depuis longtemps redoutait le divorce, avait dit au pape qu'elle n'était mariée que civilement et en avait obtenu la promesse qu'il imposerait comme condition à son couronnement le mariage religieux. L'impératrice espérait de la sorte lier irrévocablement son époux, espérance qui devait être déçue plus tard. Mais pour le moment elle avait obtenu que son union fût secrètement bénie par le cardinal Fesch, la veille du couronnement. Celui-ci eut lieu le lendemain, 2 décembre, à Notre-Dame. On remarqua que Napoléon fit attendre le pape, qu'il ne le laissa pas lui placer sur la tête, comme il avait été convenu, la couronne faite de lauriers d'or, mais qu'il la saisit lui-même avant que Pie VII eût eu le temps de la prendre, et s'en ceignit le front. Même pour cet acte tout extérieur, il ne voulait subir la suprématie de personne. Le pape se vit déçu dans son attente. Le rôle qu'il joua à Paris nuisit plutôt à son prestige qu'il ne l'augmenta. Il obtint à la vérité que ceux des évêques français qui avaient juré la constitution civile du clergé, et qui avaient été de ce fait déclarés hérétiques, fissent leur soumission au primat de Rome; mais de toutes les autres choses qu'il demandait on ne lui en accorda qu'une, d'une importance toute secondaire : le calendrier grégorien fut rétabli et l'on convint qu'à partir du 1er Janvier 1806 on abandonnerait celui de la Révolution. Les Saints de l'église recouvrèrent leurs droits et leurs fêtes furent de nouveau célébrées en France. Napoléon n'y trouvait rien à redire, Charlemagne, son idéal, étant du nombre.

Quand une fois la bénédiction papale eut définiti-

que le pape ne pût se faire aucune illusion au sujet de sa suprématie.

ment assis l'empire, il fallut résoudre la question italienne. Que leur République restât comme royaume sous la domination française, les Italiens y consentaient, mais ils demandaient à ne plus payer de tribut, à voir l'intégrité de leur territoire respectée et les fonctionnaires français remplacés par des Italiens. Napoléon avait d'abord songé à donner le royaume vassal à l'un ou à l'autre de ses frères, Joseph ou Louis. Mais tous deux refusèrent, ne voulant pas renoncer à leurs droits sur le trône français ; ces hommes qui dix ans auparavant n'avaient pas le pain du lendemain refusaient à présent une couronne. Irrité de cette résistance inattendue à ses volontés, l'Empereur résolut d'accepter lui-même le titre de Roi d'Italie et de charger un Vice-Roi du soin de gouverner le pays. Ce poste était réservé à Eugène Beauharnais qui fut alors, tout comme Murat, élevé au rang de prince français et de grand dignitaire. Ce projet fut communiqué à un certain nombre de délégués italiens venus à Paris, puis ceux-ci offrirent, officiellement, la couronne à Napoléon, le 5 mars 1805. Le lendemain celui-ci annonça au Sénat qu'il acceptait et le 26 mai il se couronna lui-même dans la cathédrale de Milan. En plaçant sur sa tête la couronne de fer, on prétend qu'il prononça d'une voix menaçante l'antique formule : « Dieu me l'a donnée, gare à qui la touchera. »

Ce qu'on redoutait tant à Vienne s'était donc accompli. Car tout le monde savait que Napoléon entendait par *Italie* tout autre chose que le territoire compris dans les limites de la Cisalpine. A partir de ce moment, il n'eut plus aucun égard pour les intérêts autrichiens. Quelques semaines s'étaient à peine écoulées depuis son couronnement à Milan qu'il conférait à ses sœurs les territoires de Piombino et de

Lucques, qu'il introduisit à Parme et à Plaisance les codes français et qu'il supprima l'indépendance de la République ligurienne en incorporant simplement la ville de Gênes et son territoire. Ce dernier acte surtout produisit une profonde impression en Europe. Tout ce qu'il venait de faire était en contradiction directe avec la convention que l'Autriche s'était laissé imposer le 26 décembre 1802 ; l'établissement du royaume d'Italie et son union personnelle avec la France constituaient en outre une violation flagrante du traité de Lunéville dont une des clauses portait que les territoires de la France et de l'Autriche seraient séparés l'un de l'autre par des États intermédiaires. À partir de ce moment François II ne trembla plus seulement pour l'influence qu'il comptait reconquérir en Italie, mais pour le territoire qu'il y possédait actuellement, pour la Vénétie. En effet, les nouvelles de Milan portaient que Napoléon songeait à se l'annexer et qu'il offrirait à la cour de Vienne la Serbie et la Bosnie comme compensation. Ripostant à l'établissement du cordon sanitaire des Autrichiens, celui-ci rassembla 30.000 hommes à Vérone, autant à Alexandrie qui, sous le prétexte de faire des manœuvres, rééditèrent les batailles de Castiglione et de Marengo. Un général autrichien étant venu le saluer au nom de son maître, Napoléon dans l'entretien qu'il eut avec lui, fit allusion à l'alliance austro-russe en ajoutant qu'il ne redoutait pas la guerre, sachant comment on la fait.

Tandis que Napoléon provoquait de la sorte l'Autriche en Italie, les Anglais et les Russes s'efforçaient de leur côté de pousser l'empereur François à déclarer la guerre. En 1804, le ministère pacifique Addington avait dû, en Angleterre, céder la place au ministère offensif de Pitt, dont le premier projet fut d'organiser une coalition contre la France. Bientôt le cabinet anglais s'entendit avec la Suède, dont le roi, Gustave IV, était un des ennemis les plus acharnés de Napoléon et, peu après, il signa avec la Russie un traité d'alliance, 11 avril 1805, dont la base était un soulèvement général des États du continent contre l'empire du parvenu corse. On voulait décider l'Autriche et la Prusse à entrer dans la coalition. Les négociations avec la Prusse échouèrent; Frédéric-Guillaume croyait la paix suffisamment garantie pour l'Allemagne du Nord par sa convention défensive du 24 mai 1804; il refusa d'attaquer la France, il se laissa même, sur les instances de Hardenberg, entraîner à entrer en pourparlers avec Napoléon afin d'en obtenir le Hanovre. Par contre, on réussit à gagner l'Autriche. A la vérité c'était lui demander beaucoup de vouloir qu'elle renonçât à la défensive vis-à-vis de Napoléon, pour prendre l'offensive contre lui. En effet, l'armée autrichienne ne comptait à ce moment guère plus de 40.000 hommes sous les armes; aucune de ses batteries n'avait ses attelages au complet, sans parler des finances qui étaient dans un état déplorable. L'archiduc Charles, le seul général éprouvé dont la cour de Vienne disposât, venait d'entreprendre, à ce moment si critique, la réorganisation totale de l'armée et pour cette réorganisation on avait besoin d'une série d'années sans guerre; aussi déconseilla-t-il vivement d'entrer en campagne contre un homme à la supériorité militaire duquel il rendait un hommage absolu. Mais l'Angleterre et la Russie s'efforcèrent de faire taire tous ces scrupules, celle-là en offrant des subsides considérables, celle-ci en promettant de soutenir les forces autrichiennes par ses propres troupes et d'entraîner la Prusse à la guerre, dût-elle même l'y contraindre. Mais les deux puissances ne réussirent que quand Pitt eut déclaré que les subsides anglais ne seraient fournis qu'en vue d'une guerre commençant encore en 1805, et quand Alexandre menaça de se retirer de la coalition si on ne se décidait pas immédiatement. C'était en quelque sorte une surprise diplomatique qui plaçait l'Autriche en face de l'alternative soit de recouvrer, avec le concours de puissants alliés, ses positions en Italie, ses territoires bavarois et peut-être même, si la Prusse n'entrait pas dans la coalition, la Silésie, soit de se trouver isolée le jour où Napoléon l'attaquerait. Contraint de la sorte, l'empereur François II se décida le 7 juillet 1805 à entrer dans la coalition et à ordonner la mobilisation. Le général Mack qui passait pour un organisateur de génie et qui, en opposition avec l'archiduc Charles, s'était fait fort de mettre sur pied, en temps opportun, l'armée autrichienne, reçut la mission qu'il se croyait capable d'assumer. La guerre continentale était donc décidée. L'Angleterre la voulait parce qu'elle faisait cesser ses préoccupations au sujet de l'invasion française, la Russie la voulait également, car elle empêchait Napoléon de donner suite à ses visées sur l'Orient et la France allait faire la guerre que désirait ardemment son souverain pour pouvoir abandonner le dangereux projet de descente en Angleterre contre des triomphes qu'il savait infaillibles ; quant à l'Autriche elle n'avait rien que la perspective peu fondée de victoires et d'acquisitions territoriales.

Napoléon était au courant des négociations entre l'Angleterre et les puissances du continent. Pour n'avoir pas, dans la guerre qui allait éclater, à jouer le rôle d'agresseur, il avait adressé en janvier 1805 une lettre à Georges III dans laquelle il l'exhortait au maintien de la paix et qui ressemblait, tant pour le contenu, que pour le but qu'il voulait atteindre, à celle par laquelle il avait su préluder à la guerre de 1800 [1]. On lui répondit que l'Angleterre avait à s'entendre d'abord avec les puissances continentales avec lesquelles elle entretenait des relations intimes. De la sorte, on indiquait nettement qu'on cherchait à former une coalition. De plus, Pitt avait demandé en février, au parlement, cinq millions et demi de livres sterling de fonds secrets — c'étaient les subsides à payer à l'Autriche — et les chambres les lui avaient accordés. Napoléon pouvait donc tenir pour certain que le continent se préparait à prendre les armes contre lui. On n'en voit pas moins par sa correspondance que jusque vers le milieu du mois d'août il avait l'intention de faire sa descente en Angleterre avec le concours des flottes française et espagnole combinées. Ou n'était-ce que pour la forme qu'il continuait à s'occuper de ce projet ? Le faisait-il dans le but, peut-être, de tenir l'Angleterre en suspens, de lui faire peur et d'endormir la vigilance de l'Autriche ? Nous allons voir où est la vérité. Le 16 juillet l'empereur fit transmettre à l'amiral Villeneuve l'ordre d'opérer au Ferrol sa jonction avec l'escadre espagnole, d'attirer à lui les escadres de Rochefort et de Brest et d'apparaître dans le Canal maintenant que l'occasion favorable se présentait, car on avait su attirer Nelson aux Indes occidentales. Cette lettre contient un post-scriptum très digne d'attention portant que l'amiral, si la situation était modifiée par suite d'événements imprévus, ferait mieux de s'en retourner à Cadix [2].

[1] Voir tome I, p. 222.

[2] Voici textuellement le passage : « Si par l'effet de combats que vous auriez essuyés, de quelques séparations considérables, ou d'autres événements que nous n'aurions pas prévus, votre situation se trouvait considérablement changée... dans ce cas qui, avec l'aide de Dieu, n'arrivera

Le 20 juillet Berthier reçut l'ordre de préparer en tout cas l'embarquement d'une partie de l'armée de Boulogne. Mais, chose étrange, presque au même moment, Napoléon commença à pousser systématiquement l'Autriche à la guerre. Dès le 2 août, l'ambassadeur prussien Luchesini mande à sa cour que les journaux français sont pleins d'injures pour l'Autriche et la Russie et que l'empereur — comme lui, Luchesini, le supposait depuis longtemps — semblait vouloir provoquer la guerre continentale. Cela était vrai, car dès le lendemain Napoléon chargeait son ambassadeur à Vienne, de demander que l'empereur François II fît revenir en Bohême et en Hongrie celles de ses troupes qui tenaient garnison dans la Vénétie et le Tyrol, sans quoi il ne pouvait admettre que S. M. voulût la paix avec la France. La même demande formulée d'une manière plus pressante fut renouvelée quelques jours plus tard puis le 13 août encore une fois en termes absolument comminatoires. Le même jour, Napoléon écrivait à Talleyrand qu'il était résolu à attaquer l'Autriche et à entrer à Vienne avant le mois de novembre, afin de se porter de là au devant des Russes, à moins que le gouvernement autrichien ne fît droit à sa demande et désarmât. Dans quinze jours il fallait qu'il fût fixé à ce sujet, sans quoi l'empereur François — et il chargeait son ministre de rapporter ces paroles à l'envoyé autrichien — ne célébrerait pas les fêtes de Noël à Vienne [1].

pas, nous désirons qu'après avoir débloqué nos escadres de Rochefort et du Ferrol, vous mouilliez de préférence dans le port de Cadix ».

[1] Dans cette lettre nous trouvons entre autres le passage suivant : « L'explication qu'a eue M. de La Rochefoucault et la première note ont commencé cette question. La note que je vous ai envoyée, a continué cette question ;

Les quinze jours qui, le 13 août, avaient été fixés par Napoléon comme dernier délai au cabinet de Vienne se passèrent, mais Villeneuve ne parut pas dans la Manche. Il avait réellement trouvé dans son chemin les obstacles attendus et s'était cru en droit de retourner à Cadix. Napoléon affecta d'être extrêmement irrité de la conduite de son amiral. En réalité, il n'en pouvait être surpris, elle devait au contraire le satisfaire. Le lendemain du jour où la dépêche de Villeneuve lui était parvenue, le 23 août, il ordonna à Talleyrand de préparer le manifeste annonçant la guerre avec l'Autriche. Il devait y développer cette idée que l'empereur François avait porté la plus grande partie de ses forces dans le Tyrol et en Italie, précisément au moment où les troupes françaises étaient embarquées pour attaquer l'Angleterre. Cela n'était pas vrai, car l'Autriche armait depuis des mois et Napoléon était au courant, tandis que l'embarquement de l'armée de Boulogne ne fut résolu qu'en août — les derniers ordres datant du 20 au 22. Au surplus, il avait dès la mi-juillet négocié avec la Prusse afin d'en obtenir que les troupes de Frédéric-Guillaume relevassent les siennes dans le Hanovre, ce qui prouve bonnement qu'à ce moment-là déjà il songeait à faire marcher son armée à l'est. Dès lors on est bien tenté d'admettre que Napoléon n'inventa la grande manœuvre de l'embarquement que pour avoir une base en apparence solide pour l'accusation qu'il portait contre l'Autriche et pour pouvoir dire dans son manifeste que la politique du cabinet de Vienne le contrai-

celle que je vous envoie doit la terminer. Vous savez qu'il est assez dans mes principes de suivre la marche que tiennent les poètes pour arriver au développement d'une action dramatique, car ce qui est brusque ne porte pas à vrai ».

gnait à renoncer à sa grande entreprise contre l'Angleterre et à porter la guerre en Autriche[1].

Le 27 août, au soir, l'empereur signa les ordres de marche officiels qui faisaient prendre à l'armée tout entière la direction de l'est. Dès le 24, donc trois jours auparavant, Marmont avait reçu l'ordre secret de se mettre en route, à marches forcées, sur Mayence. Le camp de Boulogne fut levé. La guerre continentale commençait. Il n'y a pas bien longtemps encore on racontait d'après Daru et l'on croyait que Napoléon ne conçut l'idée de la guerre continentale qu'après avoir reçu la dépêche de Villeneuve et qu'il dicta tout d'un trait, comme mû par l'inspiration, le plan de la campagne. Cela fait partie de la légende napoléonienne. Depuis des années il prévoyait la lutte et l'on peut tenir pour assuré qu'il avait mûrement pesé et arrêté la manière dont il la conduirait. Malgré tout, son don de prévoir l'avenir et ses calculs sont dignes d'admiration. Car il allait avoir raison : en novembre 1805 il s'est réellement trouvé au cœur de l'Autriche et son ennemi n'a pas célébré dans sa capitale les fêtes de Noël. Il n'y a peut-être jamais eu d'homme sachant mesurer avec cette précision ses forces en les comparant à celles du reste de l'univers. On a voulu y voir quelque chose de surnaturel ; mais Napoléon en ceci restait homme, seulement certaines qualités humaines étaient extraordinairement developpées en lui et c'est ce qui faisait de lui une personnalité supérieure, gigantesque.

[1] Plus tard, en 1811, il allait rééditer la même manœuvre, alors qu'il écrivait au ministre de la marine, Decrès, ces lignes : « Mon intention est même d'embarquer sur les vaisseaux, frégates et transports de ces deux escadres une vingtaine de mille hommes et de les tenir embarqués un mois ou six semaines, *pour que la menace soit réelle* ». Voir aussi, pour 1805, Piou des Loches, *Mes campagnes* p. 137.

Lui voyait encore clair là ou pour les autres le regard avait cessé depuis longtemps d'être perçant, et ce qui pour la foule n'était plus qu'un chaos, se dessinait à ses yeux avec des contours nets et précis. Le général Rapp nous transmet dans ses Mémoires un trait bien caractéristique que nous trouvons relaté ailleurs aussi. Un jour le cardinal Fesch voulut faire à l'empereur des représentations au sujet de la politique qu'il suivait. » Il n'avait pas dit deux paroles que Napoléon le conduisait dans l'embrasure d'une fenêtre : » Voyez-vous, lui dit-il, cette étoile ? — C'était en plein midi. — Non, répondit l'archevêque. Eh bien, tant que je serai le seul qui l'aperçoive j'irai mon train et ne souffrirai pas d'observations. » C'est ainsi que d'une main sûre et ferme, sans que la plupart du temps d'autres s'en doutassent, il traçait ses lignes dans l'avenir.

Pendant que l'armée francaise marchait vers le Rhin, dans le plus grand mystère possible et en faisant des marches forcées telles qu'on en avait jamais vues même sous Napoléon, l'Autriche se préparait, elle aussi, à la lutte et le 3 septembre 1805 elle lança une proclamation belliqueuse contre la France. Le même jour le ministre Cobenzl déclarait à l'ambassadeur français que l'Autriche concentrait ses forces « afin de contribuer à établir en Europe un état de choses qui fut conforme aux traités que la France avait violés en agissant contrairement au droit des gens ». Le 8 septembre, les troupes de l'empereur François franchissaient l'Inn. On se dira peut-être que l'Autriche connaissait exactement l'effectif de l'armée de Boulogne et qu'elle s'attendait à la voir prendre le chemin le plus court, donc à faire de l'Allemagne le théâtre de ses opérations. Il n'en était rien ; à Vienne, même au point de vue militaire, on pensait avant tout à l'Italie. En juillet un plan de guerre dû à l'archiduc Charles avait été adopté pour l'emploi des forces autrichiennes qui constituaient trois armées (en Italie, dans le Tyrol et sur l'Inn) ; la plus forte des trois, celle d'Italie devait commencer les opérations. Commandée par l'archiduc, elle se serait solidement établie dans la Lombardie, tandis que l'armée d'Allemagne réunie aux Russes s'avancerait par l'Allemagne et celle du Tyrol sous les ordres de l'archiduc Jean, en Suisse. En particulier on résolut de s'avancer le plus rapidement possible par la Bavière jusqu'au delà de l'Iller afin de porter la guerre en pays étranger et de s'assurer des troupes de l'électeur Maximilien Joseph, partisan de la France, mais pour le reste on ne voulait pas accepter de bataille avant l'arrivée des Russes et, plutôt que d'en accepter une, rétrograder derrière l'Inn. Les Russes, d'après la convention militaire signée entre les deux puissances, devaient se mettre en marche sur l'Autriche en trois colonnes, de telle façon que la tête de la première, forte de 50.000 hommes, arrivât sur l'Inn le 16 octobre. Sur le point décisif les forces étaient donc mal disposées vu qu'elles étaient séparées. « L'Autriche, lisons-nous dans les Mémoires de l'archiduc Jean qui avait pris part aux délibérations, comptait sur les troupes russes s'avançant de l'est, et quoi qu'elle sût à quel moment celles-ci pourraient paraître sur l'Inn, elle n'attendit pas jusque-là, et s'exposa à voir, étant encore seule, apparaître son adversaire actif et infatigable avec ses troupes si mobiles et si bien armées. » C'était là une faute capitale, on en commit une autre en ne pas donnant le commandement de l'armée d'Allemagne au capitaine qui avait à plusieurs reprises remporté, en Allemage, des victoires sur les Français, en l'envoyant au contraire commander en Italie, tandis que Mack dirigerait les opérations avec le titre de quartier-maître général de l'empereur. Le chef nominal de l'armée était le jeune archiduc Ferdinand de Toscane-Brisgau ; mais il ne faisait que représenter François II et avait pour instruction de se soumettre en tout à ce que déciderait Mack. Celui-ci, Napoléon le connaissait. Il savait que c'était l'être le plus épris de lui, le plus changeant, un homme qui se croyait supérieur à n'importe quel adversaire et qui à ce moment avait toute la confiance de son maître à cause de ses talents d'organisateur. En effet, il avait fait sa connaissance à Paris où, après sa campagne de Naples en 1799, le général avait été envoyé comme prisonnier de guerre. Il disait alors à Bourrienne : « Mack est un des hommes les plus médiocres que j'aie vus de ma vie. Présomptueux et vaniteux, il se croit capable en toute chose. Il serait à désirer qu'un jour on l'opposât à un de nos bons généraux ; ce serait du propre. Il est outrecuidant, c'est tout dire. Certes, c'est un des hommes les moins capables qui existent. Ajoutez qu'il est d'ordinaire malheureux. » Et voici que cet homme de peu de valeur se trouvait opposé au grand capitaine lui-même.

L'hypothèse de Mack était que les Français laisseraient une armée considérable sur les côtes de la Manche, afin d'empêcher une descente des Anglais, tandis qu'une autre armée resterait dans le pays pour tenir tête à un mouvement révolutionnaire imminent ; dès lors Napoléon ne pouvait pas mener des forces bien considérables en Allemagne ni paraître sur le théâtre des opérations avant l'arrivée des Russes [1]. Tablant là-dessus, il se porta vivement en

[1] Les Anglais avaient en effet formé le plan d'un débar-

avant avec des troupes ramassées partout, incomplètes, mal équipées, afin de pouvoir peut-être envahir la France avant que l'ennemi eût opéré sa concentration. Suivant l'exemple de Napoléon, il avait résolu de nourrir les armées en faisant des réquisitions, ce qui, dès l'abord, produisit une confusion horrible. En outre, il eût mieux fait de rester derrière l'Inn, afin d'attendre l'arrivée des Russes ; mais il pénétra en Bavière dans l'espoir de contraindre l'électeur à réunir ses troupes aux Autrichiens. Cet espoir aussi allait être déçu. Maximilien Joseph, il est vrai, était allié à la famille impériale russe ; mais son intérêt l'obligeait à faire cause commune avec la France, aussi se laissa-t-il gagner par elle, après avoir hésité un moment. Il fit rétrograder ses troupes devant les Autrichiens, et conclut une alliance avec Napoléon dont l'armée recueillit la sienne. Dès ce moment, le plan autrichien avait échoué. Mais Mack ne s'en porta pas moins en avant avec le plus de célérité possible pour gagner la ligne de l'Iller et la fortifier, car il croyait que l'ennemi s'avancerait par la Forêt Noire. Quand, le 19 septembre, l'archiduc Ferdinand vint prendre le commandement supérieur, il trouva le gros de son armée forte de près de 60.000 hommes en marche entre l'Inn et Munich, et en même temps il recevait des renseignements sûrs lui annonçant que Napoléon s'était ébranlé de Boulogne avec toute l'armée des côtes de l'Océan, comptant 150.000 hommes et qu'il

quement à Quiberon et demandèrent à l'Autriche de leur céder le général Radetzky comme chef d'état-major. De même leurs agents avaient dès longtemps répandu le bruit, peu fondé, d'un soulèvement contre Napoléon. Selon Radetzky, dont les Mémoires ont été publiés dernièrement, ce fut là une des raisons qui déterminèrent Mack à s'avancer prématurément en Allemagne.

pourrait, le 10 octobre, paraître sur l'Iller. Ce n'était plus du tout ce que Mack avait supposé. Dans ces circonstances, les Autrichiens ne devaient plus s'avancer s'ils ne voulaient pas se séparer davantage encore de leurs alliés qui les suivaient et n'être pas battus isolément. L'archiduc s'en rendait parfaitement compte et il donna l'ordre à l'armée de s'arrêter. Mais Mack obtint de l'empereur François qui vint passer quelques jours au milieu de ses troupes, que cet ordre fût contremandé et dans la dernière semaine de septembre le gros de l'armée autrichienne se trouva réuni sur l'Iller pour s'appuyer soit sur Ulm, si l'ennemi s'avançait par Stuttgart, soit sur Memmingen s'il marchait de Strasbourg par la Forêt Noire. Il comptait particulièrement sur Ulm. En 1796, cette place avait été entourée de nouveaux ouvrages, sur sa recommandation. Il ne lui vint pas à l'esprit que les troupes françaises stationnées dans le Hanovre et en Hollande menaceraient forcément sa ligne de retraite, simplement en marchant au sud.

Au moment même où les Autrichiens se concentraient sur l'Iller, la masse principale de l'armée française passait le Rhin à Kehl et à Mannheim. Elle avait marché avec mystère, même de nuit. Les journaux avaient reçu l'ordre absolu de ne rien dire de ses mouvements. Elle comprenait cinq divisions de cavalerie commandées par Murat et quatre corps d'armée placés sous les ordres de Ney, Lannes, Soult et Davout. Deux autres corps, ceux de Marmont et de Bernadotte s'avançaient du Nord sur Wurzbourg. Un septième, commandé par Augereau, formait la réserve, en Alsace. L'effectif de l'armée s'accrut de 28.000 hommes par l'adjonction des troupes auxiliaires fournies par les États de l'Allemagne du Sud. Au total, Napoléon disposait de plus de 200.000 hommes formant une brillante armée dont il ne se lassait pas de faire l'éloge. Les hommes placés à la tête des corps d'armée étaient la plupart de son âge. Davout était même son cadet d'un an, mais tous avaient fait la guerre et ils étaient absolument dévoués à l'homme qui les commandait. L'armée d'Italie, qui ne faisait pas partie de la grande armée, devait opérer en toute indépendance. Elle était commandée par Masséna. A peine l'Empereur eut-il été informé par le télégraphe et de bons espions que Mack marchait sur Ulm, tandis que les Russes étaient encore loin de l'Inn, qu'il résolut de tourner la Forêt Noire par la gauche, de franchir le Danube en aval d'Ulm et de se glisser de la sorte entre les Autrichiens et leurs alliés afin de battre les uns et les autres isolément. Murat avec la réserve de cavalerie devait faire des démonstrations dans la Forêt Noire afin de maintenir Mack dans ses illusions et de masquer la marche des quatre corps sur la rive gauche du Danube. La manœuvre fut exécutée avec la plus grande précision. Le 7 octobre les corps de Davout, de Soult, de Lannes et de Ney sont à hauteur les uns des autres, occupant la ligne Heidenheim-Œttingen. Les voilà donc sur le Danube tandis que Bernadotte marchait en ligne droite de Wurzbourg à Ingolstadt par la principauté prussienne d'Ansbach et que Marmont est posté à l'ouest, à Neubourg. Deux jours plus tard l'armée a franchi le fleuve et elle s'avance *de l'est* sur Ulm. Seuls Bernadotte et Davout restent en arrière pour observer les Russes qui d'ailleurs n'arrivent pas encore. Pour que l'ennemi ne puisse s'échapper par le Tyrol, l'empereur charge Soult d'enlever Memmingen avec son corps d'armée.

Mack avait été tenu au courant de ces mouvements par Schulmeister, un espion servant les deux parties et qui a acquis une certaine notoriété dans les guerres napoléoniennes. Mais au lieu de se dire que l'armée française manœuvrait pour le prendre, il se berça du « rêve complet » — comme il allait nommer plus tard cette idée absurde, — que Napoléon battait en retraite pour rentrer en France où le rappelait la crainte d'un soulèvement et d'une descente des Anglais[1]. Les troupes autrichiennes, se disait-il, n'avaient, vu la situation, rien de mieux à faire qu'à rester concentrées à Ulm afin de prendre en flanc et poursuivre les Français au moment où ils passeraient. Poursuivre Napoléon ! lui Mack ! et cela avec une armée qui, par suite de la hâte avec laquelle il l'avait fait marcher, manquait de l'essentiel, une armée qui, grâce à des marches et contre-marches incessantes, avait perdu toute force de résistance, qui ne possédait qu'une faible réserve d'artillerie avec des munitions absolument insuffisantes, dont certains régiments marchaient nu-pieds et n'avaient que les cartouches qu'ils portaient dans les gibernes ! L'archiduc Ferdinand qui se rendait compte de la détresse de l'armée et du danger qu'elle courait déconseilla de prendre le parti auquel s'arrêtait le

[1] On a prétendu bien des fois que Schulmeister avait amené Mack à croire à la retraite de l'ennemi vers l'ouest. Il est prouvé que c'est là une opinion erronée. C'était en Autriche une idée fixe, qui allait avoir de graves conséquences politiques, que les Français étaient mécontents (Cobenzl à Kutusow, 12 oct. 1805 dans Angeli, *Ulm und Austerlitz*, *Militärzeitung* 1878, p. 302). Les rapports fournis par Schulmeister disaient la vérité. Ce ne fut que quand Mack l'envoya à Stuttgart, pour aller aux renseignements sur le soulèvement des Français contre leur empereur, que cet homme avisé considéra la cause de l'Autriche comme perdue et consacra exclusivement ses services à Napoléon.

présomptueux général, dont tous les sous-ordres firent entendre des protestations. Ce fut en vain : Mack persista à dire que l'armée ennemie battait en retraite. Dans l'intervalle les différents corps français enserraient les Autrichiens comme les cinq doigts d'une main, ils refoulaient sur Ulm toutes ses divisions avancées, finalement ils bombardèrent la ville et la sommèrent de se rendre. Ce qui avait surtout contribué à amener ce résultat, ce fut la victoire remportée par Ney, à Elchingen le 14 octobre. A peine l'archiduc réussit-il, en agissant pour son compte personnel, à se frayer un passage avec deux bataillons et onze escadrons par Goeppingen sur Nœrdlingen et de là sur la Bohême. Alors seulement Mack dut abandonner son rêve. Le 16 octobre il se déclara prêt à entamer des négociations, dès le 17 elles aboutirent. Les clauses étaient les suivantes : Au cas où dans l'intervalle d'une semaine il n'arrivait pas une armée pour débloquer Ulm, l'armée autrichienne serait prisonnière de guerre à l'exception des officiers, libres sur parole ; une porte serait ouverte aux Français afin qu'ils puissent faire entrer une brigade. Mais comme si tant d'ignominie ne suffisait pas, Mack, dans une entrevue qu'il eut avec Napoléon, se laissa décider par lui à reconnaître que la capitulation serait valable dès le 20 octobre. Ce jour-là, trois corps autrichiens présentant à ce moment-là encore un effectif de 23.000 hommes, déposèrent les armes. « La honte qui nous accable, écrivait le capitaine autrichien de L'Ort dans son journal, la boue qui nous couvre sont des taches que rien ne saurait effacer. Pendant que les bataillons défilent un à un pour déposer leurs armes, Napoléon, en petit uniforme au milieu de ses maréchaux chamarrés d'or et de broderies, s'entretient avec Mack et plusieurs de nos généraux qu'il a appelés auprès de lui après qu'ils eurent défilé. L'empereur, vêtu comme un simple soldat, portant une capote grise brûlée aux coudes et dans le bas, la tête couverte d'un chapeau sans marque distinctive, les bras croisés derrière le dos et se chauffant au feu du bivouac, parlait avec vivacité et prenait un air bon enfant. » La victoire qu'il venait de remporter n'avait guère été sanglante. « J'ai accompli mon dessein, avait-il écrit la veille à Joséphine, j'ai détruit l'armée autrichienne par de simples marches. » Et, en effet, à l'exception du corps de Kienmayer qui s'avançait sur l'Inn, et des renforts arrivant du Tyrol pour s'y retirer de nouveau en toute hâte, à l'exception du petit détachement à la tête duquel l'archiduc s'était enfui, l'Autriche avait perdu toutes ses forces sur le théâtre des opérations au Nord des Alpes.[1]

Forcément, la catastrophe d'Ulm allait avoir son contre-coup dans les autres armées autrichiennes. L'archiduc Charles se vit contraint d'abandonner la forte position qu'il occupait derrière l'Adige afin de retirer ses troupes de l'Italie en perdant le moins de monde possible. Un succès remporté sur Masséna à Caldiero, le 30 et le 31 octobre, lui permit d'exécuter sa retraite en bon ordre, mais non sans subir des pertes sensibles et d'opérer le 20 novembre sa jonction à Marbourg avec l'archiduc

[1] Mack a tenté plus tard de se justifier : il imputait son malheur à la conduite tenue par l'archiduc, à celle de ses généraux, à la violation du territoire d'Ansbach. Mais en examinant de près ces allégations on se rend bien vite compte qu'elles sont sans valeur et que lui seul est l'auteur de la catastrophe. Il fut dégradé, déclaré indigne de porter ses décorations et condamné à deux ans de prison. L'histoire a pleinement confirmé ce jugement : elle le condamne sans remise.

Jean qui n'avait pas davantage pu se maintenir dans le Tyrol. La capitulation de Mack avait donc bouleversé tout le plan d'opérations autrichien ; l'empereur François qui avait voulu prendre l'offensive, était réduit à se défendre et son seul espoir étaient les Russes, vu que l'archiduc Charles était à une distance trois fois plus grande de la capitale que l'ennemi et que la nécessité de faire vivre son armée l'avait contraint de se rapprocher des frontières de Hongrie. C'était un sort peu enviable d'avoir à se défendre avec des troupes étrangères, et l'alliance avec la Russie n'était déjà pas si intime parce que Alexandre voyait d'un aussi mauvais œil que Paul I, l'Autriche convoiter la domination en Italie. Pour le moment le danger commun forçait les alliés à rester unis.

Mais presque au même moment où la coalition était si rudement frappée sur le continent, elle remportait sur mer une victoire éternellement mémorable. Villeneuve était resté depuis le mois d'août à Cadix avec les flottes combinées de la France et de l'Espagne, en butte à la colère de Napoléon. « Villeneuve, écrivait l'empereur au ministre de la marine après son départ de Boulogne, Villeneuve est un misérable qu'il faut chasser ignominieusement. Sans combinaison, sans courage, sans intérêt général, il sacrifierait tout pourvu qu'il sauve sa place. » Nous savons que cette colère était plus simulée que réelle et que dans son for intérieur l'empereur était bien aise d'être enfin dispensé d'exécuter son projet de débarquement. Peu lui importait de prendre un innocent pour bouc émissaire, tant son cœur était dur. Puis il donna à l'amiral, qu'il aurait dû déposséder de son commandement, s'il avait été réellement coupable à ce point, l'ordre de sortir de Cadix, de mettre le cap sur Naples afin de secourir

Saint-Cyr et d'attaquer les Anglais en route partout où il disposerait d'un nombre de navires supérieur au leur. Villeneuve fit des représentations : sa flotte, disait-il, était en piteux état, les navires espagnols, en particulier, étaient montés par des matelots qui ignoraient totalement la manœuvre et il aurait toutes les chances contre lui s'il engageait la lutte. Rien n'y fit. Il dut mettre à la voile et se préparer à livrer bataille, vu qu'il rencontra immédiatement après sa sortie Nelson qui n'avait d'ailleurs à opposer que vingt-sept vaisseaux de ligne aux trente-trois de l'amiral français. Mais les navires anglais étaient admirablement armés et montés par des marins expérimentés, sous les ordres d'un amiral, homme de génie et le meilleur marin de la nation maritime par excellence. Le succès était assuré d'avance. Nelson modifia la tactique ordinaire de l'attaque. Villeneuve, il est vrai, s'en aperçut, mais avec ses mauvais bateaux il ne put pas parer le coup et de la sorte la bataille navale du cap Trafalgar, livrée le 21 octobre 1805, fut perdue pour Napoléon. Dix-huit des navires français tombèrent aux mains de l'ennemi, onze ayant pu fuir, rentrèrent à Cadix, les autres gagnèrent le large et finirent par être capturés un à un. Plus de sept mille Français étaient tombés dans cette lutte terrible, les pertes des Anglais s'élevaient à peine à un tiers de ce chiffre, mais parmi les morts se trouvait un homme qui à lui seul valait toute une flotte, Nelson. Villeneuve ne devait pas lui survivre longtemps. Poursuivi par la colère furieuse de son souverain qui ne pouvait pardonner à son amiral l'erreur qu'il avait commise lui-même, il se donna la mort quand à peine il fut revenu de captivité. On raconte que l'Empereur ne voulait pas qu'on parlât devant lui du 21 octobre et qu'il ne pensait jamais qu'avec colère aux victimes de cette lutte. C'est qu'à Trafalgar il n'avait pas simplement perdu une bataille. La destinée de tout le continent était profondément modifiée par ce fait qu'à partir de ce moment les Anglais furent les maîtres incontestés de la mer et qu'il ne pouvait plus guère être question de les attaquer directement dans leur île.

Cette défaite lui gâta son succès d'Ulm. Il fallait de nouvelles victoires pour rétablir le prestige de l'empire. Napoléon, alors qu'il ne savait encore rien de l'anéantissement de sa flotte s'était mis à suivre les Russes. Ceux-ci en effet étaient arrivés sur l'Inn et s'étaient réunis au corps de Kienmayer, mais à la nouvelle de la capitulation de Mack, ils avaient immédiatement battu en retraite. L'Empereur espérait que l'ennemi lui tiendrait tête sur la Traun ou sur l'Enns. Là, il les aurait battus puis il aurait entrepris sa marche triomphale sur Vienne pour y dicter la paix. Mais le général en chef des Russes Kutusow, auquel l'empereur François venait de donner le commandement de l'armée autrichienne, ne songeait pour le moment qu'à se retirer sur la deuxième armée russe qui s'avançait de l'est sous les ordres de Buxhœwden. Il fut impossible de le gagner de vitesse et finalement il s'esquiva en passant par le pont de Krems sur la rive gauche du Danube pour de là marcher au nord-est par Znaïm sur Brunn. Murat avec sa cavalerie avait suivi l'ennemi de très près, son beau-frère stimulant sans cesse son zèle et lui recommandant de se presser. Quand Napoléon vit qu'il ne suivait pas les Russes sur la rive gauche, mais qu'il continuait sa marche sur Vienne, il lui en fit d'amers reproches. Du couvent de Melk il lui écrivit le 11 novembre : « Vous avez reçu l'ordre de suivre les Russes l'épée dans les reins... Je cherche en vain à m'expliquer votre conduite... Vous m'avez fait perdre deux jours et n'avez consulté que la gloriole d'entrer à Vienne. »

L'empereur voyait en même temps une de ses divisions, marchant sous les ordres de Mortier sans être couverte, sur la rive gauche, et fort compromise. Ce jour-là même, elle fut presque entièrement détruite par les Russes à Durrnstein. A la vérité Davout atteignait au même moment près de Léoben un corps autrichien sous les ordres de Merveldt, qui s'était séparé de Kutusow à Steyer afin d'aller couvrir les débouchés des Alpes et le contraignit à se retirer sur Gratz, retraite qui dégénéra bien vite en débandade. Mais ce succès ne compensait par le revers de Durrnstein.

Malgré tout, Napoléon sut tirer parti de la nouvelle situation où il se trouvait. Du moment que Murat était en marche sur Vienne, il fallait qu'il s'assurât du passage du Danube et que suivi par deux corps d'armée, il se portât, au nord-est, sur Znaïm afin de fermer à Kutusow le chemin de la Moravie. Il fallait se presser, il était donc essentiel qu'à Vienne on ne détruisit pas le pont du Tabor. Murat sut résoudre cette tâche. Le 13 il entrait dans la ville et, la traversant immédiatement, il s'avança vers le pont qui au fond en faisait trois. La garnison de la capitale, commandée par un des princes Auersperg, s'était retirée sur l'autre rive. Elle avait pour consigne de mettre, dès qu'on verrait les Français, le feu aux travées recouvertes de matières inflammables. Mais Murat sut faire croire au commandant autrichien qu'on avait négocié un armistice et que la paix allait être conclue. Auersperg et ses officiers, à l'exception de Kienmayer, ajoutèrent foi à ces assurances, surtout quand ils entendirent le général Bertrand donner sa parole d'honneur que c'était la stricte vérité. On ne mit pas le feu au pont, les Français passèrent et ce n'est qu'à grand'peine que le général autrichien obtint de pouvoir suivre le reste de l'armée sur la route d'Olmütz.

Les assurances données par Murat n'étaient qu'une feinte. A la vérité, l'empereur François avait entamé des négociations le 3 novembre; mais elles n'avaient pas eu de suite, Napoléon ayant demandé la cession de la Vénétie, du Tyrol et de l'Autriche antérieure et le seul espoir des Autrichiens était derechef que Kutusow parviendrait à opérer sa jonction avec la deuxième colonne et serait alors à même de contraindre l'ennemi à se montrer moins exigeant en frappant un coup décisif.

L'essentiel pour Napoléon était de prendre les Russes entre deux feux. Une partie de l'armée française les suivait tandis que Murat opérait contre leur flanc droit avec les corps de Davout et de Lannes. On crut un moment les tenir et l'on se voyait à la veille de la bataille décisive. Kutusow qui se rendait compte de la situation où il se trouvait, avait rétrogradé à marches forcées; mais ses troupes avaient absolument besoin de quelques jours de repos. Il avait, il est vrai, une grande avance sur les Français qui le suivaient, mais il s'exposait à être immédiatement attaqué par ceux de leurs corps venant du sud. Il fallait à tout prix conjurer ce danger. A cet effet, il envoya un de ses généraux, Bagration, avec quelques milliers d'hommes sur la route par laquelle Murat s'avançait afin de l'arrêter et de donner ainsi au gros le temps de se reposer puis de reprendre sa marche. Au nord d'Hollabrunn, Murat qui n'avait pour le moment avec lui qu'une partie du corps de Lannes, se heurta à l'ennemi. Il crut avoir en face de lui le gros des forces russes et ne voulut pas attaquer avant d'avoir été rejoint par le reste du corps. Pour lui donner le temps d'arriver, il voulut leurrer l'ennemi en lui proposant un armistice ; Kutusow qui ne demandait qu'à gagner du temps, fit semblant d'être très perplexe et finalement accepta. On signa un document par lequel la Russie — trompant à son tour l'ennemi — s'engageait à évacuer l'Autriche dès que la convention aurait été ratifiée par Napoléon. De la sorte, il gagnait les quelques jours dont son armée avait besoin pour se refaire. Quand Napoléon, qui était à Schoenbrunn, fut mis au courant de la négociation il fut hors de lui de ce que la ruse de l'ennemi eût réussi. Celui-ci, en effet, laissant Bagration en arrière, s'était échappé dans la direction du nord pour opérer à Porlitz, en avant de Brunn, sa jonction avec la garnison de Vienne et à Wischau avec la deuxième armée russe. Bagration, à la vérité fut vaincu, le 16 novembre, par Murat qui l'attaqua avec des forces supérieures et le contraignit à battre en retraite ; mais le nom de Hollabrunn ne fut pas inscrit sur l'Arc de Triomphe.

Napoléon n'avait pas atteint son but. Kutusow s'était échappé et sous le canon d'Olmutz il pouvait attendre des renforts que lui amenait le général Essen et qui n'étaient plus loin, tandis qu'une subdivision d'armée de 45.000 hommes sous les ordres du général Bennigsen s'avançait de Breslau. En Bohême l'archiduc Ferdinand avait rassemblé un corps d'armée qui formait en quelque sorte l'aile droite de la position austro-russe. L'archiduc Charles se rapprochait de Marbourg afin de marcher sur Vienne par Kœrmend et Raab. En outre, la situation politique s'était modifiée à l'avantage des coalisés. La Prusse semblait vouloir enfin faire cause commune avec eux. Le manque d'égards absolu dont les Français s'étaient rendus coupables en traversant le territoire d'Ansbach avait soudain modifié les sentiments de Frédéric-Guillaume III. On avait violé la neutralité qu'il croyait son chef-d'œuvre politique et par là froissé son amour-propre. Il accéda au désir de la Russie qui lui demandait le libre passage à travers ses Etats et l'empereur Alexandre qui vint à Berlin vers la fin d'octobre le décida non pas à prendre part à la guerre — Hardenberg l'en empêcha — mais à signer une convention aux termes de laquelle la Prusse s'engageait à demander à Napoléon qu'il respectât la liberté de Naples, de la Hollande et de la Suisse, que la couronne d'Italie ne fût pas portée par le même homme qui portait la couronne impériale de France, que le roi de Sardaigne fût indemnisé, bref qu'il renonçât au système d'expansion française. En cas de refus la Prusse devait se joindre à la coalition et mettre sur pied une armée de 180.000 hommes (3 novembre 1805). Le comte Haugwitz fut envoyé vers Napoléon afin de lui remettre la note portant toutes ces demandes. Jusqu'au 15 décembre la réponse pouvait être connue à Berlin et l'armée prussienne, toute prête à entrer en campagne, pouvait venir prendre part à la lutte. Pour les Russes ce traité présentait le grand avantage que, s'ils étaient battus en Moravie, ils pouvaient se retirer en Silésie et s'y voir recueillis par une armée d'environ 50.000 hommes.

Comme on le voit, la situation de Napoléon n'était pas favorable. Il avait espéré dicter la paix à Vienne et voici qu'il lui fallait étendre outre mesure sa ligne d'opérations et faire de nombreux détachements afin de couvrir ses flancs. Ney avait marché vers le Tyrol, Marmont vers la Styrie, Davout s'avançait vers la frontière de Hongrie, Bernadotte en Bohême et pour le moment il n'avait plus sous la main que les corps de Murat, de Lannes et de Soult. Il se rendait bien compte de la situation et c'est à ce moment-là qu'il reçut la nouvelle de la défaite de Trafalgar et de la volte-face de la Prusse. Il lui fallait donc sérieusement penser à se dégager en divisant les ennemis. Malgré le refus de François II de faire la paix aux conditions que nous avons indiquées plus haut, il n'avait pas cessé toutes relations avec le quartier général des ennemis et après la prise de Vienne il s'était même une seconde fois adressé à l'empereur d'Autriche. Il obtint que le diplomate autrichien Stadion vint à son quartier général à Brunn avec le général Giulay afin d'entamer des négociations. Ils devaient agir de concert avec le négociateur prussien Haugwitz qui à cet effet se mit à voyager très lentement. La manière dont Napoléon sut empêcher cette coopération est très intéressante à suivre de près. D'abord il adresse les deux négociateurs autrichiens à Talleyrand qui se trouvait à Vienne, en disant que lui-même allait s'y rendre ; pendant ce temps il fait attendre Haugwitz à Iglau ; en même temps il envoie son aide de camp général Savary auprès d'Alexandre I qui avait rejoint son armée pour lui demander une suspension d'armes et une entrevue dans laquelle — comme il l'insinua à l'aide de camp du czar — il voulait offrir à ce dernier de lui abandonner la Turquie. Si Alexandre acceptait et concluait la paix, il pouvait faire passer l'Autriche sous les fourches caudines, si la paix avec la Russie n'était pas signée, alors Napoléon était obligé de négocier avec l'Autriche sur d'autres bases. C'est cette dernière hypothèse qui se réalisa. Le czar tint bon et le 30 novembre Napoléon mandait à Talleyrand de ne plus exiger toute la Vénétie avec le Tyrol mais simplement les districts de Legnano et de Vérone pour le royaume d'Italie, Augsbourg, Eichstaedt, le Brisgau et l'Ortenau pour ses alliés du sud de l'Allemagne. Mais Stadion aussi tint bon, du moins ne voulut-il pas négocier sans la coopération de Haugwitz. Mais celui-ci avait reçu de son roi, oralement, la mission de maintenir la paix en tout état de cause et comme il voyait à Brunn qu'on prenait des dispositons faisant prévoir un choc entre les armées, à courte échéance, il voulut en attendre le résultat et ne se prononça pas. Il se contenta de dire à Talleyrand, dans une conversation qu'il eut avec lui le 1er décembre, que son roi désirait ardemment la paix et était prêt à contribuer à la rétablir.

Napoléon avait donc en vain travaillé à améliorer sa situation; ce fut l'ennemi lui-même qui le tira d'embarras. Ne disposant que de forces insuffisantes, il n'avait pas osé suivre les Russes au delà de Brunn ni les attaquer dans leur solide position couverte par une place forte. Mais ce qu'il n'avait osé espérer eut lieu, les Russes vinrent à lui. Pour leur malheur, le czar s'était mis à leur tête. Le jeune monarque était dévoré d'ambition et voulait s'assurer la gloire de vaincre un Bonaparte en rase campagne. Il insistait pour qu'on prit l'offensive tandis que le seul parti rationnel était de rester sur la défensive tant que les renforts n'auraient pas rejoint, que les archiducs ne seraient pas plus près et que la Prusse ne prendrait pas part à l'action. Quelques hommes, il est vrai, faisaient valoir ces raisons dans le quartier général des alliés, mais d'autres poussaient le czar à agir. Kutusow était partisan de la défensive mais il était trop bon courtisan pour s'opposer énergiquement à la volonté de son maître; heureux de voir sa responsabilité dégagée, il acquiesça au désir d'Alexandre. Parmi les hommes qui poussaient celui-ci, on remarquait surtout le colonel autrichien Weyrother que l'empereur s'était attaché comme chef d'état-major. C'était, pour l'ambition et le présomptueux aveuglement, un autre Mack. Dans le temps déjà il s'était trouvé en face de Napoléon, pendant la campagne d'Italie, comme conseiller de Wurmser et d'Alvinczy : plus tard il avait occupé auprès de Suworow le poste qu'il remplissait à présent auprès d'Alexandre. Weyrother proposait de se porter au-devant de l'ennemi, de le prendre en flanc, par la droite, et de couper ses communications avec Vienne. Ce plan eût pu réussir peut-être une fois que l'archiduc Charles eût été à hauteur. Maintenant l'éxécution en était pour le moins prématurée. Mais il insista et seul à seul avec Alexandre — l'empereur François se trouvait aussi à l'armée mais on ne le mit pas dans la confidence — il élabora le plan de bataille.

De son côté, Napoléon ne pouvait avoir de désir plus vif que de battre les alliés le plus vite possible, avant l'arrivée des renforts russes, avant que l'archiduc Charles se fût avancé davantage vers le nord, avant que la Prusse se décidât à agir, chose qu'il commençait à craindre [1]. Aussi son étonnement fut-il grand quand il apprit que l'ennemi ve-

[1] « Bonaparte était intéressé à ne pas perdre de temps et nous l'étions à en gagner. Il avait toutes les raisons pour risquer une bataille décisive, et nous, toutes pour l'éviter. V. M. I. voudra bien se rappeler qu'alors aussi je lui fis à ce sujet des représentations réitérées, ainsi qu'à tous ceux qui voulurent les écouter. Il fallait fatiguer l'ennemi par des combats partiels, tenir le gros de l'armée hors de sa portée, gagner la Hongrie, et se mettre en relation avec l'archiduc. » (Czartoryski à l'empereur Alexandre, avril 1806).

nait au-devant de ses désirs. Quand le 27 novembre il apprit par un déserteur la marche en avant des Russes, il n'y voulut point croire. « Cela parut d'abord si invraisemblable à Berthier, dit M. de Ségur dans ses *Mémoires*, qu'il fit arrêter ce transfuge ; mais son rapport fut presqu'aussitôt confirmé par un avis du maréchal Soult assailli dans Austerlitz. » Napoléon donna alors à son avant-garde l'ordre de se retirer vivement devant l'ennemi ; puis il prit des positions entre Brunn et Austerlitz sur les deux côtés de la route et plus au sud jusqu'à Sokolnitz et Telnitz, s'empressant d'attirer à lui toutes les troupes qui pouvaient arriver encore. Davout et Bernadotte reçurent l'ordre de rejoindre et dès le 1er décembre ce dernier se trouvait près du couvent de Raigern[1]. Puis il fit, lui aussi, son plan de bataille. Il s'était bien vite aperçu du mouvement de l'ennemi contre son aile droite ; c'est là-dessus qu'il basa ses combinaisons. Il ne voulait pas gagner une bataille ordinaire, dit-il à ses généraux, ç'allait être une action décisive qui ne permettrait pas à l'ennemi de se retirer afin de se rassembler de nouveau, car toute retraite des Russes, opérée en bon ordre avec des troupes encore en état de combattre pouvait lui devenir funeste si sa situation ne devenait pas meilleure. Aussi ne va-t-il pas occuper une position solide sur le plateau de Pratzen quoiqu'il puisse le faire, il l'abandonnera à l'ennemi, il poussera même en avant son aile droite afin de le provoquer, il l'exposera même à être attaquée de flanc afin qu'Alexandre ne s'entête que davantage à vouloir la déborder et se décide à faire un grand

[1] « Quand vous voulez livrer une bataille, disait Napoléon à ce moment-là, rassemblez toutes vos forces, n'en négligez aucune ; un bataillon quelquefois décide d'une journée. »

mouvement tournant qui le forcera à dégarnir d'autant son centre ; il enfoncera celui-ci et ce succès décidera de la journée. Aussi est-il transporté de joie quand le 1er décembre il voit les Russes prendre leurs dispositions pour exécuter le mouvement tournant. « C'est un mouvement honteux ! s'écrie-t-il tremblant de joie et battant des mains, en s'adressant à son état-major, ils donnent dans le piège ! ils se livrent ! Avant demain au soir cette armée sera à moi ! » En effet, le 2 Décembre 1805, le soleil d'Austerlitz vit l'armée alliée anéantie. Soult avait exécuté avec la plus grande vigueur l'attaque de leur centre dépourvu de toute cavalerie. La manœuvre avait parfaitement réussi. La ligne ennemie était coupée en deux, l'aile gauche se trouvait absolument isolée, elle était en déroute ; la droite était refoulée sur Austerlitz. Les Russes avaient perdu 20.000 hommes, le corps autrichien de Liechtenstein tout près de 6.000. Les Russes étaient coupés de leur ligne de retraite sur Olmutz, ils n'avaient plus d'artillerie, plus de munitions, de bagages et se retiraient tout débandés sur la route de Goeding et de Holitsch. « Il n'y avait plus de régiments, ni corps d'armée dans les troupes coalisées, dit Czartoryski ; ce n'étaient que des bandes qui s'en allaient en désordre, maraudant et augmentant encore la désolation de cet aspect. En passant par les villages nous n'entendions que les cris confus de gens qui cherchaient dans la boisson l'oubli de leurs revers. »

La France avait remporté une de ses victoires les plus éclatantes [1]. « Soldats, dit le vainqueur à ses

[1] Des écrivains militaires font dater d'Austerlitz une ère nouvelle dans l'histoire militaire. Jomini dit que les grandes batailles de ce temps-ci procèdent d'Austerlitz et un

troupes, soldats, je suis content de vous. Vous avez, à la journée d'Austerlitz, justifié tout ce que j'attendais de votre intrépidité; vous avez décoré vos aigles d'une immortelle gloire.... Soldats, lorsque le peuple français plaça sur ma tête la couronne impériale, je me confiai à vous pour la maintenir toujours dans ce haut éclat de gloire qui seul pouvait lui donner du prix à mes yeux.... Lorsque tout ce qui est nécessaire pour assurer le bonheur et la prospérité de notre patrie sera accompli, je vous ramènerai en France; là vous serez l'objet de mes plus tendres sollicitudes. Mon peuple vous verra avec joie, et il vous suffira de dire « j'étais à la bataille d'Austerlitz », pour que l'on réponde « voilà un brave. »

Napoléon avait eu raison de dire que la victoire du 2 décembre ne serait pas une victoire ordinaire. En effet elle lui donna la paix. Nous l'avons vu à

historien contemporain des guerres napoléoniennes exprime la même pensée en ces termes : » Dans cette première bataille napoléonienne on voit immédiatement tous les signes caractéristiques qui établissent une différence fort nette entre les batailles modernes et celles de l'époque du grand Frédéric. Dans celles-ci toute l'armée était mise en mouvement en masse compacte et pendant tout le cours de la bataille elle pouvait et devait rester entre les mains du chef, capable d'exécuter les manœuvres qu'il voudrait lui faire exécuter. Si sur un point quelconque cette masse solidement liée était entamée, la bataille était perdue. Dans la bataille moderne, le centre peut être enfoncé, tandis que les ailes enveloppantes remportent la victoire, il se peut qu'une aile soit anéantie tandis que l'autre écrase l'ennemi. On ira même, dans une bataille bien conduite, jusqu'à concéder à l'adversaire, sur une des parties du champ de bataille, un succès partiel de ce genre afin de pouvoir l'écraser sous la supériorité du nombre à l'endroit où l'on voudra frapper le coup décisif. » (York von Wartenburg, *Napoleon als Feldherr*, I, p. 241).

peine quelques jours auparavant, faire, comme l'exigeait sa situation compromise, des conditions moins dures. A présent la situation est toute autre. Dès le 3 décembre, il écrit à Talleyrand, à Vienne : « Les négociations deviennent nulles, puisqu'il est évident qu'elles étaient une ruse de guerre pour m'endormir. Dites à M. de Stadion que je n'ai pas été la dupe de leur ruse, que, pour cela, je les ai renvoyés de Brunn, que, la bataille étant perdue, les conditions ne peuvent plus être les mêmes. »

Au quartier général des alliés on tomba d'accord que l'empereur François demanderait une entrevue au vainqueur et lui proposerait un armistice. Napoléon accéda à cette demande et le 4 décembre les deux empereurs se rencontrèrent à Nasiedlowitz, sur la route allant d'Austerlitz, résidence de Napoléon, à Hotitsch où s'étaient retirés les monarques alliés. On a fait bien des récits fantaisistes de cette entrevue. L'empereur des Français ne fut nullement, comme on l'a prétendu, brusque ni impoli vis-à-vis de François II, il lui fit au contraire un accueil des plus prévenants. Quant à l'armistice il se déclara prêt à l'accorder à condition que les Russes se missent immédiatement en route pour leur pays. Il fut également question de la paix. L'Empereur se déclara prêt à ne pas demander à l'Autriche la moindre cession de territoire si la Russie était comprise dans la paix et acceptait de fermer l'empire au commerce anglais. Dans le cas contraire elle aurait à céder la Vénétie au royaume d'Italie et le Tyrol à la Bavière. François II supplia l'empereur de renoncer à cette dernière condition, ce à quoi il consentit. Rentré à son quartier général, l'empereur d'Autriche informa immédiatement son allié des conditions du vainqueur en se déclarant prêt à reprendre la lutte si la Russie ne l'abandonnait pas. Mais Alexandre ne voulut pas en entendre parler. Autant il s'était montré léger à provoquer le danger, autant il était peu fait pour en supporter les conséquences. Mais il ne voulait pas davantage accepter la paix à la condition qu'on lui imposait, l'importation anglaise étant pour la Russie une question vitale. Il ne lui restait donc qu'à mettre en sûreté les débris de son armée. Il fit répondre à François II de ne plus compter sur lui et partit le 6 décembre. Ce jour-là encore l'armistice entre la France et l'Autriche fut signé [1].

Pour les négociations en vue de la paix définitive l'Autriche, en plus de ses propres forces, comptait sur les bons offices de la Prusse. Mais ceux-ci allaient lui faire défaut. Napoléon avait pris ses précautions et fait insérer dans la convention réglant l'armistice une clause portant que, tant que celui-ci courrait, des troupes étrangères ne pénétreraient pas sur le territoire autrichien; puis il avait entamé seul à seul des négociations avec Haugwitz. Du moment que celui-ci était décidé à ne pas s'écarter de ses instructions secrètes lui prescrivant de maintenir la paix avec la France, il ne pouvait plus être question de l'ultimatum qu'il avait été chargé de remettre à Napoléon. D'autre part, ce dernier ne voulait plus en-

[1] Même dans les publications les plus récentes, on lit que l'Autriche s'est séparée de la Russie immédiatement après la bataille tandis qu'en réalité c'est le czar qui abandonna son allié. C'est là une vérité que corroborent même des sources russes, J. de Maistre et Czartoryski, par exemple. Plus tard les Russes ont eu le front d'accuser l'Autriche, dans des pièces officielles de ne s'être pas bien battue à Austerlitz. Ce fut Napoléon lui-même qui réfuta cette accusation avec une ironie des plus mordantes : « Ceux qui ont vu le champ de bataille, disait-il dans le *Moniteur*, attesteront qu'il était couvert d'Autrichiens, là où le choc a eu lieu, tandis que, sur d'autres points, il n'était couvert que de sacs. »

tendre parler de la neutralité de la Prusse ; il exigeait qu'elle signât avec lui une étroite alliance offensive et défensive portant que Frédéric-Guillaume III céderait à la France le duché de Clèves situé sur la rive droite du Rhin, la forteresse de Wesel et la principauté de Neufchâtel, le margraviat d'Ansbach à la Bavière, qu'il garderait le Hanovre déjà occupé en en fermant les côtes aux Anglais et qu'il reconnaîtrait le *royaume* de Bavière dans toute l'étendue qu'il aurait par suite des cessions que ferait l'Autriche. Le 15 décembre 1805 Haugwitz signa ce traité et dès lors l'Autriche ne pouvait plus compter sur la Prusse. Elle se trouvait isolée et contrainte de subir les volontés du vainqueur.

Il s'agissait de savoir si Napoléon travaillerait à la paix ou bien si, profitant des circonstances favorables, il continuerait la guerre, dans l'espoir de remporter de nouvelles victoires et de paralyser définitivement la puissance autrichienne. Dans son entourage militaire bien des personnages — l'égoïste Murat à leur tête — le poussaient à prendre cette dernière détermination. Talleyrand au contraire défendait la résolution opposée. Lui aussi était avide de gain et il savait qu'en faisant signer la paix il s'assurerait de grosses sommes. Il sut décider l'Empereur à terminer une guerre qu'il avait d'ailleurs déconseillée de tout temps. « C'est à l'intérêt de la France, lui dit-il, que je veux sacrifier l'intérêt de vos généraux dont je ne fais aucun cas. Songez que vous vous rabaissez en disant comme eux, et que vous valez assez pour n'être pas seulement militaire. » Ces paroles produisirent leur effet et Napoléon se déclara prêt à conclure la paix. Les négociations furent reprises, mais il ne voulut plus entendre parler de conditions moins dures. Quand le prince Jean Liechtenstein, le nouveau négociateur autrichien, arriva à Brunn, l'empereur exigea non plus simplement le territoire italien de Venise, mais le territoire tel qu'il avait été cédé à l'Autriche en 1797 c'est-à-dire avec l'Istrie et la Dalmatie. Peu après il ne voulut plus entendre parler de la promesse qu'il avait faite à François II sur la route d'Austerlitz et il exigea le Tyrol pour la Bavière, puis encore le cercle de l'Inn et le consentement de l'Autriche à la dépossession de la maison royale de Naples. Avant la bataille décisive il se serait contenté d'une indemnité de guerre de 3 millions de florins, maintenant il en demandait 50 et on ne parvint qu'à grand'peine à obtenir de lui une réduction de 10 millions. « Chaque heure, écrivait Liechtenstein, de Presbourg ou il négociait avec Talleyrand depuis le 20 décembre, voit naître de nouvelles exigences. » L'empereur François, à Holitsch, perdait la tête et était découragé. Un moment, se voyant poussé à bout, il voulut reprendre les armes [1]. Mais l'archiduc Charles, qui dès la capitulation d'Ulm avait été d'avis que l'Autriche ne pourrait plus remporter de succès que la plume à la

[1] Napoléon a déclaré plus tard dans une conversation qu'il eut avec le ministre bavarois Montgelas que « son armée, affaiblie par ses victoires se trouvait dans une situation critique entre la place d'Olmutz dont il n'était guère possible d'entreprendre le siége au cœur de l'hiver, dans le voisinage de l'armée ennemie, et la capitale, populeuse, mal intentionnée, difficile à contenir, que ses positions dès lors semblaient peu assurées, mal appuyées et cela d'autant plus que la Russie, toujours mal disposée, pouvait d'un moment à l'autre ramener en avant ses forces et qu'enfin la Prusse avait à la vérité signé un traité, mais que celui-ci n'était pas encore ratifié et que l'alliance de cet État avec les deux empereurs aurait pu lui créer les plus grands embarras, si bien que, à bien peser la situation, on avait dû s'estimer heureux que la cour de Vienne n'ait pas opposé une résistance plus tenace et ait ressenti un désir si ardent de voir la guerre prendre fin. » Montgelas, *Mémoires*

main, fit les représentations les plus pressantes et François II se rendit à ses raisons. Le ministre Cobenzl, que l'opinion publique désignait comme étant l'homme qui empêchait l'entente avec l'ennemi, dut donner sa démission ; le comte Stadion lui succéda. Peu après la paix fut signée et à Presbourg, le 26 décembre[1]. Avant de la ratifier, l'empereur François voulut que l'archiduc Charles eût une entrevue avec Napoléon afin d'en obtenir des conditions moins léonines. L'entrevue eut lieu, mais l'archiduc n'obtint absolument rien et le 1er janvier 1806 l'empereur d'Autriche mettait son nom au bas d'un des traités les plus onéreux que cette puissance ait jamais signés. Elle rendait tout le territoire vénitien, avec les dépendances, qu'elle avait acquis par le traité de Campo-Formio : Venise, l'Istrie, la Dalmatie et Cattaro furent réunis au royaume d'Italie. Napoléon ne lui avait laissé que Trieste, et cela à contre-cœur, car, à ce que dit Joseph Bonaparte, il en voulait faire le point d'appui de nouvelles entreprises contre l'Égypte et les Indes. L'Autriche donnait en outre son assentiment à toutes les modifica-

(1887), p. 124. Radetzky, dans ses *Souvenirs*, affirme lui aussi qu'à ce moment, un soulèvement pouvait éclater d'un instant à l'autre, à Vienne.

[1] Des historiens autrichiens contemporains indiquent le 27 décembre comme la date à laquelle fut signée la paix, c'est là une erreur qu'on ne s'explique pas. Pour caractériser Napoléon, nous donnerons ici le passage suivant de sa lettre à Talleyrand du 25 décembre 1805, dans laquelle il invite le ministre à signer le traité le lendemain : « Enfin, s'il n'y a pas moyen de signer sur le champ, attendez et signez au nouvel an ; car j'ai un peu de préjugés et je suis bien aise que la paix date du renouvellement du calendrier grégorien, qui présage, j'espère, autant de bonheur à mon règne que l'ancien. En dernière analyse, signez demain, si vous pouvez, ou bien le premier de l'an. »

tions en Piémont, à Gênes, Parme, Lucques et Piombino, elle reconnaissait les électeurs de Bavière et de Wurtemberg comme rois en abandonnant à celui-là le Tyrol avec le Vorarlberg, Brixen et Trente, Passau et Eichstaedt, Burgau et Lindau avec des comtés et des territoires de moindre importance, à celui-ci cinq villes du Danube avec leur territoire, les comtés de Hohenberg et de Nellemberg ainsi qu'une partie du Brisgau. Bade reçut le reste, avec l'Ortenau, la ville de Constance et l'île de Mainau. Le roi de Bavière cédait Wurzbourg à l'électeur grand-duc de Salzbourg qui abandonnait cette principauté à l'Autriche.

Celle-ci se trouvait donc exclue de l'Italie et de l'Allemagne, tandis que la sphère d'action de la France s'étendait au sud jusqu'à la presqu'île balkanique ; elle perdait plus de 1100 lieues carrées, plus de deux millions et demi d'âmes, tout près de 14 millions de florins de revenu annuel. Et ces pertes énormes n'étaient compensées que par quelques acquisitions des plus insignifiantes. Talleyrand, à cet égard, ne partageait pas la manière de voir de son maître. Dès le début de la campagne il avait, dans une de ses lettres, écrit les paroles suivantes : « Aujourd'hui les Turcs ne sont plus à craindre, ils ont tout à craindre eux-mêmes. Mais les Russes les ont remplacés : l'Autriche est encore le principal boulevard que l'Europe ait à leur opposer et c'est contre eux qu'il faut la fortifier aujourd'hui. » Un peu plus tard, au cours des négociations, il proposa comme compensation la Moldavie, la Valachie, la Bessarabie et la Bulgarie septentrionale. Mais ni l'Autriche ni Napoléon n'en voulurent entendre parler, celle-là parce qu'elle voyait fort bien que ces acquisitions seraient une pomme de discorde éternelle entre la Russie et elle et que d'autre part elle ne voulait pas définitivement renoncer à sa situation de grande puissance centrale, celui-ci parce qu'il avait le dessein de courber un jour l'empire des czars sous son sceptre. C'était là en effet l'abîme qui le séparait de Talleyrand et de tous les Français patriotes, que ceux-ci voulaient, à la vérité, une France forte, nationale, prédominante, mais admettaient qu'il y eût à côté d'elle un ensemble de puissances capables de lui tenir la balance, tandis que l'empereur ne voyait dans l'Europe tout entière que son domaine personnel. En France la révolution était finie et personne n'avait plus de sympathies pour ses tendances expansives ; mais en Europe elle était encore debout, dans un seul homme, il est vrai, mais cet homme se croyait assez puissant pour dominer le continent.

III.

Les créations napoléoniennes. Le différend avec la Prusse.

La journée du 2 décembre 1805 est une des quatre batailles qui dans la vie de Napoléon en tant que souverain furent décisives de préférence à toutes les autres. Marengo avait assis son pouvoir en France, Austerlitz lui donnait la prépondérance en Europe : Leipzig devait lui ravir celle-ci, Waterloo celui-là. En Moravie il avait failli, durant quelques jours, voir s'anéantir son dessein de s'assurer la domination du monde. En, effet les manœuvres habiles des Russes se retirant sans cesse devant lui, ébranlaient avant tout la confiance que son armée avait en lui et ce prestige qu'il allait perdre était le grand, l'unique moyen qu'il eût de réaliser ses visées. La géniale manœuvre d'Ulm, la surprise de Vienne, l'enlèvement des ponts du Danube n'avaient été que des prémisses auxquelles manquait la conclusion et déjà l'on entendait s'élever des critiques dans l'armée. Mais alors fut remportée la victoire qu'une sottise mémorable imposa en quelque sorte au Corse et du coup son prestige ne courait plus aucun danger d'être atteint. Et ce ne fut pas seulement l'armée, ce fut la France tout entière que le triomphe d'Austerlitz reconquit à l'Empereur. Aucune guerre n'y avait été moins populaire que celle-ci. D'abord on avait, avec un dépit à peine caché, supporté la conscription rigoureuse à l'excès ; puis avait éclaté une crise financière qui ébranla la confiance à peine établie dans le nouveau système et faisait naître la crainte que l'homme qui le représentait, n'offrit pas aux intérêts matériels une garantie durable ; on se ressouvint de l'expédition de St-Domingue qui, disait-on, avait été une aventure fort coûteuse, car elle avait englouti 60 millions et 50.000 hommes ; on supputa les pertes que le commerce avec le Levant subissait du fait de la guerre maritime et l'on constatait le déficit qui résultait pour la France de l'occupation immédiate de ses colonies par les Anglais ; les défenseurs les plus zélés de l'ordre rétabli par Napoléon eux-mêmes se familiarisaient avec l'idée de le voir remplacé par Joseph, s'il était tué au cours de la campagne. Mais toutes ces critiques furent réduites à néant quand arrivèrent coup sur coup les nouvelles de la victoire et de la conclusion de la paix qui la suivit de si près. Le peuple français était trop fier, trop vain pour ne pas reconnaître sien un homme qui donnait des ordres aux rois, qui faisait et défaisait des monarques et qui avait porté le nom de la France plus haut qu'aucun de ses souverains. « Les Français, dit un témoin oculaire, entraînés par le récit d'une telle victoire, à laquelle rien ne manquait, puisqu'elle terminait la guerre, sentirent renaître leur enthousiasme, et, pour cette fois encore, on n'eut besoin de rien commander à l'allégresse publique. La nation s'identifia de nouveau aux succès de ses soldats. Je regarde cette époque comme l'apogée du bonheur de Bonaparte ; car ses hauts faits furent alors adoptés par la majorité du peuple. » Les grands corps de l'État firent entendre des éloges dithyrambiques : sa gloire, lui disait-on, obscurcissait tous les autres noms immortels et l'admiration rougissait de s'être adressée à eux etc.

Le peuple français en faisant entendre au vainqueur ces paroles enthousiastes se trompait doublement. D'abord il ne se doutait pas que depuis longtemps la guerre continentale était arrêtée dans la pensée de l'Empereur, qu'il avait mûrement préparé la campagne, et amené lui-même la crise ; il croyait réellement ce que les officieux proclamaient, à savoir que Napoléon avait été menacé, attaqué et il admirait l'art avec lequel il avait su d'un seul coup anéantir le complot que l'Europe entière ourdissait contre lui. La deuxième erreur des Français c'était de croire encore que Napoléon fût leur Empereur à eux, qui triomphait de l'ennemi de la France afin d'assurer à leur pays la tranquillité : la gloire et les avantages matériels : Napoléon avait cessé d'être Empereur de la France. Quiconque connait ses desseins secrets d'avant la campagne, ne sera pas surpris d'apprendre qu'il profita de ses victoires pour tout autre chose que pour augmenter la puissance de la France et restreindre celle de l'Autriche, il en allait tirer un parti qui ne se comprend qu'en se plaçant au point de vue d'un potentat dont l'ambition s'étend bien au delà de la frontière des Gaules.

Au cours des négociations avec les plénipotentiaires autrichiens, il avait été question, avant la bataille d'Austerlitz, du royaume de Naples. Après la bataille on n'en souffla plus mot. Napoléon se croyait assez fort pour continuer à s'étendre en Italie et sur toute l'Italie sans l'assentiment de la cour de Vienne. A peine la paix de Presbourg fut-elle signée que le lendemain, dans un simple ordre du jour à l'armée, — cela est bien caractéristique — il déclara que la dynastie des Bourbons avait cessé de régner à Naples. Cette cour avait, il est vrai, fourni elle-même le prétexte. Sous la pression des Anglais et des Russes la reine Caroline s'était décidée à risquer le tout pour le tout, à rompre la promesse qu'elle avait faite à la France au mois d'août, de rester neutre et à ouvrir le port de sa capitale aux troupes russes et anglaises. Cela s'était fait au cours même de la guerre et Napoléon pouvait invoquer le droit de la guerre lorsqu'il donna à Masséna, la paix une fois signée, l'ordre de franchir la frontière napolitaine à la tête de forces considérables. Sur ce point aussi on allait, chose capitale, ressentir les effets de la victoire d'Austerlitz. Le czar, en effet, sous l'impression de la défaite qu'il venait d'essuyer, rappela ses troupes de Naples et, suivant son exemple, les Anglais évacuèrent le port pour mettre le cap sur la Sicile, abandonnant à la merci de l'ennemi courroucé ceux qui, confiants, avaient placé leur sort entre leurs mains. La reine écrivit à Napoléon pour déclarer qu'elle se soumettait et lui demandait sa grâce. Elle ne reçut point de réponse et vers le milieu du mois de février 1806 Joseph Bonaparte, qui s'était rendu à l'armée prit, d'abord en qualité de gouverneur impérial, possession de la capitale, d'où la famille du souverain légitime venait de s'enfuir. Quelques semaines s'étaient à peine écoulées, que, avant la fin du mois de mars, les troupes bourbonniennes qui résistaient aux Français dans la presqu'île étaient vaincues et la Sicile seule se trouvait encore au pouvoir de Caroline et des

Anglais. Le 30 mars 1806 Napoléon communiqua par écrit, au Sénat, sa résolution d'élever son frère Joseph au trône de Naples et de Sicile. Il ressortait de l'écrit même que cette mesure impliquait l'entrée du royaume dans la sphère d'action napoléonienne car il contenait cette disposition que le nouveau roi des Deux-Siciles resterait grand dignitaire français. L'assurance que jamais les deux couronnes, celle de France et celle de Naples, ne pourraient être réunies sur la même tête n'avait dès lors plus aucune importance [1].

Avec ce décret quelques autres concernant des territoires italiens étaient déposés sur le bureau du Sénat. L'un d'eux concernait l'incorporation de la Vénétie au royaume d'Italie. Un autre assignait la principauté de Guastalla à la princesse Borghèse et à son époux. Dans d'autres se dessine un plan tout nouveau du chef de l'État. Celui-ci créait en effet dans cette Vénétie nouvellement conquise douze titres ducaux et duchés, ceux de Dalmatie, d'Istrie, de Frioul, de Cadore, de Bellune, de Conegliano, de Trévise, de Feltre, de Bassano, de Vicence, de Padoue et de Rovigo, plus quatre dans le royaume de Naples, Gaëte, Otrante, Tarente et Reggio, un dans la principauté de Lucques, trois dans les duchés de Parme et de Plaisance. Un quart des revenus de ces territoires devait servir à doter les titulaires. Napoléon se réservait en outre pour trente millions de domaines vénitiens et pour quatre millions de domaines lucquois, douze cent

[1] Louis Bonaparte et Murat, beau-frère de l'Empereur, qui au même moment devenaient des monarques, n'en restèrent pas moins grands dignitaires français, c'est-à-dire les sujets de celui qui portait le titre d'Empereur des Français.

mille francs de rente à lui fournir par le royaume d'Italie et un million par celui de Naples. Ces fonds et ces titres étaient destinés à récompenser les services éminents. Ceux qui en étaient gratifiés — nous verrons plus tard leurs noms — n'acquéraient aucun privilège, mais le titre et les revenus étaient assurés à leurs héritiers en ligne masculine. Ces nouveaux fiefs n'avaient guère de commun que le nom avec l'ancien système définitivement abrogé et l'on aurait tort de confondre les deux. Ce qu'il faut retenir c'est ce fait que des citoyens d'un Etat vont avoir des droits sur une partie d'un territoire étranger, c'est que des maréchaux et des fonctionnaires français vont acquérir un droit à une portion des revenus italiens et bientôt aussi allemands et polonais. C'est une preuve de plus que l'Empire de Napoléon s'étendait bien au delà de la France. « Notre pays, dit Mme de Rémusat, dans le passage de ses *Mémoires* où elle parle de la nouvelle noblesse, notre pays ne lui apparut bientôt qu'une grand province de l'empire qu'il voulait soumettre à sa puissance. »

Mais ce dessein devait s'accuser le plus nettement dans la conduite que tint Napoléon vis-à-vis du pape. Les Bourbons une fois expulsés de Naples, toute la péninsule italienne était soumise à la volonté du conquérant à la seule exception des États de l'Église. Mais bientôt on put se rendre compte que ceux-ci aussi subiraient le sort commun. Quand les principautés napolitaines de Ponte-Corvo et de Bénévent furent données à des dignitaires français — à Bernadotte et à Talleyrand — sans qu'on eût égard à la suzeraineté papale, c'était là un signe précurseur. Restait à savoir si Pie VII consentirait, comme Joseph, à jouer le rôle de roi vassal, ou non. S'il s'y prêtait, la souveraineté temporelle subsisterait peut-être, s'il ne s'y prêtait pas, il était à supposer qu'il serait sacrifié au système du maître du monde. Or, dans la dernière guerre, Pie VII avait prétendu rester [illegible] neutre et quand, violant cette neutralité, les Français en marchant sur Naples avaient occupé Ancône, il avait protesté. Cela prouvait qu'il ne consentirait pas à subir la volonté de l'empereur corse. Il fit entendre des représentations, disant que, en sa qualité de père de tous les fidèles, il avait le devoir d'observer au point de vue politique une absolue impartialité. De plus, Napoléon lui ayant demandé d'annuler le mariage de son plus jeune frère Jérome avec miss Patterson, cette américaine dont il a été question plus haut, le pape avait refusé de prononcer le divorce en invoquant les décisions du concile de Trente (juin 1805).

Tous ces actes d'opposition de la part du pontife pour lequel il croyait avoir été, à l'encontre des gouvernements qui avaient précédé le sien, assez prévenant, irritaient l'empereur, Quand il eut vaincu la coalition il fit déclarer à Rome qu'il avait occupé Ancône parce que les forces militaires du St-Siège n'eussent pas suffi à défendre ce port contre les Anglais et les Turcs — les Protestants et les Infidèles, par conséquent — parce qu'il se considérait comme le protecteur de l'Église. Pie VII ne comprenant toujours pas et lui demandant, avec une grande onction et une douceur non moins grande dans la forme, de lui rendre les Légations pour le payer du service qu'il lui avait rendu en venant le couronner, l'Empereur parla en termes plus précis. Dans sa lettre du 13 février 1806 il lui dit ceci : « Toute l'Italie sera soumise sous ma loi. Je ne toucherai rien à l'indépendance du St-Siège... mais nos conditions doivent être que V. S. aura pour moi, dans le temporel, les mêmes égards que je lui porte pour le Spirituel... V. S. est souverain de Rome, mais j'en suis l'empereur. » Fesch était alors son ambassadeur à Rome et y devait faire entendre ses volontés. Il lui donna pour instructions d'exiger que les sujets de l'Angleterre, de la Russie, de la Suède et de la Sardaigne fussent expulsés et que les ports romains fussent fermés aux navires de ces puissances, ajoutant que Joseph avait l'ordre de soutenir ces mesures par les armes et que, d'une manière générale, le St-Siège ne devait plus s'occuper de politique vu qu'il se chargeait de le protéger contre le monde entier. « Dites bien, continue-t-il, que j'ai les yeux ouverts, que je ne suis trompé qu'autant que je le veux bien ; que je suis Charlemagne, l'épée de l'Église, leur empereur, que je dois être traité de même. » Miot de Mélito, qui se trouvait alors auprès de Joseph nous raconte que dans ses lettres Napoléon révélait à son frère ses véritables desseins. Il avait songé à se rendre à Rome pour se faire couronner empereur d'Occident, le pape perdant tout pouvoir temporel et ne gardant que le spirituel avec quelques millions de rente annuelle, comme compensation. On fit dire la chose à Rome, confidentiellement, mais les cardinaux se déclarèrent opposés à ce dessein et résolus à mourir plutôt que de vivre à de pareilles conditions. Le secret le plus absolu fut gardé : Pie VII ne répondit qu'à la seconde lettre dont il a été question ci-dessus. Il déclara que Napoléon était Empereur des Français mais nullement empereur romain et que s'il subissait l'union intime qu'il voulait lui imposer, les autres pays ne reconnaîtraient plus son autorité. Napoléon ayant déclaré que le secrétaire Consalvi était l'âme de la résistance, Pie VII le congédia. C'était là une concession qu'il faisait au plus fort. Mais la situation resta tendue et la rupture eut lieu, un peu plus tard. Pour le moment l'Empereur s'occupa, sur un autre point, du couronnement de l'édifice.

Ce point c'était la Hollande. Cet État, une fois qu'il avait dû se soumettre à l'influence française, avait vu sa constitution subir les mêmes transformations que celle de la France elle-même. Nous avons vu, finalement, la République batave posséder une sorte de constitution consulaire, avec un grand pensionnaire à sa tête. Depuis juin 1803 elle était l'alliée de la France au point de vue militaire. Deux ans plus tard quand le gros de l'armée française alla combattre dans l'est, Louis Bonaparte reçut la mission de défendre la Hollande contre les Anglais et les Suédois. Il n'y eut pas d'engagement, la bataille d'Austerlitz étant survenue et Louis retourna à Paris, ce qui ne convenait guère à l'Empereur qui voulait le placer lui aussi sur un trône, et précisément sur le trône de Hollande. Dès le mois de janvier 1805 le bruit avait couru à la Haye que l'Empereur des Français avait l'intention de rétablir la monarchie en Hollande. Louis qui ambitionnait aussi peu un trône dans le nord qu'en Italie, n'avait pas voulu fournir d'éléments à cette rumeur en restant dans le pays. Mais Napoléon n'admettait plus d'opposition de ce genre de la part de ses frères. En exilant Lucien il avait entendu leur donner un avertissement; ils n'avaient qu'à choisir entre l'obéissance passive et l'exil. Louis fit comme Joseph, il se décida finalement à obéir et se déclara prêt à accepter la couronne de Hollande.

Quant aux Hollandais, on ne fit guère de façons avec eux. Celui qui se croit assez au-dessus du droit et des traités pour en faire fi, celui-là n'a plus qu'à sauver les apparences et à trouver un prétexte. Le grand pensionnaire Schimmelpenninck avait été informé de ce qui se tramait à Paris ; il y envoya une députation de notables ayant à leur tête l'amiral Ver Huell, afin de détourner le danger dont il se voyait menacé. Le 14 mars 1806 Napoléon écrivait à ce sujet à Talleyrand : « J'ai vu ce soir M. H. Verhuel. Voici en deux mots à quoi j'ai réduit la question : la Hollande est sans pouvoir exécutif, il lui en faut un ; je lui donnerai le prince Louis. On fera un pacte par lequel la religion du pays sera respectée ; le prince gardera la sienne, et chaque partie de la nation gardera la sienne. La constitution actuelle sera conservée, hormis qu'au lieu du grand pensionnaire il y aura un roi. Je n'aurai pas même de difficulté à lui donner le titre de Stathouder... Dans toutes les relations extérieures, dans le gouvernement des colonies et dans toutes les affaires d'État, les actes seront au nom du Stathouder ou du roi... Rédigez-moi un projet, et envoyez à La Haye une personne adroite pour suivre cette affaire... C'est une affaire à laquelle je suis décidé ; cela ou bien la réunion. Les arguments sont que, sans cela, je ne ferai rendre aucune colonie à la paix. Au lieu que non seulement je ferai rendre toutes les colonies, mais je leur ferai même entrevoir que je procurerai la Frise. Enfin il n'y a plus un moment à perdre. » Il ne servait de rien aux députés d'invoquer la convention de Juin 1803 où Napoléon, en échange de leur aide en vue de la guerre, leur avait solennellement promis la restitution de leurs colonies, voir même Ceylan, si les circonstances le permettaient. Il ne leur servait de rien d'invoquer le traité de 1795 dont voici le premier article : « La République française reconnait la République des Provinces-Unies comme puissance libre et indépendante et lui garantit sa liberté, son indépendance... » Napoléon resta ferme. Quand, à la

Haye, on ne voulut pas entendre parler de monarchie et quand il vit que les négociations traînaient en longueur, il menaça de recourir à des mesures coërcitives jusqu'à ce qu'enfin les Hollandais cédèrent. Le même peuple qui jadis avait converti son pays en désert pour le sauver de la cupidité de Louis XIV se soumettait à présent sans résistance. Le Conseil d'État de Hollande autorisa le grand-pensionnaire à signer un traité avec la France par lequel Louis Bonaparte devenait roi de Hollande (24 mai 1806) et le 5 juin une députation vint déclarer aux Tuileries que « après mûre réflexion » on avait reconnu qu'à l'avenir une monarchie constitutionnelle assurerait le mieux la prospérité du pays et qu'on priait le prince de fonder cette monarchie. L'Empereur répondit à cette solennelle harangue en paroles d'acquiescement tout aussi solennelles et l'Europe comptait un roi de plus. Après l'audience, il est vrai, Napoléon jeta le masque et fit réciter à son neveu, fils de Louis, devant l'impératrice et ses dames, la fable des grenouilles qui demandent un roi. Au fond, ces peuples ne méritaient pas d'être mieux traités par ce parvenu solitaire qui n'appartenait à aucun et qui ne les domptait pas moins tous.

Les Allemands allaient à leur tour passer sous le joug et prendre rang parmi les peuples vassaux du Corse. Dans sa correspondance avec le pape il est souvent question de l'Allemagne et l'impression qu'on ressent c'est que celui qui écrit ces lettres se considérait comme le maître de cette nation là aussi. Dans sa lettre du 13 février 1805 il reproche par exemple aux conseillers du pontife d'être cause que l'Allemagne persiste dans l'anarchie religieuse. « Si V. S. voulait se souvenir de ce que je lui ai dit à Paris, la religion d'Allemagne serait organisée et non dans le mauvais état où elle est », ajoute-t-il. C'était dans cette lettre que Napoléon se déclarait empereur de Rome, empereur d'Occident, Charlemagne, ce même Charles qui avait étendu son sceptre sur les pays francs, italiens et germains. Et c'était bien cela. En 1805, les princes de l'Allemagne du sud avaient suivi comme des vassaux soumis l'étranger qui leur promettait aide, protection ou avantages et qui les menait contre le chef même de l'empire qui n'était plus en état de les protéger et qui visait plutôt à affaiblir qu'à fortifier les princes séculiers. A la signature de la paix, Napoléon récompensa ses partisans en Allemagne en agrandissant leurs États, en leur accordant des titres plus élevés et la souveraineté. On lisait en effet ceci dans l'article 14 de la paix de Presbourg : « Leurs Majestés les rois de Bavière et de Wurtemberg et S. A. Sér. l'Electeur de Bade jouiront sur les territoires à eux cédés, comme aussi sur leurs anciens États de la plénitude de la souveraineté et de tous les droits qui en dérivent et qui leur ont été garantis par S. M. l'Empereur des Français, roi d'Italie ainsi et de la même manière qu'en jouissent S. M. l'Empereur d'Allemagne et d'Autriche et et S. M. le roi de Prusse sur leurs Etats allemands. S. M. l'Empereur d'Allemagne et d'Autriche, soit comme chef de l'Empire, soit comme co-État s'engage à ne mettre aucun obstacle à l'exécution des actes qu'ils auraient faits ou pourraient faire en conséquence ». Certes du côté de l'Empire germanique ils n'avaient plus rien à craindre. Mais bientôt l'influence dominante de l'autre empereur allait se faire sentir d'autant plus intense. Quand le roi de Bavière se permit — c'était en février 1806 — de faire bien modestement des représentations au sujet de ses troupes qui allaient être employées hors de l'Allemagne et attribuées à l'armée d'Italie, on lui fit une réponse des plus humiliantes, car on lui dit qu'il ne devait pas s'imaginer que c'était à cause de lui que la Bavière avait été élevée au rang de royaume; cette élévation, ajoutait-on, était simplement une conséquence du système français. Ce qu'on désignait donc, par rapport à l'Autriche, comme souveraineté, n'était que de la vassalité pure et simple par rapport à la France.

Mais il fallait que cet état fût permanent et que Napoléon fût sûr que ses vassaux allemands lui resteraient fidèles. Il employa deux moyens pour atteindre ce double but. Le premier consistait à faire entrer dans sa famille des membres de celles des princes de l'Allemagne du sud. Dès 1804, peu après son élévation à l'empire, il avait pensé à s'unir aux vieilles maisons princières allemandes et proposé à la cour électorale de Bavière le mariage de son beau-fils Eugène avec la princesse Augusta. Les mémoires du ministre bavarois Montgelas, publiés tout dernièrement, nous apprennent même qu'il avait offert dès ce moment à la cour de Munich une alliance offensive et défensive et promis la dignité royale à Maximilien Joseph si ce mariage — sans doute ardemment désiré par Joséphine — se faisait. L'électeur, sans accepter ni refuser, demanda que l'affaire fût remise à plus tard. Immédiatement après l'ouverture des négociations à Presbourg, Napoléon la remit sur le tapis. On pouvait encore tergiverser à Munich, mais il était impossible de répondre par un refus et le 14 janvier 1806 fut célébré le mariage du vice-roi avec la princesse. Le prince héritier de Bade l'avait également demandée : on le maria à Stéphanie Bauharnais, nièce de l'impératrice. La jeune princesse ne consentit qu'à contrecœur : elle quittait Paris à regret. On y prétendait qu'elle aimait l'empereur et en était aimée[1]. Cela faisait deux cours auxquelles on s'alliait ; avec la troisième, celle de Stuttgart, on négociait dès octobre 1805 une autre alliance ; Jérôme devait épouser la princesse Catherine, fille unique du roi Frédéric de Wurtemberg. Ce projet se réalisa en 1807 quand le jeune Bonaparte fut devenu roi à son tour.

Le deuxième moyen qu'employa Napoléon pour asservir définitivement l'Allemagne occidentale lui fut fourni par les gouvernements qui avaient précédé le sien. Il consistait à grouper les États de l'Allemagne centrale et méridionale en une ligue indépendante de la Prusse et de l'Autriche et à subordonner cette ligue à la France par des traités en bonne et due forme. C'était là une idée déjà vieille qui dès le XVIIe siècle avait pris corps en France ; puis la Révolution l'adopta. En 1798 nous voyons apparaître à plusieurs reprises, dans la correspondance de Talleyrand avec Sieyès, un troisième Etat allemand dirigé par la France et qu'il faudrait fonder. Quand plus tard Napoléon s'occupa de partager, selon son bon plaisir, les territoires ecclésiastiques allemands, il y revint. Tous deux eurent en octobre 1804, à Mayence, des entrevues avec le seul électeur ecclésiastique qui n'eût pas sombré dans la sécularisation générale, l'archevêque de cette ville, Dalberg. « Ils lui ont témoigné, écrivait le ministre bavarois Edelsheim à l'ambassadeur de Russie à Vienne, que, la France ne voulant pas permettre que ni l'Autriche ni la Prusse rognassent à chaque instant quelques objets aux autres États des princes d'Allemagne, il était de toute nécessité de former une asso-

[1] De nos jours encore il s'est trouvé des gens persistant à croire que Kaspar Hauser, le mystérieux enfant trouvé de Nuremberg, était le fils de Stéphanie et de Napoléon.

ciation solide et imposante contre de pareilles entreprises, association que, sans le concours de ces deux puissances, les États de l'Empire auraient à former et qui, selon un compte assez gratuitement fait, pourrait au besoin fournir 15.000 hommes. Si toutefois les princes étaient assez aveugles pour ne pas s'entendre là-dessus, lui, Napoléon, donnerait tout l'espace entre les Etats d'Autriche et le Rhin à l'Electeur de Bavière, aimant mieux avoir à faire avec trois puissances qu'avec ces petits Etats inutiles et impuissants par leur désunion. »

Or, il est permis de faire aux différents « petits États inutiles » toute sorte de reproches, sauf un, c'est que leurs princes eussent « été aveugles sur leurs propres intérêts. » Aussi quand le vainqueur d'Austerlitz reparla de la Confédération, tous les petits princes ne se firent pas longtemps tirer l'oreille. Ils allèrent même au-devant des désirs de l'empereur. En avril 1806, Dalberg adressa une missive à Napoléon, laquelle nous permet, en partie du moins, de bien comprendre ce que signifiaient les allusions de l'Empereur dans ses lettres à Pie VII. « L'estimable nation germanique, disait Dalberg, gémit dans les malheurs de l'anarchie politique et religieuse ; soyez, sire, le régénérateur de sa constitution. » Et qu'entendait-il par là ? L'anarchie religieuse, il comptait la faire disparaître en fondant une église nationale allemande dont il eût été l'évêque suprême et il obtint de Napoléon qu'il écrivît à Fesch, à Rome, que si le pape ne cédait pas, on réglerait les affaires religieuses de l'Allemagne avec Dalberg comme primat. Quant aux affaires politiques, l'Électeur archi-chancelier désirait, comme il le dit à l'envoyé français Hédouville « que l'empire d'Occident renaisse en l'empereur Napoléon, tel qu'il était sous Charlemagne, composé de l'Italie, de la France et de l'Allemagne. » Pour le moment Napoléon lui-même n'en demandait pas davantage. Il fit élaborer par Talleyrand et Labesnardière un projet de constitution de la Confédération et le 12 juillet 1806 il la fit signer par les chargés d'affaires des différents États qui y accédaient. Tout comme quatre ans auparavant on vit des envoyés allemands à Paris tâcher d'obtenir la faveur et les égards du ministre et offrir l'or à pleines mains pour qu'on prolongeât une existence politique peu honorable. Tous ne réussirent pas. Car quand on signa l'acte, il se trouva qu'un grand nombre de principautés et de comtés allemands étaient absorbés par des territoires des princes confédérés, qu'ils étaient médiatisés, c'est-à-dire qu'un souverain étranger, sans titre, n'ayant nullement qualité pour cela, uniquement selon son bon plaisir, avait anéanti toute une série d'unités politiques en faveur d'autres dont il achetait de la sorte la soumission à sa volonté. Parmi les plus favorisés figuraient la Bavière, le Wurtemberg, le nouveau « grand-duc » de Bade, Nassau, Hesse-Darmstadt et Dalberg qui prenait le titre de prince primat avec Francfort-sur-le-Mein et son territoire. La confédération comprenait en outre quelques petits princes qui étaient parvenus, en gagnant tel fonctionnaire ou par tout autre moyen, à ne pas être médiatisés tels que ceux d'Aremberg, de Liechtenstein, de Salm, de Hohenzollern, von der Leyen. L'électeur de Hesse n'entra pas dans la Confédération ; par contre, on y vit figurer un nouveau souverain, le duc, ou plutôt le « grand-duc » de Clèves et Berg, territoires cédés l'an d'avant par la Prusse et que Napoléon avait donnés en mars 1806 à son beau-frère Murat. Par les deux premiers articles de l'acte constitutif, les princes déclaraient tous qu'ils se séparaient à jamais du territoire du Saint-Empire romain de nation germanique, que sous le nom de « Confédération du Rhin » ils formaient une ligue spéciale et qu'ils ne reconnaissaient plus aucun droit sur eux à l'ancien pouvoir impérial, qu'ils étaient indépendants des puissances étrangères à l'exception de la France dont l'Empereur, en sa qualité de protecteur de la Confédération, déciderait de l'admission de nouveaux membres, nommerait le prince primat et ordonnerait la levée des troupes fédérales. Chacun des princes avait à fournir un contingent déterminé : la Bavière 30.000 hommes, le Wurtemberg 12.000, Bade 8.000, Darmstadt 4.000, Berg 5.000, Nassau et tous les petits Etats réunis 4.000. Ces forces, Napoléon allait en disposer en maître absolu dans toutes ses guerres, car l'article 35 portait qu'entre les Etats de la Confédération et l'Empire français il était établi une alliance aux termes de laquelle « toute guerre continentale que l'une des parties contractantes aurait à soutenir deviendrait immédiatement commune à toutes les autres ».

Les forces militaires dont disposait le conquérant s'étaient donc accrues d'une armée, sa sphère d'action politique d'un territoire de deux mille cinq cents mètres carrés et de huit millions d'habitants. Le 1er août 1806 la Confédération du Rhin et son protecteur déposèrent à la diète de Ratisbonne l'acte constitutif et déclarèrent qu'ils ne considéraient plus comme existant l'ancien empire germanique.

La question était de savoir quelle position prendraient les deux grandes puissances allemandes vis-à-vis de ce nouvel état de choses. Le souverain de l'Autriche était encore empereur d'Allemagne et la dissolution de l'empire avait été décidée sans lui. A la vérité, on n'ajoutait plus depuis longtemps, à Vienne, aucune importance à cette vaine dignité, depuis qu'en 1802 l'influence étrangère s'était fait sentir dans les affaires allemandes et avait, avec le concours des Allemands eux-mêmes, prévalu contre celle de l'empereur ; la guerre que l'Autriche avait faite avec tant d'acharnement pour sauver sa position en Italie, elle ne l'aurait pas engagée aussi facilement en faveur de l'Allemagne. En outre, la paix de Presbourg, en particulier l'article 14 de cette paix, déjà mentionné, contenait indirectement déjà l'abdication de l'empereur d'Allemagne ; si la cour de Vienne hésitait toujours à franchir le pas, c'était pour qu'on lui accordât une compensation quelconque en échange de la renonciation à la couronne impériale. Mais Napoléon ne proposa pas de marché, il exigea catégoriquement de l'ambassadeur autrichien à Paris, Vincent, que son maître résignât cette couronne et reconnût simplement la Confédération du Rhin. Avant que le délégué du cabinet de Vienne qui devait se rendre à Paris pour négocier cette affaire y fut arrivé, l'acte constitutif y avait été signé et de la sorte le cabinet autrichien se trouva placé devant un fait accompli. Il ne restait plus à François II qu'à faire remettre par son envoyé à Ratisbonne une note datée du 6 août 1806 portant qu'il considérait comme abrogé le lien qui l'avait uni jusqu'alors à l'empire d'Allemagne et qu'il déposait la couronne. L'ancien empire germanique n'existait plus.

Dans l'entretien avec Vincent dont il a été question plus haut, Napoléon avait parlé sur un ton tranchant et menaçant ; son armée, avait-il dit, se tenait prête à appuyer, au premier moment, ses demandes et à envahir l'Autriche. Et ce n'étaient pas là de vaines menaces. Car l'armée victorieuse n'était nullement rentrée en France, la campagne une fois finie. Elle n'avait pas même totalement évacué l'Autriche, car il y avait toujours une forte garnison française dans la place frontière de Braunau. Cette ville était restée occupée pour une raison qui se fondait sur la situation générale de l'Europe. Nous avons vu que la Russie était profondément irritée contre Napoléon à cause des intrigues françaises dans l'Adriatique et la mer Ionienne qui contrecarraient ses plans. Quand on vit l'Empereur se faire attribuer par la paix de Presbourg en plus de l'Italie, la Dalmatie et Cattaro, la cour de St-Pétersbourg ressentit la plus vive inquiétude au sujet des intentions que Napoléon pourrait bien avoir sur l'Orient et si les Russes quittèrent Naples, ils le firent pour mieux assurer leur position à Corfou et afin d'être à même de fermer la presqu'île des Balkans à l'influence française. On poursuivait le même but lorsqu'on donna à l'escadre russe qui croisait dans l'Adriatique l'ordre d'occuper les Bouches de Cattaro. Le délai fixé pour la remise à la France est passé, disait-on, la côte n'est donc plus autrichienne mais française, donc ennemie. Le commandant supérieur autrichien rendit la place aux Russes. Napoléon fut on ne peut plus irrité : invoquant le traité qui liait la cour de Vienne, il exigea que celle-ci chassât l'ennemi et lui remît la baie ; il déclarait qu'il n'évacuerait pas Braunau et l'Allemagne jusque cela fût fait. L'Autriche eut beau prodiguer les paroles pour décider les Russes à abandonner les Bouches, rien n'y fit ; de St-Pétersbourg on ne répondait que par des échappatoires. Or, pendant ce temps, Napoléon occupait de fait toute l'Allemagne du Sud, ce qui ne contribua pas peu à faire réussir son projet de la Confédération du Rhin.

L'avantage le plus considérable qu'il retirait de

cette occupation de l'Allemagne du Sud, c'est que grâce à elle, il tenait en échec non seulement l'Autriche, mais encore la seconde grande puissance de l'Allemagne, l'État des Hohenzollern. Nous avons vu en dernier lieu Haugwitz signer, pour obéir au désir peu généreux de son maître de rester en paix avec Napoléon et contraint par la situation telle que l'avait faite la bataille d'Austerlitz, le traité de Schœnbrunn du 15 décembre 1805. Ce traité était à bien des égards compromettant pour la Prusse. Tout d'abord l'alliance était offensive et défensive et dès lors la Prusse semblait inféodée à la France, ce qui diminuait sa situation en Europe; puis le Hanovre devait immédiatement passer à la Prusse et, forcément, il allait se produire des difficultés avec l'Angleterre à ce sujet. Pour y parer, Haugwitz, de retour à Berlin, proposa au roi de ne pas ratifier le traité dans la teneur primitive, mais avec certaines modifications; l'alliance offensive et défensive serait devenue une alliance pure et simple et le Hanovre ne passerait à la Prusse qu'à la signature de la paix entre la France et l'Angleterre, pour l'instant il serait simplement occupé par les Prussiens. De la sorte on voulait s'assurer, il est vrai, l'acquisition de l'électorat guelfe, mais sans être entraîné à la guerre européenne. Haugwitz apporta donc à Paris le traité ainsi modifié et le ministre Hardenberg doutait d'autant moins de voir Napoléon l'accepter que précisément à ce moment-là — vers le 20 janvier 1806, — il arriva à Berlin une lettre de Talleyrand à l'ambassadeur français Laforêt, dans laquelle il disait que l'Empereur était tout disposé à s'entendre avec la Prusse. Cette lettre le détermina même à conseiller au roi de désarmer, ce qui fut fait, en janvier encore, pour la plus grande partie de l'armée prussienne.

Mais à Paris les choses ne se passèrent pas comme on l'avait espéré. Napoléon, loin d'accéder aux modifications proposées à Berlin, voulait avoir la Prusse à sa discrétion afin de pouvoir la faire peser de tout son poids dans les négociations avec l'Angleterre. Aussi ne se contenta-t-il pas de refuser sa ratification, il déclara nul et non avenu le traité du 15 décembre, vu qu'il n'avait pas été ratifié dans le délai convenu et imposa au négociateur un autre traité qui, à la vérité, ne parlait plus d'alliance offensive et défensive, mais contenait des conditions beaucoup plus dures que la convention de Schœnbrunn. On demandait à la Prusse, en plus de Neufchâtel, de céder la principauté de Valangin, de renoncer à toute compensation pour le margraviat d'Ansbach cédé à la Bavière, de reconnaître derechef l'intégrité de la Turquie et de s'engager à la défendre, de prendre immédiatement possession du Hanovre et de fermer en outre aux Anglais les ports et les estuaires de la mer du nord et le port de Lubeck. C'était là un document des plus dangereux car, d'une part, l'engagement pris par rapport à la Turquie pouvait provoquer très facilement un différend avec la Russie et, d'autre part, la fermeture des ports impliquait forcément la guerre avec l'Angleterre. Haugwitz signa malgré tout ce traité le 15 février 1806 et Frédéric-Guillaume III ne refusa pas de le ratifier. Son armée était sur pied de paix, l'armée française stationnait dans l'Allemagne du sud : il ne pouvait faire autrement [1].

[1] Un officier autrichien, à ce moment en mission secrète dans l'Allemagne du Sud, écrivait le 31 mars 1806, de Munich : « D'ailleurs on ne semble pas avoir prêté une attention suffisante à la position admirable qu'occupe l'armée française en face de la Prusse. Les deux extrêmes ailes

Et ce qui devait arriver arriva. Si l'Angleterre n'avait pas, auparavant, vu une marque d'hostilité de la part de la Prusse dans l'occupation du Hanovre, la fermeture des ports de l'Elbe, du Weser et de l'Ems allait y causer une surexcitation extrême. Les ministres anglais, sûrs de l'assentiment du Parlement, firent, sans déclaration de guerre préalable, mettre l'embargo dans les premiers jours d'avril 1806, sur tous les navires marchands prussiens — il y en avait quelques centaines en tout — dans les ports et donner la chasse à ceux qui étaient en pleine mer. Cela seul représentait pour la Prusse une perte de plusieurs millions, abstraction faite de la perte bien plus sensible que subirait le commerce de la Silésie, une fois que tous les ports du nord lui seraient fermés. Et tout cela pour avoir le Hanovre dont la possession malgré tout n'était pas aussi assurée que le prétendaient les partisans de l'alliance française à Berlin. Car qu'arriverait-il si l'Angleterre et la France se réconciliaient ? Napoléon se refuserait-il par égard pour la Prusse à rendre l'électorat, si c'était là l'unique condition dont dépendit la paix ? Et tout semblait faire présager cette réconciliation.

étant à Austerlitz et à Bregenz, Bonaparte retira son armée de l'Autriche en colonnes, marchant par le flanc. Par le mouvement d'Augereau (sur Francfort) l'armée prit soudain une position menaçante dont Francfort était le centre, le Haut Palatinat et le Weser les ailes extrêmes et qui englobait tous les cours d'eau et toutes les hauteurs d'où l'on menaçait la Prusse. Les calculs étaient faits de telle sorte qu'en dix jours de marche il fut possible d'être à Berlin et l'on comptait n'avoir à livrer qu'une seule bataille dans tout l'intervalle compris entre le Wurtemberg et Breslau. Pendant que s'exécutaient toutes les marches on amusa la Prusse avec des négociations ; elle se rendit compte trop tard de la situation où elle se trouvait et fut forcée de signer toutes les conditions qu'on lui imposait. »

Les victoires de l'Empereur avaient singulièrement déprimé les courages à Londres. Pitt fut frappé au cœur en voyant l'Autriche faire la paix, les Russes se retirer, la coalition tomber en pièces, cette coalition qui au fond avait été son œuvre et, déjà malade il succomba sous tous ces coups réitérés ; il rendit l'âme le 23 janvier 1806. Peu avant sa fin, ses yeux s'étaient portés sur une carte de l'Europe. Il ordonna de la rouler vu qu'on ne pourrait plus s'en servir pendant les quelques dix ans qui allaient suivre. Ce politique de génie devenait prophète à ses derniers instants. Parmi les membres du cabinet Grenville qui succéda à celui de Pitt, figurait James Fox comme ministre des affaires étrangères et représentant de l'entente avec la France. Nous l'avons vu jadis rempli d'enthousiasme pour le héros du 18 brumaire. Cette fois il se rapprocha du gouvernement de Paris d'une façon quelque peu extraordinaire en lui signalant l'existence d'un complot (inventé sans doute par lui) contre la vie de l'Empereur. Napoléon s'empressa d'ajouter foi à la chose, quoiqu'il devinât que ce n'était là qu'un prétexte et fit exprimer sa gratitude à Fox en termes fort aimables. Peu après lord Seymour, comte de Yarmouth, cet Anglais qu'on avait arrêté à Paris au début de la guerre, fut chargé d'entamer des négociations avec Talleyrand. En juin 1806, elles furent effectivement engagées. Il n'était guère possible de refuser Malte aux vainqueurs de Trafalgar si on voulait qu'il rendissent les conquêtes qu'ils avaient faites et le ministre de Napoléon l'offrit au négociateur anglais et en plus — comme s'il n'avait jamais existé de traité d'alliance avec la Prusse — la rétrocession du Hanovre à son souverain légitime. La Sicile devait être garantie aux Bourbons si l'Angleterre reconnaissait Joseph à Naples.

Pour le moment rien de tout cela ne transpira à Berlin. Cependant le roi ne pouvait vaincre la méfiance que lui inspirait un allié qui lui avait imposé de si dures conditions. Il chercha un appui et un soutien à la cour de St-Pétersbourg. Le duc Charles de Brunswick y fut envoyé en mission secrète afin d'obtenir, avant tout, qu'Alexandre I promît de respecter l'intégrité de la Turquie pour qu'on ne fût pas contraint de prendre les armes contre lui. Mais cette promesse on ne put l'obtenir. Le rapprochement ne fut que partiel : les deux souverains échangèrent des déclarations portant que le czar s'engageait à employer toutes ses forces à maintenir l'indépendance et l'intégrité de l'État prussien, tandis que Frédéric-Guillaume promettait de ne pas faire la guerre à la Russie si cette guerre naissait par suite d'une attaque dirigée par la France contre la Turquie (1er juillet 1805). La plus sûre garantie pour la Prusse eût été, il est vrai, que la paix se fît entre la France et la Russie et pendant un moment on put croire qu'elle se ferait, Alexandre, ayant appris que l'Angleterre négociait avec Napoléon et ne voulant pas, au cas où les deux puissances tomberaient d'accord, soutenir à lui seul la guerre contre le redoutable empereur. C'est pour cela que le chargé d'affaires russe, d'Oubril, se rendit à Paris et y conclut le 20 juillet une convention particulière aux termes de laquelle les Russes devraient abandonner Cattaro et se retirer aux îles Ioniennes tandis que la France évacuerait dans un délai de trois mois l'Allemagne et cesserait d'occuper la république de Raguse où elle venait de mettre garnison. Les deux parties contractantes reconnaissaient l'indépendance et l'intégrité de la Porte. Le roi Ferdinand de Naples recevrait les îles Baléares en compensation de Naples et de la Sicile. Il ne manquait à cette convention qui rappelle celle que jadis on avait décidé le comte de St-Julien à signer, que la ratification du czar.

Mais malgré toutes ces négociations, la paix ne devait se faire ni avec la Russie ni avec l'Angleterre. A peine l'envoyé russe était-il arrivé à Paris afin de préparer une entente, que Napoléon retira l'une après l'autre toutes les concessions qu'il avait faites au négociateur anglais et finalement il exigea la Sicile pour Joseph. Fox déconcerté, devint hésitant; quand fut connue la constitution de la Confédération du Rhin qui ouvrait une sphère nouvelle à la prépondérance française sur le continent et du même coup à la concurrence commerciale française, il battit peu à peu en retraite et les négociations, après avoir traîné quelque temps encore, furent finalement interrompues. Peu après le ministre anglais mourut, avec lui disparaissait à peu près le seul homme conciliant sur lequel Napoléon pût encore compter en Angleterre. Il n'allait plus en trouver un seul dans toute la Grande-Bretagne.

Ce fut à ce moment-là même qu'en Russie le parti de la guerre reprenait le dessus. Alexandre ne voulait pas se laisser lier les mains en Orient ni évacuer Cattaro. Il refusa de sanctionner le traité signé par Oubril[1]. En outre, l'anéantissement de l'ancien

[1] Ce qu'il y a d'étrange dans les négociations d'Oubril avec les Français c'est qu'il se refusa énergiquement à traiter de la paix de concert avec les Anglais. C'est en vain que le négociateur anglais insista auprès de lui. Il avait des ordres formels. On n'est pas encore parvenu à voir clairement quels motifs le czar pouvait avoir en le lui défendant. Mais on ne se trompera guère en admettant que la Russie ne voulait pas démasquer aux yeux de l'Angleterre la position offensive qu'elle avait prise vis-à-vis de la Turquie. Ce qu'il y a de certain c'est que l'ambassadeur anglais à Vienne, Puget « supplia à genoux » l'ambassadeur

empire germanique, dont il se considérait volontiers comme le garant, avait produit une impression très vive sur lui. Il fit déclarer à Paris qu'il ne signerait la paix que si la France renonçait à la possession de la Dalmatie et de l'Albanie, et si elle consentait à laisser la Sicile au roi Ferdinand et à indemniser enfin celui de Sardaigne de la perte du Piémont. Or, il savait fort bien que Napoléon ne consentirait jamais à tout cela. Aussi donna-t-il en même temps l'ordre de mobiliser l'armée et de la porter sur la frontière prussienne.

Tandis que la politique des grandes puissances subissait toutes ces variations, la Prusse attristée et angoissée avait supporté toutes les conséquences de son traité d'alliance avec la France. On prétend que depuis qu'il était signé, on avait vu à plusieurs reprises pleurer le roi. N'avait-on pas abandonné le certain pour l'incertain ? Les territoires cédés, tels que celui d'Ansbach, avaient été immédiatement occupés par les Français et pourtant l'allié ne semblait pas vouloir s'en tenir là. Il y avait dans le voisinage immédiat du nouveau duché de Berg trois abbayes avec de riches terrains houillers. En 1802 elles avaient été attribuées à la Prusse et ne faisaient plus partie du duché de Clèves que par rapport à la représentation provinciale. Malgré cela Joachim I — c'était là le nom que portait à présent Murat — les fit bonnement occuper et ne les évacua

russe Razonmoiosky d'évacuer les Bouches de Cattaro, mais sans rien obtenir (Martens, *Recueil des traités et conventions conclus par la Russie avec les puissances étrangères*, II, p. 504). Oubril s'était laissé circonvenir et avait promis cette évacuation. Cela allait lui coûter la faveur de son maître ; il perdit ses fonctions et ses dignités.

que sur les réclamations fort nettes de la Prusse. Le territoire de l'une de ces abbayes, celle d'Essen, reliait le comté prussien de Mark à Clèves. La politique de Napoléon visait également ce comté, car il tenait à rendre le plus fort possible l'État de Murat afin de prendre pied dans l'Allemagne du nord, comme il avait fait pour le sud. Aussi l'ambassadeur français à Berlin fut-il chargé d'exciter la Prusse à engager la lutte contre la Suède pour lui enlever la Poméranie en cédant le comté de Mark au duc de Berg. La cour de Berlin eut toutes les peines du monde à résister à la pression qu'on exerçait sur elle en ce sens. A cela vint s'ajouter que Napoléon n'abandonna pas à son beau-frère la place forte de Wesel située sur la rive droite du Rhin et faisant partie de Clèves, mais que pour avoir un point d'appui militaire dans l'Allemagne du nord, il y mit une garnison française en violant simplement le traité signé à Paris.

La conduite de la France, le ton cassant des notes qu'on envoyait de Paris, tout cela faisait craindre en Prusse que Napoléon ne cherchât un prétexte pour amener la rupture de la paix et étendre son pouvoir au delà des même frontières de ce royaume. Dès le commencement de juillet on se demanda sérieusement s'il ne fallait pas faire des préparatifs militaires en prévision de cette éventualité. Les nouvelles qui arrivaient de l'Allemagne du Sud et qui n'étaient nullement faites pour calmer les esprits, semblaient devoir imposer une pareille résolution. Ce fut Napoléon lui-même qui se chargea de notifier à Berlin la création de la Confédération du Rhin ; il chercha bien à atténuer l'impression que cette nouvelle produirait forcément en proposant à Frédéric-Guillaume III de fonder à son tour une semblable Confédération dans l'Allemagne du nord. Mais à peine s'était-on familiarisé à Berlin avec cette idée qu'il fallut l'abandonner, Luchesini mandant de Paris, à la fin de juillet, que lord Yarmouth lui avait confidentiellement fait connaître l'intention où était Napoléon de rendre le Hanovre aux Anglais. Il contestait le Hanovre à la Prusse, le territoire sans lequel celle-ci ne pouvait compter occuper une position prépondérante dans l'Allemagne du nord et pour la possession duquel elle avait sacrifié tant d'autres territoires et une bonne partie de son bon renom, ce pays que Napoléon tout dernièrement encore avait solennellement déclaré ne pas vouloir lui enlever ! On ne pouvait donc en rien se fier à lui ! En outre il arrivait de toute part des rapports inquiétants. Tantôt le général Blücher mandait de la Westphalie que les Français s'étaient renforcés à Wesel et sur la Lippe, ce qui ne pouvait avoir d'autre but que d'enlever le comté de Mark et la Westphalie à la Prusse pour les donner à Murat. Tantôt la nouvelle arrivait de Ratisbonne et de Munich que les troupes françaises avaient occupé Wurzbourg et qu'elles s'avançaient, disait-on partout, contre la Saxe et la Prusse. « Ces nouvelles étaient-elles fausses ou vraies — et pourquoi auraient-elles été fausses ? — peu importe, on se sentait faible, absolument à la merci de cette puissance envahissante et comme pris de fièvre on voulut une bonne fois en finir avec cette détresse. Haugwitz lui-même conseilla — comme d'ailleurs il l'avait déjà fait en 1803 — d'armer et de se tenir prêt pour la guerre et cette fois le roi céda ; les procédés de la France l'avaient profondément blessé et il se sentait joué par elle. Le 6 août la dépêche de Luchesini était parvenue à Berlin et quatre jours après Frédéric-Guillaume écrivait au czar pour lui demander son appui. Napoléon, disait-il dans sa lettre, a offert aux Anglais le Hanovre sans équivalent ; cela revient à anéantir la Prusse. Car s'il enleve l'électorat à cet Etat, il faut qu'il s'attende à le trouver, lors de la prochaine guerre, à la tête de ses ennemis ; pour échapper à ce danger il veut profiter de l'occasion favorable et l'anéantir seul. Le 9 août l'ordre avait été donné à Berlin de mobiliser et l'on déclara à l'ambassadeur français que l'on armait parce qu'on était bien obligé de considérer différentes mesures prises par Napoléon comme étant dirigées contre la Prusse : au cas même où ces mesures ne constitueraient que des démonstrations, on se croirait quand même obligé de prendre à son tour des mesures, ne serait-ce que pour n'avoir pas à supporter, comme cela était arrivé en février, le poids de ces démonstrations.

Les craintes de la Prusse étaient-elles fondées? Napoléon voulait-il réellement la guerre ? Oui et non. Il la voulait parce qu'elle faisait partie de son système. Sous le directoire déjà la politique révolutionnaire avait la tendance de refouler la Prusse tout comme l'Autriche le plus possible vers l'est. Personnellement on prétend que Napoléon en voulait à Frédéric-Guillaume III de sa conduite ambiguë en 1805 et qu'il avait promis Bayreuth au roi de Bavière quand pourtant il était assuré que la Prusse céderait cette principauté tout aussi peu que le Hanovre sans engagner la lutte. Mais voulait-il la guerre à ce moment-là, dans l'été de 1806? Ceci on en peut douter. A la vérité, son armée occupait en Allemagne une position offensive même vis-à-vis de la Prusse, mais elle y restait surtout — sans parler de l'intérêt financier qu'il y avait à la faire vivre sur le pays — à cause de l'Autriche. Quand François II eut donné son assentiment à la fondation de la Confédération du Rhin et qu'Oubril eut signé la convention aux termes de laquelle les Français devaient évacuer l'Allemagne à de certaines conditions qui y étaient énoncées, Napoléon prit réellement ses dispositions pour retirer ses troupes. Le 17 août il en écrivit à Talleyrand et à Berthier et prescrivit à ce dernier de renvoyer les prisonniers de guerre autrichiens. Quand à ce moment-là, il apprit que la Prusse mobilisait, il n'en fit que rire, ne voyant dans cette mesure que l'expression d'une crainte que rien ne justifiait. Le 26 août encore il disait dans sa lettre à Berthier qui était à Munich : « Le cabinet de Berlin est pris d'une peur panique. Il s'est imaginé que dans le traité avec la Russie il y avait des clauses qui lui enlevaient plusieurs provinces. C'est à cela qu'il faut attribuer les ridicules armements qu'il fait, et auxquels il ne faut donner aucune attention, mon intention étant effectivement de faire rentrer mes troupes en France. » Mais une semaine plus tard l'affaire prenait une tout autre tournure. La nouvelle était arrivée de Saint-Pétersbourg que le czar ne ratifiait pas la convention du 20 juillet et alors les armements prirent soudain aux yeux de Napoléon une importance toute spéciale, car de la coïncidence entre les deux faits il concluait à une entente entre la Russie et la Prusse, surtout quand, en même temps que le courrier russe, arrivait de Berlin le général Knobelsdorff pour demander au nom de son roi que l'Allemagne fût évacuée. Ajoutons que de son côté l'Angleterre ne pensait plus à faire la paix avec la France et l'on ne sera pas étonné si Napoléon admit l'existence d'une nouvelle coalition, semblable en tout à celle de l'année précédente, sauf que l'Autriche y était remplacée par la Prusse. Dans cette hypothèse — d'ailleurs mal fondée — il donna immédiatement contre-ordre pour la mise en marche de la grande armée et déclara à Knobelsdorff qu'il se refusait à remplir le désir de

Frédéric-Guillaume III tant que l'armée prussienne serait maintenue sur le pied de guerre, et que c'était à celle-ci de commencer.

De son regard froid et clair l'Empereur des Français embrassait toute la situation. Il ne voyait que deux choses possibles et il les fit exposer dans sa lettre du 12 septembre 1806 à son ambassadeur à Berlin : « Ou la Prusse, y est-il dit, n'a armé que par peur. Dans ce cas la peur n'ayant plus de motif, les armements doivent cesser, d'autant plus qu'ils lui coûtent beaucoup. Ou bien la Prusse à voulu se mettre en mesure pour le moment où des engagements qu'elle aurait contractés ou qu'elle voudrait contracter avec la Russie, l'Angleterre et la Suède, viendraient à transpirer. Alors il est dans la politique de l'Empereur de profiter de la bonne saison, d'arriver à Berlin avant les Suédois et les Russes, de dissiper l'armée prussienne comme il a dissipé les Autrichiens, d'attaquer ses ennemis avant qu'ils puissent se réunir et de les battre isolément. C'est à ces deux termes que la question se réduit. Elle n'en admet pas de troisième ; les possibilités, les probabilités, les persuasions, les conditions intimes ne sont aux yeux de S. M. que de vaines chimères, par lesquelles elle ne se laisse point abuser. Si toutefois... une hypothèse autre que les deux précédentes pouvait être admise, ce serait que cette providence qui a toujours conduit l'Empereur, aurait destiné Berlin à tomber sous ses coups le jour anniversaire où il est entré à Vienne. »

Il s'agissait uniquement de savoir si le roi de Prusse ferait ce que lui demandait l'empereur corse. Il avait effectivement armé par peur, mais ce fut cette même peur qui l'empêcha à présent de désarmer. Et si ce n'était pas cette crainte seule c'était en outre le souci de la grandeur de son État qui semblait menacée dans cet électorat qu'on venait d'acquérir, c'était le souci de l'honneur et de la majesté de son trône et finalement un sentiment de résistance de tout le peuple contre la France, sentiment qui se manifestait nettement, pour la première fois, à ce moment-là.

En effet, on ne saurait nier qu'il se formait au sein du peuple allemand une réaction nationale contre le système envahisseur international de Napoléon. Par l'arbitraire souverain avec lequel il s'était débarrassé des formes républicaines de la Révolution, il s'était aliéné les démocrates de l'Allemagne du Sud, ceux qui à l'époque du directoire encore étaient remplis d'enthousiasme pour la politique « libératrice » de la France ; par son despotisme et son ambition sans bornes, il avait irrité les hommes qui tenaient à l'indépendance de leur nation et à leurs dignités héréditaires, qu'ils ne voulaient pas voir amoindrir. A côté de ces hommes il y avait à la vérité des millions d'autres, qui n'avaient aucun sentiment politique et qui ne comprenant que le gain et les jouissances matérielles, préféraient l'esclavage qui leur donnait le repos, sous la main de fer du redoutable étranger, à la lutte pour l'indépendance et la souveraineté nationale et à côté d'eux des esprits sérieux chez lesquels le principe d'égalité avait fait naître des sympathies pour la France, des esprits dont l'idéal était la réunion cosmopolite des peuples, d'où qu'elle vint, et qui n'étaient pas hostiles à Napoléon dans lequel ils voyaient l'instrument de cette idée. Mais ce furent quelques-uns de ces derniers, et les plus considérables d'entre eux, qui allaient à ce moment, dans la première moitié de l'année 1806, prendre parti contre lui : Schleiermacher dans ses sermons sur le prix de la nationalité, Fichte dans ses discours aux guerriers allemands, E. M. Arndt dans son livre de « l'esprit du temps » et le verdict écrasant qu'il portait sur l'esprit de domination universelle de l'empereur corse. Ceci se passait dans le nord. Dans le sud parurent des brochures et des pamphlets où s'exhalaient sans détours les regrets de voir la nation avilie. Le fait seul que Napoléon, la paix conclue, laissait son armée sur le sol allemand, comme si cela allait de soi, qu'il l'y laissait maîtresse de tous et la faisait vivre sur le pays, était le comble de l'ignominie. L'Empereur n'ignorait pas le nouveau courant d'opinion, il savait que c'était grave, mais il espéra lui imposer silence en statuant un seul exemple, mais terrible celui-là. Aussi ordonna-t-il à Berthier de procéder d'après le droit de la guerre contre l'éditeur de ces pamphlets, libraire à Nuremberg, c'est-à-dire de le faire passer devant un conseil de guerre et fusiller dans les vingt-quatre heures. « La sentence, écrivait-il le 5 août 1806, au major général, la sentence portera que partout où il y a une armée, le devoir du chef étant de veiller à sa sûreté, les individus tels et tels, convaincus d'avoir tenté de soulever les habitants de la Souabe contre l'armée française sont condamnés à mort. » Cela eût pu passer au besoin en temps de guerre et en pays ennemi ; mais en pleine paix et sur le territoire d'États alliés, cette mesure constituait une acte de cruauté pure et simple. On eut vite fait de trouver une victime. L'une de ces brochures, « l'Allemagne en son plus profond abaissement », avait été écrite par Yelin d'Ansbach. Ce n'était pas à proprement parler un écrit capable de soulever les masses. Palm, libraire à Nuremberg, l'avait édité et répandue. C'est lui qui fut arrêté et n'ayant pas voulu profiter d'une occasion favorable pour s'échapper, il fut fusillé à Braunau le 25 août 1806. L'Allemagne tout entière fit éclater l'indignation et le désespoir le plus profond. Ce que l'exécution d'Enghien avait été pour les princes, le meurtre de Palm le fut pour les peuples. C'est cet événement avant tous les autres qui a fait naître et entretenu la haine du nom français et le publiciste F. Gentz pouvait écrire alors de Saxe au diplomate autrichien Starhemberg : « La guerre sera une guerre nationale dans la plus complète acception du mot ; sous peu l'Allemagne tout entière y participera. Les derniers attentats des Français et avant tout, celui dont la nouvelle a rempli d'horreur toutes les âme,sont tellement surexcité la nation qu'au premier succès remporté par les Prussiens on verra partout de nouvelles vêpres siciliennes ».

Le gouvernement de Berlin ne pouvait pas se soustraire à ce courant populaire. Il y avait d'ailleurs, depuis des années, en face du parti français, comme on nommait les partisans de la paix, un parti de la guerre qui dès 1804 avait poussé le gouvernement à se liguer avec l'Autriche pour résister à l'envahisseur. L'an d'après,il avait été le partisan résolu de l'entrée de la Prusse dans la coalition et maintenant il vit qu'enfin il allait l'emporter. Le parti comprenait entre autre le ministre des finances de Stein, les généraux Blücher, Rüchel et Pfull, les savants Jean de Müller et Alexandre de Humboldt. Il avait même des adhérents à la cour, dans l'entourage immédiat du roi : la reine Louise, les princesses Guillaume : et Radziwill, les princes Louis Fernand, Guillaume, Henri et le prince d'Orange se déclaraient partisans de la guerre et demandaient que l'État, sortant de sa torpeur pacifique, se relevât par la guerre. Mais ce qui produisit le plus d'impression sur le roi qui, lui, était partisan de la paix, c'est que principalement l'armée manifestait des sentiments fort hostiles à la France, provenant chez les uns d'une mûre réflexion, chez les autres d'un présomptueux orgueil. L'armée demandait à grands cris le renvoi de Haugwitz, elle faisait des ovations à Hardemberg qui s'était attiré la haine de Napoléon et il s'y produisit même des cas isolés d'indiscipline. Ceci était un fait jusqu'alors inouï dans l'armée prussienne et Frédéric-Guillaume en fut tellement saisi que pendant un moment il songea à abdiquer. Dès lors il ne pouvait pas être question de désarmer comme le demandait Napoléon. On répondit par un refus et simplement pour gagner du temps on renouvela à Paris, sous forme d'ultimatum, la demande que les troupes françaises évacuassent l'Allemagne, en ajoutant qu'on attendrait la réponse définitive jusqu'au 8 octobre.

Le roi ne s'était laissé entraîner à cette démarche que malgré lui ; il était en proie à des préoccupations qui n'étaient que trop justifiées. Il pouvait à la vérité compter sur la Russie, mais en mettant les choses au mieux, les troupes du czar ne pouvaient pas arriver sur le théâtre des opérations avant la fin de novembre. Quant à l'Angleterre, il fallait d'abord vider le différend qui subsistait entre la Prusse et elle avant de compter sur ses subsides. En fait d'alliés on n'avait que la Saxe qui armait avec une extrême lenteur, tandis que l'électeur de Hesse voulait, dans un intérêt personnel et égoïste, rester neutre. Au fond, la Prusse était réduite à ses seules forces et Frédéric-Guillaume III ne se les exagérait pas [1]. Durant une longue période de paix

[1] Montgelas dit dans ses *Mémoires* que : « le roi de par son caractère et ses principes était opposé à toute entreprise guerrière. Il obéissait plutôt à l'impulsion venue du dehors qu'à une résolution ferme qui lui fût propre. Il redoutait le génie supérieur de Napoléon et avait peu de confiance en son armée qui ne lui semblait pas être en état de

les défectuosités de l'administration militaire n'avaient fait que s'accentuer; l'armée n'avait à proprement parler, pas de chef, car le seul qui eût qualité pour la commander, le duc de Brunswick, était irrésolu, affaibli par l'âge et, comme a dit fort bien un contemporain « plutôt fait pour recevoir des ordres que pour en donner. » Dans une pareille situation c'était certes une témérité sans nom de s'opposer au conquérant habitué à vaincre. Celui-ci ne put longtemps pas croire que la Prusse ferait la guerre; il déclarait que c'était une entreprise insensée: « En causant avec le roi de Bavière, écrivait-il, le 10 septembre encore à Berthier, dites-lui très secrètement que si je me brouillais avec la Prusse, ce que je ne crois pas, mais que si jamais elle en fait la folie, il y gagnera Baireuth. » Mais dans son for intérieur il ne craignait rien tant que de voir peut-être Frédéric-Guillaume se décider à désarmer et à lui ravir de la sorte l'occasion favorable de le vaincre tant qu'il serait encore isolé. L'armée prussienne, et en particulier sa cavalerie, jouissait dans toute l'Europe d'un excellent renom et Napoléon partageait l'opinion générale; aussi n'était-il pas sans inquiétude. Il devait d'autant plus chercher à atteindre cette armée et à l'anéantir tant qu'elle serait isolée. C'est pour cela qu'il laissa l'envoyé prussien à Paris attendre sa réponse et qu'il donna pour instructions à son ambassadeur à Berlin de ne se laisser engager à aucun pourparler et de feindre plutôt d'être malade; c'est pour cela que, depuis des semaines, toutes ses forces

soutenir la guerre avec succès. Il est à peu près hors de doute qu'il se rendit à l'armée avec l'idée qu'il perdrait une bataille, ce qui lui fournirait un prétexte pour conclure la paix, car alors même les plus incrédules seraient convaincus que toute résistance était impossible. »

disponibles étaient mises en marche sur le Rhin et vers Aschaffenbourg afin de renforcer l'armée d'Allemagne par 100.000 hommes de troupes nouvellement levées, c'est pourquoi enfin l'Empereur quitta soudain Paris, le 25 septembre, sans en aviser le Sénat, pour se rendre à Mayence où il prit des mesures décisives. La guerre était déjà commencée.

IV

D'Iéna à Tilsit.

La bonne opinion qu'avait Napoléon de l'armée prussienne fit qu'il procéda avec plus de précautions encore qu'un an auparavant vis-à-vis des Autrichiens. Cette armée, en effet, était l'œuvre du grand Frédéric qu'il plaçait si haut dans son estime,et les généraux qui la commandaient pouvaient, s'ils avaient été attentifs, avoir appris par les campagnes de 1800 et de 1805 ses manœuvres stratégiques et s'être préparés à parer ses coups. Il écrivit à Soult qu'il s'était arrangé de façon à disposer de la supériorité numérique parce qu'il ne voulait rien abandonner au hasard et pouvoir attaquer l'ennemi avec ses troupes fortes du double partout où il lui tiendrait tête. Il va attaquer la Prusse avec huit corps,dont la garde, commandés par les chefs les plus éprouvés, avec une forte réserve de cavalerie sous Murat et un contingent bavarois, formant un total de 200.000 hommes,depuis l'Allemagne du sud,sur la ligne Bamberg-Berlin qu'il avait eu soin, quelques semaines auparavant, de faire étudier en détail par ses officiers. Il compte exécuter cette marche offensive entre la Forêt de Thuringe et l'Erzgebirge avec une telle force et une telle rapidité, menacer si sérieusement le cœur même de la monarchie prussienne que sans nul doute l'ennemi qu'il suppose en Thuringe se retirera sur Magdebourg pour de là courir défendre sa capitale. Voilà ce qu'il écrivait de Strasbourg au roi de Hollande. Sa ligne de retraite le ramenait au Danube s'il devait rencontrer l'ennemi plus tôt. Si celui-ci l'interceptait en s'avançant dans l'Allemagne du sud, il lui passerait sur le corps pour aller par la ligne Leipzig-Francfort sur le Rhin que son frère Louis défendrait depuis Wesel et qu'un autre corps sous Mortier couvrirait à Mayence. Prêt, de la sorte, à parer toutes les éventualités, il pouvait faire avancer toute son armée vers l'est sans occuper l'espace compris entre le Rhin et la Franconie. Car l'essentiel pour lui était d'avoir sous la main toute son armée — la campagne précédente lui ayant montré les inconvénients des détachements — « comme un commandant son bataillon ». Le 5 octobre, il fit tenir ses ordres aux corps d'armée. Ils devaient en premier lieu marcher en trois colonnes sur Cobourg, Lohenstein et Hof d'où ils se dirigeraient par Saalfeld et Schleiz sur Gera. Dans l'intervalle on serait fixé absolument sur la position et les desseins de l'ennemi.

Mais ceux-ci n'étaient pas fixés eux-mêmes et dans le quartier général prussien on ne semblait pas avoir pris ni devoir prendre de résolution nettement arrêtée. Un an auparavant on avait pu réunir encore une armée de 250.000 hommes; à présent les forces réunies atteignaient à peine la moitié de ce chiffre; en tous cas elles étaient de beaucoup inférieures à celles de l'ennemi. Le roi avait confié le commandement en chef au duc de Brunswick, celui-là même qui avait commandé l'armée allemande en 1792 et 1793 ; puis pour être présent sur le champ de l'honneur, il avait rejoint son armée. Sa présence allait avoir les conséquences les plus fâcheuses. Les militaires de son entourage lui inspiraient de la méfiance contre le général en chef et les dispositions que prenait celui-ci si bien que, vu le caractère faible et conciliant du duc,on ne sut bientôt plus si le quartier général était celui du roi ou du duc », comme le disait un des officiers présents à l'armée dans une lettre datée du 6 octobre. Cet officier n'était autre que le colonel Scharnhorst, le chef d'état-major général. Il avait élaboré quelques semaines auparavant un plan de guerre offensif auquel les écrivains militaires devaient rendre plus tard pleine et entière justice : il voulait faire franchir la forêt de Thuringe à l'armée afin de gagner la plaine où la cavalerie, excellente à tous égards, eût pu rendre les plus grands services. De la sorte, on eût eu quinze jours d'avance pour la concentration ; ce qui était une garantie de succès. Mais le roi tenait tellement à la paix qu'il ne voulait pas paraître la troubler. Il tenait à laisser s'écouler le délai du 8 octobre qu'il avait fixé à la France pour répondre à son ultimatum. La réponse ne vint pas. A sa place les Français vinrent eux-mêmes et dès lors il n'était plus possible d'exécuter le plan de Scharnhorst. La position avancée le long de la Forêt de Thuringe n'avait de sens que si on prenait l'offensive ; du moment que les Prussiens attendaient, ils étaient réduits à la défensive et dès lors leur position — le centre, sous Brunswick, à Erfurt, la droite, sous Rüchel, à Gotha et la gauche, sous Hohenlohe à Weimar, — était des plus défavorables.

Quand on apprit que les Français s'avançaient vers l'est, l'avis du quartier général, c'est-à-dire de Scharnhorst et de Brunswick, fut qu'il fallait se porter avec toute l'armée dans le flanc de Napoléon : mais cette fois-ci encore le général en chef ne put imposer sa manière de voir. On débattit longuement son avis, puis on se décida à envoyer Hohenlohe sur la Saale où ses troupes eurent, le 9, à Schleiz, un engagement avec la colonne française du centre et le 10 à Saalfeld, avec celle de l'ouest. C'est dans ce dernier combat que périt le prince Louis Ferdinand qui commandait l'avant-garde et cet événement devait exercer sur le moral de l'armée une impression plus profonde que l'issue malheureuse de l'engagement lui-même. Plusieurs généraux demandèrent catégoriquement le renvoi du général en chef auquel ils attribuaient toutes les fautes commises, tandis qu'au fond on ne pouvait lui adresser que ce seul reproche d'avoir obéi alors qu'il devait commander.

Pendant que les affaires prenaient pour les Prussiens la tournure la plus mauvaise possible, Napoléon, en avançant sur Gera, s'était à peu près orienté sur le compte de l'ennemi dont il supposait le gros à Erfurt. Immédiatement, l'idée se présenta à son esprit de le tourner. Le 12 octobre il donna l'ordre de faire abandonner à toute l'armée la direction du nord et de lui faire exécuter une conversion à gauche vers la Saale, c'est-à-dire la même manœuvre qu'il avait faite l'an d'avant en passant le Danube et en 1800 de l'autre côté du Pô. Ce jour-là encore Murat arrivait avec ses cavaliers à Naumbourg. Quand cette nouvelle parvint au quartier général prussien, elle y produisit une consternation indicible. Si le duc de Brunswick voulait éviter d'être cerné par l'ennemi, il lui fallait se mettre en marche cette nuit-là même. Mais comme si une mesure qui s'imposait d'elle-même n'était pas assez indiquée, on perdit neuf heures précieuses à la discuter avant de l'exécuter et pendant ce temps l'ennemi continuait à avancer, implacable. Voilà pourquoi Davout qui avait pris les devants avec son corps d'armée alla donner à Auerstaedt, sur l'armée principale, sous Brunswick, en pleine marche tandis que Napoléon avec le gros atteignait, à Iéna, Hohenlohe qui devait fournir l'arrière-garde et couvrir la retraite vers le nord.

Sur les deux points, la bataille fut engagée le 14 octobre. Napoléon l'attendait impatiemment depuis plusieurs jours. Il crut avoir en face de lui le gros de l'armée prussienne et, attirant à lui tous les corps disponibles, il attaqua Hohenlohe avec des troupes considérablement supérieures. De très grand matin — il faisait encore sombre — l'Empereur se rendit au milieu des troupes du maréchal Lannes qui allaient être engagées les premières, il leur rappela les victoires remportées un an auparavant et leur déclara que la situation était la même que le jour où ils prirent Mack. Ce fut ce corps qui de concert avec l'avant-garde de Ney soutint si vaillamment le choc de toute l'armée ennemie que l'Empereur put laisser en réserve sa garde jusqu'à l'arrivée de nouvelles forces [1]. Quand celles-ci furent entrées en ligne, il eut vite fait de remporter la victoire. Hohenlohe se rendant compte de toute l'étendue du danger avait appelé à son secours l'armée de Rüchel. Mais celle-ci était retenue par un ordre

[1] C'est alors que des rangs de la garde retentit soudain derrière Napoléon, le cri de « en avant » poussé par un homme surexcité que l'empereur réprimanda en lui disant d'attendre, pour lui donner des conseils, qu'il eût commandé en chef dans vingt batailles.

tout opposé du général en chef et lorsque plus tard elle arriva quand même sur le champ de bataille, Hohenlohe était déjà battu et elle ne put en rien changer la face des choses. La cavalerie de Napoléon se précipita sur les ennemis qui reculaient partout et l'armée prussienne s'enfuit dans le plus grand désordre.

Pendant que tout ceci se passait à Iéna, Brunswick avait engagé la lutte à Auerstaedt contre Davout. Là les Prussiens avaient la supériorité numérique — ils étaient 35.000 contre 33.000 Français — mais ils n'en perdirent pas moins la bataille. Au début ils avaient eu l'avantage et ils auraient été forcément victorieux si le général Kalkreuth avait engagé sa réserve au nombre de 18.000 hommes. Il ne le fit pas parce qu'on le laissa sans ordre et il ne pouvait pas recevoir d'ordre parce que le général en chef, blessé à mort, était hors d'état d'exercer le commandement et qu'il n'y avait plus d'unité de direction du tout. On ne parvint pas à s'assurer un libre passage sur la route de Naumbourg et le roi qui prit alors le commandement en chef ordonna de battre en retraite sur Weimar où il comptait trouver intactes les troupes de Rüchel et de Hohenlohe. On lui conseilla bien de se retirer dans la direction du nord, ce qui eût mieux valu, mais il ne suivit pas cet avis. Au lieu de rejoindre ses troupes, il se heurta à l'ennemi ; ce fut un moment de cruelle désillusion pendant lequel il courut en outre les plus grands dangers. Bientôt le quartier général et les débris de l'armée fuyaient désordonnés, suivis de près par les Français. L'armée, au lieu de se reconstituer, se disloqua presque totalement : les hommes désertaient en grand nombre, l'indiscipline faisait d'incessants progrès. Des 130.000 hommes qu'il y avait au début, il ne restait plus que 10.000 hommes de troupes régulières que Hohenlohe, décrivant un grand arc de cercle conduisit par Nordhausen, Magdebourg et Neu-Ruppin à Prenzlau dans l'Ukermark, où finalement il dut capituler. Murat lui fit croire que son corps était enveloppé par 100.000 Français, ce qui était tout aussi peu vrai que l'histoire qu'il racontait un an auparavant, où il parlait de la conclusion de la paix, au moment où il s'agissait de s'emparer des ponts du Danube, à Vienne. D'autres détachements se rendirent également, celui de Blücher fut le seul qui capitula après avoir opposé à l'ennemi une résistance héroïque. De plus les principales places fortes se rendirent à l'ennemi et la hâte que les commandants mettaient à capituler constitue une des fait les plus honteux que l'on connaisse. Ce fut le cas pour Erfurt, pour Magdebourg où s'était retirée une armée de réserve battue à Halle, pour Stettin et Custrin. « C'était horrible, écrivait alors le capitaine de Gneisenau à un ami, plutôt subir mille morts que revoir pareille chose. Ce seront là des pages bien extraordinaires dans notre histoire. »

Rien ne l'arrêtant plus, Napoléon fit son entrée à Berlin le 27 octobre entouré de la suite la plus brillante. « L'Empereur, dit Coignet, était fier dans son modeste costume, avec son petit chapeau et sa cocarde d'un sou. Son état-major avait le grand uniforme, et c'était curieux pour des étrangers de voir le plus mal habillé maître d'une si belle armée. » La veille, il avait visité à Postdam, le caveau royal et s'était tenu près du cercueil de Frédéric II. Il en fit enlever l'écharpe et l'épée pour les envoyer aux Invalides ce qui ne s'accordait guère avec l'admiration qu'il professait pour le grand homme qui dormait là. A Berlin il fit le bilan de ses victoires.

Elles lui avaient donné tous les pays prussiens jusqu'à la Vistule et il n'exagérait pas, lorsque le 12 novembre il disait au monde entier, dans une proclamation datée de la capitale des Hohenzollern : » Toute la monarchie prussienne est en mon pouvoir. » Restait à savoir si elle y demeurerait. Les armes prussiennes ne pouvaient plus, à vrai dire, arrêter l'effrondrement de l'État car, à l'exception de 15.000 hommes et de quelques forteresses en Silésie et sur la Baltique, la force armée de la Prusse était dispersée et anéantie. Mais Napoléon avait d'autres ennemis encore. L'un d'eux s'était déjà déclaré l'ami et le soutien de la Prusse, c'était le czar. L'autre, l'Angleterre, pouvait prendre ce rôle d'un instant à l'autre. Car le système Napoléonien exigeait que sa politique embrassât le monde entier et dès lors il ne pouvait pas avoir devant lui un ennemi isolé.

Le lendemain de la bataille, un aide de camp du roi vaincu s'était présenté au quartier général français et avait demandé la paix. Napoléon refusa disant que les avantages qu'il venait d'obtenir étaient trop considérables pour qu'il n'allât pas jusqu'à Berlin où la paix se ferait plus facilement. Puis Frédéric-Guillaume lui dépêcha Luchesini qui avait plein pouvoir de signer des préliminaires en concédant le Hanovre, Bayreuth et le pays à l'ouest du Weser ainsi qu'une forte indemnité de guerre. Mais les conditions que l'ennemi voulait lui imposer étaient autrement dures ; il exigeait tout le pays à gauche de l'Elbe à l'exception de Magdebourg et de la Vieille Marche, une indemnité de 100 millions et, de plus, l'assentiment de la Prusse à l'accession de la Saxe et des Etats allemands de la rive droite de l'Elbe à la Confédération du Rhin. Luchesini et le ministre prussien de Zastrow allaient déclarer qu'ils étaient prêts à accepter ; ils y étaient d'autant plus disposés que le bruit courait que l'Empereur allait rétablir l'ancien royaume de Pologne dont la Prusse possédait de vastes territoires avec Varsovie et Posen. Mais Napoléon élevait de nouvelles difficultés, car Hohenlohe avait capitulé sur ces entrefaites et les colonnes françaises battaient l'estrade jusqu'à la Vistule. Ne pouvait-on pas tirer un meilleur parti de ces énormes succès que de se contenter d'une paix particulière avec la Prusse ? L'empereur posa des conditions plus dures et finalement il ne parla plus du tout de paix ; pour le moment il disait vouloir n'accorder qu'une suspension d'armes et cela aux conditions les plus dures : les Français occuperaient tout le pays jusqu'au Bug, on leur livrerait huit places fortes, entre autres Dantzig, Kolberg, Thorn, Graudenz et le roi signifierait aux Russes qui étaient déjà arrivés dans la Prusse orientale, d'avoir à quitter le pays. Le 16 novembre les envoyés prussiens signèrent cette convention. Mais le roi refusa de la ratifier. Il comprenait que ces conditions ne lui étaient imposées que pour amener le désarmement complet de la Prusse et la rupture entre Berlin et St-Pétersbourg. Confiant dans l'appui de la Russie, il osa résister à l'ennemi tout puissant. Quand Napoléon apprit le refus de Frédéric-Guillaume, il rédigea une proclamation qui contenait la même menace pour la maison de Brandebourg que le décret de Schoenbrunn par lequel il avait signé l'arrêt de mort de la cour de Naples : Les Hohenzollern avaient cessé de régner. Mais fin décembre 1805 la situation était toute autre qu'à présent ; alors la victoire décisive avait déjà été remportée, maintenant il fallait encore livrer bataille pour amener ce résultat. Pour le moment il ne la rendit pas publique.

Il fallait à tout prix que Napoléon triomphât des

Russes qui s'avançaient. Il ne confia pas cette besogne à sa seule armée. En premier lieu, il voulut faire agir les Polonais contre l'empire des czars. Sous sa protection il se forma à Varsovie un comité insurrectionnel et une députation de la plus haute noblesse de Posen, qui arriva le 10 novembre à Berlin, reçut l'assurance que la France n'avait jamais reconnu le partage de la Pologne, et que lui, l'Empereur des Français, verrait avec le plus vif intérêt se relever le trône national. Le 25 novembre, il arrivait lui-même à Posen afin de stimuler davantage encore l'insurrection. De toute part on venait l'acclamer comme le libérateur de la patrie et il répondait par des paroles encourageantes jusqu'à ce qu'on fit à Varsovie une levée de volontaires qui fournit une garde nationale de 60,000 hommes. Il n'avait nullement l'intention de réaliser le but tout idéal que poursuivait la nation polonaise ; depuis longtemps il ne partageait plus ces sentiments et bientôt, comme nous allons le voir en Espagne, il ne devait plus même les comprendre. Il ne voyait dans la Pologne qu'un instrument fort utile de sa politique qu'il allait employer en ce moment contre la Prusse et la Russie mais qu'il était décidé à abandonner dès qu'il ne pourrait plus lui servir. Malheureusement, l'Autriche qui — tout comme ces deux puissances — possédait de vastes territoires polonais, s'étendant à ce moment-là au nord jusqu'à la rive du Bug, eût été forcément lésée, si un mouvement national avait éclaté et Napoléon tenait à rester en bons termes avec elle pour n'être pas pris en flanc. Aussi chargea-t-il son ambassadeur à Vienne, le général Andréossy, de proposer à M. de Stadion d'échanger les provinces polonaises de l'Autriche contre la Silésie prussienne. La Russie avait envoyé également un agent, Pozzo di Borgo, le compatriote de Napoléon, afin d'attirer à elle l'Autriche. Celle-ci n'écouta ni l'un ni l'autre et resta neutre, se contentant de faire avancer lentement un corps d'observation vers la frontière prussienne, d'une part pour empêcher la Galicie de se soulever et, de l'autre, pour n'être pas prise au dépourvu s'il survenait des événements inattendus dans l'est.

Napoléon avait encore un atout dans son jeu ; il agita la question d'Orient pour faire pièce à la Russie. Nous avons à plusieurs reprises pu voir qu'il avait l'intention de comprendre la Turquie dans son système de domination universelle, et c'était là au fond la cause de l'hostilité de la Russie. Il était tout naturel qu'après sa triomphante campagne de 1805. il reprit ce dessein. Dès le mois de janvier 1806 on entendit les généraux qui composaient sa suite, émettre la supposition qu'il avait l'intention d'organiser une expédition en Turquie ; au mois de mai, l'ambassadeur prussien mandait à son gouvernement que l'Empereur cherchait à entrer en rapport avec la Porte, la République de Raguse et la Perse, le général Sébastiani lui avait, ajoutait-il, communiqué que l'Empereur était d'avis de refouler la Russie derrière une barrière allant de la mer Baltique à la mer Noire. Ce même Sébastiani fut envoyé peu après à Constantinople en mission extraordinaire : il devait, au cas où l'empereur de Russie refuserait de faire la paix avec la France, exciter la Porte contre lui et il amena réellement le Sultan Sélim III à déposséder — en violation d'une convention signée antérieurement — les woïwodes de Moldavie et de Valachie qui étaient partisans de la Russie. Le czar qui depuis longtemps cherchait un prétexte, riposta en envoyant une armée sur le bas Danube. Le grand Seigneur prit peur. Napoléon lui écrivit, de Berlin, que toute la Prusse était en son pouvoir, qu'il poursuivait ses avantages à la tête de 300.000 hommes: le Destin, ajoutait-il, garantit la durée de l'empire turc et m'a choisi pour le sauver, le moment est venu de faire marcher une armée turque sur le Dniester, tandis que j'opère moi-même depuis la Vistule contre la Russie (11 nov. 1806). Son but, bien entendu, était simplement de forcer la Russie à diviser ses forces pour ne pas les avoir toutes en face de lui et d'immobiliser en même temps la politique autrichienne sur le Danube, car à Vienne on n'aurait pas pu rester indifférent vis-à-vis des empiétements russes sur le territoire turc. Il atteignit son double but: Alexandre I déclara la guerre à la Turquie et envoya contre elle une armée de 80.000 hommes et les progrès que firent les troupes russes sur le Danube inférieur, empêchèrent réellement plus tard l'Autriche de se lier étroitement avec le czar contre Napoléon. S'il n'avait pas réussi à Vienne en jouant le rôle de tentateur et en offrant la Silésie, il sut parvenir à ses fins en s'arrangeant de telle sorte que l'Autriche se crût menacée par la Russie.

L'ennemi le plus puissant de la politique napoléonienne, la Grande Bretagne, allait d'ailleurs à son tour s'apercevoir que son redoutable adversaire avait encore réduit en pièces un État sur le continent. Le 21 novembre, un décret daté de Berlin annonçait au monde que l'Angleterre était déclarée en état de blocus et que le continent — ou du moins la partie du continent sur laquelle s'étendait l'autorité de Napoléon — lui était fermé. Nous l'avons vu dès 1802, aux premiers indices de la reprise des hostilités, esquisser ce programme avec la plus grande netteté. « Si l'Angleterre veut allumer la guerre sur le continent, elle contraindra le Premier Consul à conquérir l'Europe », avait-il fait écrire par Talleyrand à Otto[1]. L'empereur était en train de la faire, cette conquête, les Anglais sans nul doute en subiraient les conséquences. « Les îles Britanniques sont déclarées en état de blocus », disait le décret de Berlin. En outre, il contenait les dispositions suivantes : toute relation commerciale est interdite avec elles ; les lettres et les paquets portant une adresse anglaise seront confisqués, ainsi que tout dépôt anglais sur le continent, sur tout le territoire français et celui de ses alliés ; il en sera de même pour toute marchandise anglaise ; tous les navires anglais, ainsi que ceux qui arriveront des colonies et des entrepôts anglais en Europe, ne pourront entrer dans aucun port du continent. Tout sujet anglais se trouvant en France sera prisonnier de guerre. Le décret était précédé d'un exposé des motifs portant que, les Anglais étendant arbitrairement sur les mers le droit de guerre à la propriété privée, l'Empereur avait décidé de leur infliger le même traitement. Cet homme dont la volonté ne connaissait pas de frein marchait droit à son but ; il voulait soumettre l'Europe pour pouvoir, en souverain du continent, la fermer à l'Angleterre. Dès lors, l'industrie et le commerce anglais périraient et le jour où on parviendrait à fermer la voie de terre aux richesses affluant de l'Inde, alors l'altier royaume des îles était vaincu et se soumettait à celui qui seul tenait le sceptre sur le continent et les mers[2]. A la vérité, il n'était pas près d'atteindre ce but suprême

[1] Voir page 28.

[2] L'Empereur pensait toujours à l'Inde, son frère Joseph le déclarait à ce moment là à l'envoyé prussien et Napoléon lui-même a raconté à Sainte-Hélène au médecin O'Meara qu'après la guerre contre l'Autriche il avait songé en 1806 à diriger une expédition sur l'Hindoustan et la même année des agents français se rendaient en Perse.

et sur l'échiquier de l'Europe il lui fallait pousser les pièces avec art et ruse jusqu'à ce que le dernier roi fût échec et mat ; mais il semblait que ce but on pourrait l'atteindre et c'est la tête remplie de ces vastes desseins que Napoléon se porta au-devant des armées russes. N'étaient-ce pas les mêmes qu'il avait si facilement vaincues un an auparavant ? Et depuis lors la confiance qu'avaient ses troupes dans leur valeur s'était accrue encore grâce au triomphe remporté sur l'armée prussienne tant redoutée. Plus que tout autre il pouvait se dire à ce moment-là qu'il tenait dans sa main la destinée du monde entier.

Le jour même où Napoléon arrivait à Posen, c'est-à-dire le 27 novembre 1806, l'avant-garde de la cavalerie de Murat rencontra les troupes russes à Blonje, à l'ouest de Varsovie. L'armée française s'avançait à marches forcées et le général Bennigsen qui commandait la première armée russe — une seconde sous Buxhöwden était en marche — se retira sur Varsovie pour finalement franchir la Vistule et la Narew et ne s'arrêter qu'à Ostrolenka. Il était décidé à ne marcher en avant que quand la colonne de Buxhöwden serait arrivée à hauteur. Elle le rejoignit dans la première quinzaine de décembre et alors il porta ses troupes jusqu'à Pultusk et à la Wkra. Le corps de la Prusse orientale sous L'Estocq, fort de 13.000 hommes, vint renforcer l'armée russe. Il était posté à l'est de Thorn et formait en quelque sorte l'aile droite. Le général Kamenski commandait en chef. Les Français occupèrent Varsovie et Thorn et partant de cette ligne ils franchirent la Vistule : les corps de Bessières, Ney et Bernadotte marchant de Thorn à l'est, tandis que Murat, Davout et Lannes s'avançaient de Varsovie vers le nord ; entre les deux fractions de l'armée, Augereau et Soult se portaient en avant vers la Wkra, qu'ils franchirent en présence de Napoléon arrivé de Varsovie, tout en soutenant des engagements. L'Empereur supposant alors le gros de l'ennemi à Golymin en avant de Pultusk, veut l'y attaquer de front avec deux corps, tandis que Lannes va marcher par la droite sur Pultusk pour couper aux Russes la retraite par la Narew et que Soult et Bernadotte vont s'avancer par la gauche sur Makow afin de leur barrer la route d'Ostrolenka. Ce plan qui, comme tous ceux que Napoléon avait conçus jusqu'alors, devait aboutir à l'anéantissement de l'ennemi, échoua complètement. Le gros des Russes n'était pas à Golymin mais à Pultusk, où, le 26 décembre, il soutint contre Lannes une bataille indécise qui lui permit de battre en retraite derrière la Narew et les troupes que Napoléon attaqua le même jour n'étaient que leur arrière-garde qui fut, à la vérité, battue, mais put se retirer dans la direction du nord sans être poursuivie. Dès lors, Soult qui exécutait le mouvement tournant, ne trouva plus personne. Les Russes s'étaient soustraits à la manœuvre enveloppante des Français et ceux-ci pour tout profit avaient conquis quelques milles carrés d'un pays désert et nu.

Ce n'étaient plus les grandes victoires des derniers mois ! Celles-ci auraient-elles rendu Napoléon imprévoyant ? Car c'était une imprudence de vouloir battre l'ennemi sans tenir l'armée concentrée, c'en était une autre de baser une double manœuvre enveloppante sur une hypothèse dont rien ne démontrait la réalité. Il s'était produit en outre des difficultés dont l'Empereur ne s'était pas suffisamment rendu compte. La région où l'on se battait venait d'être occupée par les Russes. En se retirant ils avaient emporté tout ce qui pouvait se transporter, le reste ils l'avaient détruit, si bien que les Français arrivant à leur tour ne trouvaient qu'un pays dévasté qui ne pouvait les nourrir. L'armée endura la faim. Il fallut renoncer au système des réquisitions, établir des magasins et ce qui sauva l'armée, ce fut, divers témoins oculaires nous l'affirment, l'esprit de spéculation des Juifs. A cela venait s'ajouter que le terrain marécageux, détrempé par un dégel subit, rendit presque impossible le service de reconnaissance et paralysa l'armée. Toute la région ressemblait à une mer de boue où les braves soldats enfonçaient jusqu'aux genoux et, affaiblis par le manque de vivres, se traînaient péniblement, tandis que les pièces restaient embourbées dans le marais et étaient bien vite hors de service. Pendant la marche sur Pultusk, les troupes furent en proie au plus profond désespoir et maint guerrier valeureux qui avait jusqu'alors courageusement bravé la mort, se tua démoralisé. La route était tellement défoncée que la calèche de l'Empereur lui-même ne put pas avancer. Il fallut lui amener un cheval à la portière pour qu'il pût se rendre à Pultusk où, quelques jours auparavant, les soldats de Lannes ayant de la vase jusqu'aux cuisses avaient tenu bon, huit heures durant, sous le feu de l'ennemi. En route, il put voir dans toute son étendue la misère à laquelle étaient en proie ses troupes et il entendit murmurer même les plus fidèles, les plus dévoués, les soldats de la garde.[1]

[1] On se tromperait fort en admettant d'après ce qu'assurent Savary et Rapp, que dans les récriminations que firent entendre les troupes, il n'y avait au fond qu'une sorte de plaisanterie goguenarde des grognards. Cela était parfaitement sérieux. Coignet, par exemple, nous dit qu'en revenant

Cela l'impressionna profondément. Un an auparavant, il avait — c'était la veille d'Austerlitz — parlé au milieu de ses généraux, de ses anciennes visées sur l'Orient. L'un d'eux ayant dit qu'il fallait les reprendre, vu qu'on était sur le chemin de Constantinople, l'Empereur lui répliqua : « Je connais les Français.... Avec eux les longues expéditions ne sont point faciles... La France est trop belle ; ils n'aiment point à s'en éloigner autant, et à rester si longtemps séparés d'elle ! » Qu'était-ce donc à présent dans cette région désolée et impraticable qui rendait impossible toute manœuvre et toute stratégie?[1] Le 2 décembre, il avait, dans un ordre du jour, rappelé aux troupes la victoire remportée en Moravie un an auparavant : « Soldats, disait-il, nous ne déposerons point les armes que la paix générale n'ait affermi et assuré la puissance de nos alliés, n'ait restitué à notre commerce sa liberté et ses colonies. Nous avons conquis sur l'Elbe et l'Oder, Pondichéry, nos établissements des Indes, le cap de Bonne-Espérance et les colonies espagnoles. Qui donnerait aux Russes le droit d'espérer de balancer le destin? Qui leur donnerait le droit de renverser de si justes desseins? Eux et nous, ne sommes-nous pas les soldats d'Austerlitz ? » Mais qu'importaient à ces braves, dans les marais de la Pologne, Pondichéry et les colonies espagnoles ? La France était-elle menacée? risquait-elle de perdre sa gloire, sa grandeur? Puis, n'eût-on pas dit que les Russes de

dans les quartiers d'hiver, la garde fut très sévèrement réprimandée de n'avoir pas montré plus de courage pendant cette période pénible et difficile.

[1] Le duc de Fézensac parle à plusieurs reprises dans ses *Mémoires* de l'impossibilité où l'on était d'obtenir des renseignements suffisants en faisant des reconnaissances et il nous dépeint les fatigues extraordinaires qu'avaient à affronter les officiers d'ordonnance.

Pultusk n'étaient plus du tout ceux d'Austerlitz ? Ne s'étaient-ils pas, le 26 décembre, montrés aussi courageux, aussi endurants que les soldats du conquérant ? Non, Napoléon savait parfaitement qu'il ne devait pas trop tendre la corde, et briser l'instrument qui seul constituait sa force. Aussi, ne suivit-il pas l'ennemi qui battait en retraite : il fit prendre à son armée ses quartiers d'hiver. Le long de la Vistule, d'Elbing à Varsovie, on établit les dépôts de chacun des corps d'armée. Ceux-ci restèrent de l'autre côté du fleuve sur une ligne allant du Frische Haff par Willemberg et Ostrolenka à Varsovie. Les difficultés du ravitaillement étaient si grandes qu'il avait fallu étendre les cantonnements à ce point.

Mais les troupes n'allaient pas jouir longtemps du repos qu'on leur accordait. Les Russes s'étaient retirés, formés en deux colonnes, dans la direction de Grodno et le Bjelostok, puis ils s'étaient réunis à Szuczyn sous le commandement supérieur de Bennigsen. Les Prussiens de L'Estocq avaient été obligés, par suite de la retraite de leurs alliés, de marcher également à l'est jusqu'aux environs d'Angerbourg, si bien qu'ils n'étaient plus en communication avec Dantzick et que même la route de Königsberg pouvait être coupée par un coup de main de l'ennemi. Ce coup de main les Français le tentèrent. Ney, dont le corps campait de Thorn à Willenberg où il souffrait fort de la disette, se mit en marche, de sa propre autorité, dans la première quinzaine de janvier, vers le nord pour trouver de meilleurs cantonnements et enlever Königsberg, si faire se pouvait ; à son grand regret Napoléon le rappela en lui adressant d'amers reproches. Pendant sa marche, le maréchal était venu se heurter au corps prussien et Bennigsen immédiatement s'était mis en mouvement avec toute son armée pour atteindre Ney tant qu'il serait isolé et l'anéantir, et de plus pour refouler au delà de la Vistule Bernadotte posté aux environs d'Elbing afin de rétablir les communications avec Dantzick. Puis il aurait, en couvrant les places fortes et en s'appuyant en même temps sur elles, pris une forte position. Il espérait par cette marche déterminer Napoléon à abandonner sa position si menaçante de Varsovie et à se concentrer plus à l'ouest.

C'est à Varsovie que l'Empereur reçut la nouvelle du mouvement offensif de l'ennemi. Il s'y était rendu de Pultusk, afin de prendre quelque repos. La capitale de l'ancien royaume de Pologne fit tout ce qu'elle put pour plaire à l'empereur et se l'attacher; les femmes, surtout, se montrèrent empressées et Napoléon, dit-on, ne fut pas rigide. Mais dès qu'il sut que Bennigsen marchait en avant, il laissa tout cela et résolut à son tour de prendre l'offensive. Réunissant son armée en une masse compacte, il va marcher au nord, il enfoncera la longue ligne de marche de l'ennemi avant qu'il ait pu réunir ses colonnes pour la bataille et il dispersera un à un tous ses corps. Heureusement pour lui, Bennigsen est mis au courant de ce plan par une lettre du quartier général à Bernadotte qui fut interceptée. Il attire vivement à lui toutes ses troupes détachées et cherche à éviter le choc en se retirant au nord, dans la direction de Guttstadt-Landsberg. Le corps prussien que, pendant sa marche en avant, il avait dirigé, en lui faisant décrire un grand arc de cercle sur Freistadt (à l'ouest de Mohrungen) va également essayer de marcher en toute hâte vers le nord, afin d'échapper aux Français et d'opérer sa jonction avec le gros de l'armée russe. Dès lors, le plan de Napoléon était déjoué. Il pouvait, à la vérité, atteindre l'ennemi, mais non le surprendre, il pouvait le battre, mais non l'anéantir. Il se porta au delà de Willenberg avec cinq de ses corps, un sixième resta sur la Narew, pour observer l'ennemi, le septième, celui de Bernadotte, qui n'avait pas reçu d'ordres, ne put suivre qu'à grande distance. On n'atteignit Bennigsen qu'à Preussisch-Eylau, le 7 février ; il accepta la bataille et ce jour-là même il refoula l'avant ligne de Murat et de Soult. Mais pendant ce temps, le gros arrivait, à l'exception de Ney qui talonnait L'Estocq pour l'empêcher d'opérer sa jonction avec Bennigsen. Le 8 février au matin, les deux armées étaient en face l'une de l'autre, ayant à peu près le même effectif, de 70 à 80.000 hommes chacune, les Russes disposant d'une artillerie supérieure. La neige qu'un vent du nord glacial poussait devant lui n'avait pas encore recouvert les corps de ceux qui étaient tombés la veille et déjà une nouvelle lutte allait s'engager, plus sanglante qu'aucune de celles qui avaient jusqu'alors été livrées. Après un duel d'artillerie fort long, Napoléon procéda à l'attaque. Il était résolu à plutôt sacrifier son aile gauche afin de remporter une victoire d'autant plus décisive avec la droite. C'est là qu'Augereau qui formait le trait d'union entre le centre et Davout se porte en avant contre le centre russe, à peu près comme Soult avait fait à Austerlitz. Mais le résultat ne devait pas être le même. L'an d'avant l'ennemi avait reculé, cette fois il tint ferme et refoula l'adversaire en lui infligeant des pertes graves. Une grêle d'obus s'abattit sur le corps qui n'avançait que péniblement contre la tempête de neige et quand il dut faire demi-tour la cavalerie russe sabra la moitié de ces braves soldats. La charge des cavaliers ennemis se dirigeait en droite ligne sur le cimetière d'Eylau où Napoléon se trouvait, de sorte que sa suite demandait déjà les chevaux pour que le quartier général pût se mettre en sûreté. Mais l'empereur impatienté fit, dit-on, de la main un signe négatif; il se contenta de faire avancer une fraction de sa garde et la cavalerie essoufflée fit volte-face. Mais il ne parvint qu'à grand'peine et grâce seulement au rideau que Murat forma avec 80 escadrons en vue d'une charge colossale, à combler le vide qui s'était produit dans sa position. Puis Davout entra en ligne et sans se laisser arrêter, il avança contre l'aile gauche des Russes, il la força à se replier vers le nord et s'empara de leur ligne de retraite. L'armée de Bennigsen semblait perdue, quand soudain Scharnhorst parut avec quelques milliers de Prussiens du corps de L'Estocq — les autres étaient restés en arrière pour soutenir la lutte contre Ney —; immédiatement il se tourna contre Davout et le refoula fort loin. Quand Ney — qui n'avait reçu qu'à midi l'ordre de rejoindre pour prendre part à la bataille, — arriva à l'aile gauche, la nuit avait déjà mis fin à la lutte sanglante où des milliers d'hommes s'entre-tuaient.

De part et d'autre, les pertes s'élevaient à plus de dix mille hommes. Plusieurs semaines après il y avait encore des monceaux de cadavres sans sépulture, d'innombrables blessés souffraient le martyre — chez les uns c'était la douleur, chez les autres la faim — dans les maisons délabrées d'Eylau ou dans les voitures de munitions abandonnées. Le corps d'Augereau avait été décimé au point qu'il fallut le licencier. Et tous ces sacrifices avaient été faits en pure perte! Car la bataille était restée indécise. Pour la première fois Napoléon n'avait pas remporté la victoire. Dans les premières heures qui suivirent la bataille, il songea même à battre en retraite et écrivit à Duroc que bientôt il faudrait transférer le quartier général à Thorn, retenir à Kustrin et à Posen les fonds qui arrivaient, parce qu'il pourrait se faire que « pour avoir des quartiers d'hiver tranquilles à l'abri des cosaques et de cette nuée de troupes légères, » il repassât sur la rive gauche de la Vistule. Mais Bennigsen allait l'en dispenser. A minuit il se mit en marche avec les Russes et le 9 février au matin les Français constatèrent que l'ennemi avait abandonné le champ de bataille. N'était-ce pas leur donner le droit de se dire vainqueurs ? Scharnhorst déclara que c'était « une honte, un péché ». Mais Napoléon accepta incontinent le laurier qu'on lui tendait ; son bulletin qui racontait la bataille en la défigurant, annonça au monde entier son triomphe et ce fut plutôt pour le confirmer que pour en tirer parti qu'il envoya Murat suivre pendant quelques étapes l'ennemi qui se retirait[1]. Ceci fait, il ramena toute l'armée derrière la Passarge afin de l'établir dans de nouveaux cantonnements, vu qu'il se sentait trop faible pour suivre l'ennemi. Ce n'étaient pas les pertes subies dans la bataille qui avaient réduit son effectif. Des milliers d'hommes, poussés par la faim et les privations, avaient quitté les rangs et parcouraient le pays en maraudant et en enlevant par la ruse ou la force leur misérable avoir aux habi-

[1] Nous retrouvons Bonaparte tel que nous le connaissons, dans sa lettre à Cambacérès où il lui dit de faire insérer dans le *Moniteur* que l'armée russe était complètement débandée ou bien dans son 61e bulletin où il dit que la ville de Königsberg n'avait qu'à se féliciter de ce qu'il n'eût pas eu le dessein de pousser les Russes l'épée dans les reins, ou bien encore quand dans ses différentes lettres datées du même jour il indique différents chiffres pour les pertes, 4.000 dans celle adressée à Cambacérès, de 7 à 8.000 blessés dans celle qu'il écrivait à Daru. La vérité est qu'il y en avait trois fois autant.

tants de ce pays fort pauvres. Et cet exemple eut des imitateurs, si bien qu'un des généraux évalua à 60.000 hommes les maraudeurs levant des contributions de leur propre autorité[1]. D'autres sans doute étaient intimidés par la bravoure à toute épreuve des Russes à laquelle Napoléon lui-même rendit justice à Eylau. D'autres encore s'élevaient — c'est le baron de Gagern qui dit l'avoir entendu lui-même — contre ces horribles massacres d'hommes qui étaient faits uniquement pour servir l'ambition d'un seul. Dans cette situation, l'Empereur résolut d'aller occuper une position solide dans une région où il serait plus facile de faire vivre l'armée et d'attirer à soi les renforts afin de pouvoir opposer à l'ennemi, quand ce maudit hiver aurait pris fin, des forces supérieures. Il aurait encore mieux aimé repasser la Vistule, comme le lui conseillaient ses généraux et Berthier lui-même, pourtant si souple. Mais c'eût été se retirer devant les Russes dont le chef se fut immédiatement proclamé vainqueur à Pultusk et à Eylau. Donc plus de concessions : l'armée restera postée entre la Vistule et la Passarge, front à l'est, le corps de Ney formant avant-garde sur l'Alle à Allenstein, celui de Masséna tenant ferme sur la Narew. La position offrait cet avantage — et c'était là tout ce qu'avait rapporté la dernière bataille —

[1] Ce chiffre nous est fourni par Fézensac. On verra par les *Cahiers* du capitaine Coignet combien la misère a dû être grande. L'empereur lui-même en parlait à Tallerand et à Joseph dans ses lettres. « Nous vivons ici, disait-il, dans la neige et la boue, sans vin, sans eau-de-vie, sans pain ». La France, il est vrai, ne devait pas être initiée, aussi vit-on dans une lettre qu'il écrivait à Fouché : « que l'état sanitaire de l'armée était parfait, qu'elle avait des vivres pour toute une année et que c'était folie de s'imaginer que dans un pays tel que la Pologne on pût manquer de pain, de viande et de vin ».

de barrer aux Russes le chemin de Dantzick dont on poussait vigoureusement le siège.

Napoléon établit son quartier général à Osterode. Même là, ce ne fut pas l'abondance qui régnait durant des semaines : l'Empereur et ses officiers n'avaient souvent à manger que ce que les soldats découvraient et apportaient. Au début, il dut se contenter d'une grange, jusqu'à ce qu'on eut découvert un logement plus convenable ; mais il n'eut toutes ses commodités que dans les premiers jours d'avril, où il s'établit au château de Finkenstein. Malgré tout, il supporta allégrement la misère de ce terrible hiver, donnant l'exemple de la bonne humeur à ses officiers ; sa santé se trouva même bien des fatigues de la campagne et plus tard il déclara ne s'être jamais mieux porté. Osterode était très animé. D'innombrables ordonnances arrivaient et partaient. L'empereur, en effet, déployait une activité dévorante et Savary n'a pas tort de dire, dans ses Souvenirs, que dans une grande ville, il lui eût fallu au moins trois mois pour mener à bonne fin les affaires pour lesquelles il lui en fallut tout au plus un dans ce trou d'Osterode où il avait tout sous la main et pouvait mettre tout en mouvement. Mais aussi il y avait fort à faire, car sa situation politique était comme la militaire, rien moins que favorable. La Turquie n'avait pas réussi à vaincre les Russes et à les amener à un grand déploiement de forces sur le Danube inférieur ; tout au contraire ceux-ci avaient partout l'avantage, si bien que l'empereur Alexandre put songer à rappeler la moitié du corps expéditionnaire sur le théâtre de la guerre du Nord. Quant à l'Autriche qui ne s'était pas nettement déclarée, elle armait, disait-on et ces armements le général Andréossy, ambassadeur à Vienne, les exagérait dans ses rapports où il déclarait l'armée autrichienne prête à entrer en campagne. Les Suédois marchaient sur Stralsund et il fallait prendre des dispositions pour repousser ou du moins paralyser leur attaque. L'Angleterre faisait annoncer aux quatre coins du monde qu'elle allait débarquer un corps expéditionnaire sur les côtes de la mer du Nord ; de la sorte, elle contraignit l'Empereur à envoyer une armée sous Brune pour garder les points menacés. Et l'Espagne elle-même, jusqu'alors si soumise, semblait vouloir faire des difficultés. Ajoutez qu'à la nouvelle de la retraite sur la Passarge, la rente avait baissé à la Bourse de Paris et avec la rente, la considération dont jouissait l'Empereur. Celui-ci avait donc fort à faire pour relever sa situation et même pour n'être pas attaqué pendant les quelques semaines dont il avait besoin pour renforcer son armée.

Il voulut alors se rapprocher de Frédéric-Guillaume. Immédiatement après la bataille d'Eylau — on eût dit que l'intervention de Scharnhorst avait ressuscité la Prusse — celle-ci eut de nouveau une certaine importance aux yeux du conquérant et du champ de bataille même il écrivit à Talleyrand, qui se trouvait à Varsovie, de rentrer en rapports avec le gouverment prussien. Il était même tellement pressé que la voie de Pologne lui parut trop longue et qu'il envoya directement Bertrand, son aide de camp général à Memel auprès du roi pour lui offrir, s'il signait une paix particulière, de lui restituer son pays jusqu'à l'Elbe. Mais Frédéric-Guillaume ne se sépara pas de son allié et le fit déclarer à son ennemi par un envoyé spécial ; là-dessus Napoléon se déclara même prêt à négocier la paix générale dans un congrès pourvu qu'on signât une trêve — c'est à cela qu'il tenait le plus — qui reléguât les Français derrière la Vistule et les Russes derrière le

Niémen. Ceci, il ne l'obtint pas davantage. La Prusse et la Russie resserrèrent même les liens qui les unissaient en signant, le 26 avril 1807, une convention à Bartenstein, aux termes de laquelle on inviterait derechef l'Angleterre, la Suède, l'Autriche et le Danemark à s'unir à elles dans une grande coalition libératrice ayant pour but d'exclure Napoléon de l'Italie et de l'Allemagne. Les deux puissances s'engageaient, en outre, solennellement à ne pas faire séparément la paix avec la France.

Éconduit par la Prusse, Napoléon s'adressa à l'Autriche. Il chargea Andréossy de demander à la cour de Vienne de déclarer enfin nettement qu'elle était toujours prête à conclure une alliance et de lui offrir en échange la Silésie que ses troupes — c'étaient celles de la Confédération du Rhin — avaient conquise presque tout entière, au besoin même de renoncer à la Dalmatie contre une compensation équivalente. Mais l'Autriche fit cette fois-ci encore la sourde oreille. La cour de Vienne à laquelle l'archiduc Charles, en particulier, déconseillait de prendre part à la guerre, offrit simplement sa médiation sur les bases suivantes : règlement nouveau des affaires allemandes, intégrité de la Turquie, maintien du partage de la Pologne, participation de l'Angleterre aux négociations (3 avril 1807). Et ces conditions, Napoléon était décidé à les accepter, rien que pour n'avoir, pendant les semaines qui allaient suivre, rien à redouter de la part de l'Autriche, mais la Prusse et la Russie répondirent à la proposition de médiation en adressant à la cour de Vienne l'invitation pressante d'accéder à la convention de Bartenstein et ceci l'empereur François crut devoir le refuser, estimant qu'il valait mieux attendre que Napoléon eût essuyé une défaite pour agir, tandis que la Russie, à elle seule, était trop faible pour amener ce résultat et désirait précisément pour ce motif le secours de l'Autriche. Celle-ci restait donc neutre et c'était là un énorme avantage pour Napoléon. « En tout cas, dit Montgelas dans ses Mémoires, ce fut là le plus grand service qu'on ait jamais rendu à Napoléon, car il n'aurait jamais pu résister à une attaque de la part de l'Autriche. » L'Empereur lui-même avait peine à l'admettre et ne croyait nullement son flanc droit couvert et abrité.

Il déploya une activité d'autant plus grande pour obtenir de la Turquie un nouvel effort et pour organiser dans l'Orient une grande coalition contre Alexandre. Il chercha à amener une entente entre la Turquie et la Perse afin que cette dernière tournât également ses armes contre la Russie. « Il faut aussi remuer la Perse, faisait-il écrire à Sébastiani, et diriger ses efforts vers la Géorgie. Obtenez de la Porte qu'elle donne au pacha d'Erzeroum l'ordre de marcher sur cette province avec toutes ses forces. Maintenez les bonnes dispositions du prince des Abazes, et excitez-le à prendre part à la grande diversion contre l'ennemi commun. » Il fit plus encore. Vers la fin du mois d'avril, arrivait au château de Finkenstein un envoyé du Schah avec lequel il conclut un traité par lequel il s'engageait à contraindre la Russie à la restitution de la Géorgie et à envoyer au roi des rois des canons et des artilleurs. Celui-ci par contre s'engageait à rompre ses relations avec l'Angleterre, à confisquer toutes les marchandises anglaises, à refuser l'entrée de ses ports à tous les navires anglais, à provoquer un soulèvement de l'Afghanistan et du Candahar contre l'Angleterre et à faire marcher une armée contre l'Inde. « S'il était dans l'intention de S. M. l'Empereur des Français — telle était la teneur de l'article 12 — d'envoyer par mer une armée pour attaquer les possessions anglaises dans l'Inde, S. M. l'Empereur de Perse, en bon et fidèle allié, lui donnerait passage sur son territoire. Ce cas arrivant, il serait à faire à l'avance une convention particulière qui stipulerait la route que les troupes devraient tenir, les subsistances et les moyens de transport qui leur seraient fournis, ainsi que les troupes auxiliaires qu'il conviendrait à S. M. l'Empereur de Perse de joindre à cette expédition. » N'est-ce pas un spectacle unique de voir cet homme, dans une situation aussi précaire, alors que la marche en avant d'un seul corps autrichien pouvait amener une catastrophe, signer avec un monarque de l'Orient un traité où se montrent les plus vastes desseins de sa politique? C'est là précisément ce qui constitue la grandeur historique d'un homme que, même dans la situation la plus critique, il n'oublie pas son but suprême et qu'il est capable de porter ses regards vers l'avenir, bien au delà des maux présents.

Mais l'essentiel pour lui était de renforcer le plus vite possible son armée par des troupes intactes, afin d'être numériquement supérieur à l'adversaire qui armait de son côté, et de le rester dans la bataille qu'il allait lui livrer. Aussi se fit-il envoyer de France et d'Italie toutes les forces disponibles et ces troupes il les remplaça par 80.000 hommes de la classe de 1808 que le Sénat lui accordait, après qu'il lui eut accordé celle de 1807 dans les derniers mois de l'année précédente. Il demanda en outre de nouvelles troupes à l'Espagne et à la Confédération du Rhin. De la sorte, il put former en Allemagne une armée de réserve pour observer l'Autriche, renforcer le corps de siège de Dantzick et porter l'effectif de la grande armée à 160, voire même

170.000 hommes, chiffre que l'armée russe était loin d'atteindre. Quand la grande place de l'Oder capitula le 26 mai, le corps qui était retenu devant elle devint disponible et les forces postées sur la Passarge en furent augmentées d'autant.

Pendant que de la sorte l'armée française se reconstituait, l'hiver tirait à sa fin. Ç'avait été pour elle un terrible ennemi, pour les adversaires un fidèle allié; mais ils n'avaient pas su l'apprécier à sa juste valeur. Pendant les longues semaines de froid, Bennigsen n'avait entrepris rien, absolument rien de sérieux pour empêcher l'ennemi de se refaire. En février, il s'était remis à marcher à la suite des Français; on lui avait conseillé de les attaquer afin de les rejeter au delà de la Vistule, de couvrir au moins Dantzick en leur disputant la Frische Nehrung. Il ne fit rien de tout cela, se contentant d'élaborer des plans offensifs, tantôt contre Ney qui était en flèche, tantôt contre Elbing, puis les abandonnant de nouveau, si bien que Scharnhorst put dire que le général russe ne voulait pas risquer de perdre la gloire de n'avoir pas été vaincu par un adversaire tel que Napoléon. Il fallut que Dantzick tombât, qu'il eût en face de lui un ennemi plus puissant que jamais, que la belle saison eût rendu les chemins praticables, facilité le ravitaillement, fourni à l'ennemi un terrain qu'il pouvait reconnaître sûrement et où les manœuvres rapides redevenaient possibles, que Napoléon eût lui-même fait son plan offensif, bref qu'il eût perdu un temps précieux, il fallut tout cela pour que Bennigsen déployât quelque activité. A présent, il voulait se jeter sur le corps de Ney formant l'avant-garde, l'anéantir, puis s'attaquer au gros des forces ennemies. Mais « le brave des braves » lutta glorieusement tout en se repliant sur celle-ci que l'Empereur menait en avant en se glissant entre

Bennigsen et le corps prussien et en les poussant tous deux devant lui. C'était comme avant Eylau.

L'intention de Napoléon était de déborder l'ennemi par la gauche en le retenant de front, puis, la victoire remportée, de le refouler sur la frontière russe. Ce plan avait ceci de particulier — et de ce fait il a été déclaré mauvais par les plus grands d'entre les théoriciens militaires — de laisser à l'ennemi un passage par où il pourrait s'échapper, tandis que si on l'avait tourné par la droite, les Russes ne disposaient plus que de la route de Königsberg où ils eussent été écrasées par les forces supérieures des Français. Ou bien Napoléon ne voulait-il pas anéantir l'armée d'Alexandre ? L'idée reprenait-elle le dessus en lui de s'entendre avec le czar, cette idée qui l'avait préoccupé souvent déjà et qu'il avait tenté de réaliser avant la bataille d'Austerlitz? Cela n'est nullement impossible. C'est qu'à Eylau l'armée russe lui avait terriblement imposé et certainement il obéissait à autre chose qu'à l'inspiration du moment, lorsque, dès le 14 mars, il écrivait à Talleyrand : « Je suis d'opinion qu'une alliance avec la Russie serait très avantageuse, si ce n'était pas une chose fantasque et qu'il y eût quelque fond à faire sur cette cour. » Il avait encore une raison spéciale d'entrer dans cette voie, car précisément à ce moment-là, — dans les premiers jours de juin — les projets qu'il poursuivait en Turquie allaient échouer. Le Sultan Sélim III, par une méfiance qui n'était que trop justifiée, avait opposé un refus à l'offre qu'on lui faisait d'un corps de 25.000 hommes sous Marmont, son général avait fait la guerre aux Russes avec une grande mollesse, il n'avait pas empêché l'ennemi de pénétrer jusqu'à Orsowa et peu de temps après les janissaires, ennemis de toute réforme avait dépossédé le Sultan et lui avait donné pour successeur Mustapha qui, comme le mandait Sébastiani, le 1er juin, était hostile à la France et sur lequel on ne pouvait espérer exercer la moindre influence. Ne valait-il dès lors pas mieux exécuter les desseins qu'on poursuivait en Turquie plutôt avec la Russie que contre elle, c'est-à-dire, s'entendre avec le czar aux dépens des Mulsumans ingrats qui ne savaient pas se plier au rôle d'instruments passifs de la politique française ? Et pouvait-on, si tel était le but auquel on tendait, chercher à anéantir l'armée russe ?

Peu importe d'ailleurs. Ce qu'il y a de certain, c'est que l'Empereur fit avancer une partie de son armée par la gauche, pour tourner les Russes, tandis qu'un autre corps marchait contre les Prussiens, que Ney et la garde formaient l'arrière-garde et que lui-même cherchait à atteindre Bennigsen. Il le rejoignit, il est vrai, le 10 juin, à Heilsberg, mais l'ennemi était couvert par de solides retranchements et les Français furent repoussés. La crainte seule d'être tourné par le nord le contraignit de rétrograder davantage sur la rive droite de l'Alle, tandis que Napoléon, devenu circonspect, attira d'abord à lui Ney et la garde avant de suivre Bennigsen en longeant la rive gauche. Le 14 juin, celui ci arrivait à Friedland sur la route de Bartenstein à Wehlau. Là, il repasse la rivière pour attaquer les Français pendant leur marche, anéantir leur avant-garde sous Lannes et enfoncer leur centre. Mais cette manœuvre il l'exécute avec une telle lenteur que pendant l'engagement même qu'il soutient contre Lannes, les autres corps ont le temps d'arriver et que Napoléon peut leur faire prendre leur ordre de bataille. Dès lors, le général russe est bien obligé d'accepter la bataille ; il la perd, non sans lutter énergiquement. Ney, en effet, qui se portait en avant avec son corps contre l'aile gauche de l'ennemi, fut d'abord refoulé et Napoléon ne dut le succès qu'à l'audace avec laquelle, se rendant compte du danger, il renouvela l'attaque en traversant les rangs des fuyards. Une violente canonnade force, sur cette aile, les Russes à s'arrêter. De la sorte, Bennigsen se voit obligé de faire revenir sur l'autre rive de l'Alle, le centre de l'aile droite en passant par Friedland. Les Français alors suivent de toutes parts, le passage ne peut s'effectuer qu'imparfaitement, car une partie des troupes russes reste sur la rive gauche et est presque complètement anéantie par les feux de l'artillerie française. Le même jour, une autre défaite est infligée au corps prussien par les corps français exécutant le mouvement tournant; ils le refoulent jusque sous les remparts de Königsberg. Ce n'est qu'à grand peine qu'il put, à moitié débandé, fuir jusqu'au Niémen, à Tilsitt où, le 18 juin, arrivait également Bennigsen battant en retraite. Il franchit la rivière en détruisant les ponts.

Le lendemain de sa victoire Napoléon écrivait à Joséphine : « Mes enfants ont dignement célébré l'anniversaire de la bataille de Marengo ; la bataille de Friedland sera aussi célèbre et est aussi glorieuse pour mon peuple. Toute l'armée russe mise en déroute ; 80 pièces de canon, 30.000 hommes pris ou tués ; 25 généraux russes tués, blessés ou pris ; la garde russe écrasée ; c'est une digne sœur de Marengo, d'Austerlitz, d'Iéna. » C'était quelque peu exagéré. A la vérité l'armée de Bennigsen avait été débandée après la bataille, mais dès Allenbourg on avait réussi à la rallier et la retraite s'était faite en assez bon ordre. Les pertes aussi étaient si considérables que le général en chef proposa au czar d'entamer des négociations, mais il ne pensait, en faisant cette proposition, qu'à gagner du temps pour pouvoir se renforcer. D'abord il était sûr de trouver de l'autre côté de la Memel le corps de L'Estocq et les troupes russes de Labanow, puis son armée avait été repoussée loin de sa ligne d'opérations, de sorte que Napoléon pouvait s'attendre à une nouvelle bataille, en vue de laquelle, en effet, il prit des dispositions, à l'ouest de Tilsit. Ce qui était grave c'était que le moral des troupes et surtout des officiers était déprimé. Ces derniers appartenaient presque sans exception au parti à la tête duquel était le grand-duc Constantin, parti qui ne voulait pas qu'on combattit pour la défense d' « intérêts étrangers. » Or ils manifestaient leur opinion avec une franchise qui ressemblait à de l'insubordination. On prétend que certains rappelèrent à Alexandre, sans employer de circonlocutions, quel avait été le sort de son père. Aussi s'engagea-t-il, entre Constantin et Murat et cela, dit-on, dès les premiers jours qui suivirent la bataille, une correspondance qui eut pour résultat que, le 19, le prince Labanow arriva au quartier général afin de conclure un armistice. Comme condition, l'Empereur demanda qu'on lui livrât quelques places fortes prussiennes qui résistaient encore, Kolberg et Graudenz entre autres. L'envoyé russe ne pouvant pas disposer de ces places s'en retourna. L'Empereur envoya immédiatement Duroc pour déclarer qu'il était disposé à accorder une suspension d'armes, sans que ces conditions fussent remplies, si la Russie consentait à négocier une paix séparée. L'offre fut communiquée au czar qui accepta. Le 22 on signa la trêve et le 24 Labanow revint à Tilsit avec des instructions écrites pour proposer une alliance et une entrevue entre les deux monarques.

En agissant de la sorte, Alexandre violait la convention de Bartenstein du 26 avril et au fond il trahissait la Prusse. Mais il passa outre. Ne pouvait-il pas soutenir que les clauses de cette convention n'avaient pas été remplies et que si, tout comme en 1805, il avait formé le dessein de marcher en quelque sorte à la tête de l'Europe monarchique contre l'usurpateur pour le faire descendre du faite où il était monté, il était bien obligé de constater que l'Europe ne l'avait pas suivi. L'Angleterre avait armé trop mollement et trop incomplètement pour qu'elle pût prendre une part active à la lutte et de plus elle serrait les cordons de la bourse, car la Russie ayant demandé des subsides — 6 millions de livres sterling — dont elle avait absolument besoin, on lui avait répondu par un refus. Et cela quand la suprématie maritime de l'Angleterre était gênante aussi pour les navires russes et que dans certaines occasions elle avait été plus que gênante. C'était plus qu'il n'en fallait pour que le czar en voulût à l'Angleterre. Elle n'avait accédé que sous réserve à la convention de Bartenstein et l'Autriche, comme nous le voyons plus haut, avait absolument refusé d'entrer dans la coalition. Une fois qu'à Vienne on crut possible une paix séparée entre la Russie et la France, on dépêcha un envoyé à Alexandre pour lui faire espérer de nouveau la coopération de l'Autriche: il arriva trop tard. Dès le mois d'avril le publiciste Gentz, dans un mémoire remis au czar, lui avait conseillé, vu la neutralité de l'Autriche, de faire la paix avec Napoléon et de ménager pour l'avenir ses forces qu'à présent, étant seul, il dépensait en pure perte. Cet écrit produisit, dit-on, une profonde impression sur le jeune monarque [1]. Avec la Suède aussi il y avait un obstacle

[1] Martens, *Recueil* VI, p. 410. Gentz conseillait au czar

à une entente parfaite. Cet État, il est vrai, avait pris part à la guerre contre Napoléon, mais la Finlande était encore province suédoise et la Finlande se trouvait comprise dans ce qu'on appelait « l'extension naturelle » de la Russie. La politique russe, en effet, était en désaccord avec elle-même : luttant pour le maintien de l'ancien régime en Europe, elle défendait une cause que ses propres intérêts la forçaient de léser et quiconque serait tenté de trouver Alexandre instable et peu sûr, celui-là devra en faire peser la responsabilité non pas sur le czar seul, mais bien aussi sur la politique de son empire. A ce moment-là, lui personnellement subissait l'influence du parti qui voulait la paix et nous ne saurions nous étonner, tout cela étant donné, de le voir accepter non seulement les propositions de l'ennemi mais proposer lui-même un changement de système complet allant bien au delà de celles-là. C'est le 25 juin qu'eut lieu l'entrevue des deux empereurs. Au milieu du Niémen on avait établi une tente magnifique sur un radeau, où ils allaient s'entretenir sans témoins. Tous deux y arrivèrent dans des barques qu'accompagnaient les cris de joie des gardes française et russe postées sur les rives. L'entretien dura plus d'une heure, pendant laquelle leur suite se tint à l'entrée de la

d'amener l'Autriche à participer à la guerre en faisant déclarer à Vienne qu'en cas de refus, lui et la France se partageraient ce que personne ne consentait à défendre de concert avec la Russie. Alexandre semble avoir suivi ce conseil car vers le milieu du mois de mai son ambassadeur Pozzo di Borgo eut une conversation avec Stadion dans laquelle il lui représenta que la paix, en cas de refus de l'Autriche, pourrait bien se faire sans la coopération de cette puissance « qui resterait exclue d'un système établi dans des circonstances qu'elle seule aurait rendues aussi défavorables ».

tente et dans le courant de cette heure la face du monde changea. On ne sait pas exactement ce que l'un et l'autre se sont dit. Quelques-uns ont prétendu avoir saisi le début de la conversation et selon eux Alexandre aurait abordé Napoléon en lui disant : « Je hais les Anglais autant que vous les haïssez, et je serai votre second dans tout ce que vous ferez contre eux ». « En ce cas, répondit Napoléon, tout peut s'arranger et la paix est faite ». En effet, à quoi bon faire la guerre s'il obtenait, par la paix, de la Russie ce à quoi il voulait la contraindre en la conquérant et la dominant, c'est-à-dire, son accession au blocus continental au cas où l'Angleterre n'accepterait pas les conditions qu'il voulait lui imposer. En prévision de ce dernier cas, il reprit sans doute son projet de marcher sur l'Inde qui le préoccupait constamment et auquel le père d'Alexandre s'était jadis rallié. Ajoutez qu'il se montrait disposé à sacrifier l'intégrité de la Turquie, c'est-à-dire de céder sur le point qui, en juillet 1806, avait été la cause du différend, qu'il renonçait à son idée de rétablir l'ancien royaume de Pologne et assignait la Finlande à la Russie, tandis qu'Alexandre consentait à tous les changements que ferait Napoléon dans le sud, en Italie ou dans la péninsule ibérique, et vous conviendrez que tout cela constituait une base suffisante à une entente pouvant pour le moment satisfaire les deux parties. Il est à supposer que toutes ces questions ne furent pas traitées dans la première entrevue ; ce qu'il y a de certain, c'est qu'elles furent discutées et sans cesse reprises pendant les semaines qui suivirent et aux cours desquels les deux monarques se voyaient souvent et longtemps. Frédéric-Guillaume eut également une entrevue, le 26, avec Napoléon, à la vérité comme protégé d'Alexandre et nullement comme souverain plaidant, d'égal à égal, sa propre cause.

Quinze jours se passèrent de la sorte à Tilsit avant que la paix fut signée. Napoléon déploya toute son amabilité afin de gagner le czar et ce devait être une grande satisfaction pour ce prince si vain de voir le vainqueur offrir au vaincu l'hommage de son amitié. De part et d'autre d'ailleurs, on dut se faire des concessions qui recélaient le germe des différends qui devaient éclater plus tard. Napoléon, il est vrai, ne tenait pas à la restauration du royaume de Pologne, mais il ne voulait pas que le duché de Varsovie fît retour à la Prusse; il s'était trop engagé vis-à-vis des Polonais. Au début des négociations, il proposa même de réunir cette principauté avec la Silésie prussienne, de façon à former un royaume qu'on eût donné à son frère Jérôme; mais il se rendit bien vite compte que le temps n'était pas encore venu d'étendre sa puissance jusqu'à la Vistule et il retira sa proposition. La Prusse garda la Silésie et le duché de Varsovie fut donné au roi de Saxe, sans qu'il pût l'incorporer à son État. Seulement Napoléon garda pour lui les domaines de la couronne, d'une valeur totale de vingt-sept millions afin de les employer plus tard en dotations pour ses généraux. Quant à Jérôme, on lui trouva une compensation en constituant un royaume de Westphalie avec les territoires prussiens de la rive gauche de l'Elbe et des territoires appartenant à l'ancien électorat de Hesse et au duché de Brunswick [1]. Alexan-

[1] Le royaume de Westphalie devait comprendre les États de Brunswick-Wolfenbuttel, la Vieille-Marche, et le territoire de Magdebourg à gauche de l'Elbe, les territoires de Halle, d'Hildesheim et la ville de Goslar, la petite principauté de Halberstadt et Hohenstein, le territoire de Quedlinbourg, le comté de Mannsfeld, l'Eichsfeld, les villes de Muhlhausen et de Nordhausen, le comté de Stolberg, les

dre de son côté avait compté obtenir Constantinople et il avait dû y renoncer. Enfin le 7 juillet 1807 on s'était mis d'accord et les diplomates — Talleyrand et Kourakine — purent signer les traités.

Il y en avait deux : un traité de paix et une alliance offensive et défensive. Dans le premier figuraient toutes les conditions concernant la Prusse. Il y etait dit que « par égard pour S. M. l'Empereur de toutes les Russies et voulant donner une preuve du désir sincère qu'il avait d'unir les deux nations par les liens d'une confiance et d'une amitié inaltérables, » l'Empereur restituait à Frédéric-Guillaume tous les pays situés à l'est de l'Elbe, moins le cercle des Kottbus qui passait à la Saxe et les provinces polonaises de la Prusse méridionale et de la nouvelle Prusse orientale qui formaient le duché de Varsovie dont nous avons parlé plus haut, et moins le cercle de Bielostock cédé à la Russie. Le czar, de plus, reconnaissait Joseph comme roi de Naples et s'engageait à le reconnaître comme roi de Sicile dès qu'on aurait trouvé une compensation pour le prince légitime. De même, la Russie donnait son assentiment à l'établissement du royaume de Hollande, du royaume de Westphalie et de la Confédération du Rhin. Quant à Napoléon on lui cédait Cattaro et les îles Ioniennes ; mais il abandonnait Dantzick et se chargeait du rôle de médiateur entre la Russie et la Turquie, tandis qu'Alexandre interviendrait comme tel entre la France et l'Angleterre.

Voilà pour le traité de paix. Il laissait sans solution

États de Hesse-Cassel, les anciennes principautés hanovriennes de Göttingue et de Grubenhagen avec Hohenstein et Elbingerode, les évêchés d'Osnabruck et de Paderborn, Minden, Ravensberg et le comté de Rittberg-Kaunitz.

la question de savoir ce qui adviendrait si l'Angleterre et la Turquie n'acceptaient pas les conditions des puissances médiatrices. Cette solution était fournie par le second document, le traité secret d'alliance. Les parties contractantes s'engageaient à se prêter appui mutuellement et à procéder offensivement contre la Grande-Bretagne et la Turquie ; contre celle-là si au 1er novembre 1807, elle n'avait pas accepté les propositions de la Russie — l'Angleterre devait restituer à la France, et à ses alliés toutes conquêtes faites depuis 1805 et accorder la pleine liberté sur mer à tous les pavillons, en échange on lui restituait le Hanovre ; — contre celle-ci, si, dans un délai de trois mois la médiation française n'avait pas abouti. Dans le premier cas, la Russie s'engageait à rompre toute relation avec l'Angleterre, à accéder au blocus continental et à combiner son action avec celle de la France pour contraindre le Danemark, la Suède, le Portugal et l'Autriche à faire la guerre au commerce anglais ; dans le second, la Russie et la France s'uniraient pour arracher au sultan ses possessions d'Europe à l'exception de Constantinople et de la Roumélie. Si le Danemark, le Portugal ou la Suède opposaient une fin de non recevoir, les deux puissances contractantes leur feraient la guerre ; si la Suède seule refusait, c'est le Danemark qui serait chargé de la combattre[1]. On avait discuté aussi le partage de la Turquie d'Europe ; mais quoique Napoléon se montrât favorable aux desseins de l'empereur de Russie, il n'admit pas

[1] Nous suivons ici textuellement le traité d'alliance dont le premier nous donnons ici la teneur complète. Voir à l'appendice. (Depuis la publication de l'édition allemande le traité secret d'alliance a été donné aussi par Vandal, *Napoléon et Alexandre* I, p. 515.)

que ce projet fût formulé d'une manière nette et précise.

Deux jours plus tard, le 9 juillet, fut également signée la paix avec la Prusse. En vain la belle et jeune reine, oubliant les paroles offensantes que les bulletins de Napoléon contenaient à son adresse, parut devant le puissant ennemi afin d'obtenir des conditions moins dures, au moins la restitution de Magdebourg. Elle n'obtint rien que des politesses et de vagues promesses dont l'Empereur ne tint plus aucun compte le lendemain. Il ne changea rien aux conditions qui avaient été arrêtées entre Alexandre et lui par rapport à la Prusse. Il va de soi que celle-ci dut s'engager à fermer ses ports à l'Angleterre et à lui déclarer la guerre de concert avec la France et la Russie, si la paix n'était pas signée.

Telles sont les stipulations principales de Tilsit. On a voulu y voir un partage de l'Europe en ce sens que Napoléon abandonnait au czar la moitié orientale et se réservait la domination incontestée sur la partie occidentale. Cela n'est pas absolument exact. On reconnait parfaitement dans les documents quel est le vainqueur, quel est le vaincu. Napoléon n'abandonne pas le moins du monde ses projets sur la Turquie et il ne s'engage nullement à rompre avec la Perse. En outre, le duché de Varsovie était donné à un prince de la Confédération du Rhin — le nouveau « roi de Saxe » y avait accédé en décembre 1806 — et dès lors il se trouvait placé sous l'influence directe de la politique française. C'était là un atout dans le jeu de Napoléon dont il pouvait tirer parti contre la Russie quand il lui plairait. Et cette Russie, elle-même, n'était-elle pas conquise par la France, du moins par l'industrie française, du moment qu'elle engageait la lutte commerciale avec l'Angleterre ? Il faut bien en convenir, le traité du

9 juillet 1807 ne contenait rien qui marquât que Napoléon changeait de système. Les concessions faites à la Russie n'impliquaient qu'un arrêt dans sa marche vers la monarchie universelle. Dès 1803, quand la guerre entre la France et l'Angleterre était devenue inévitable, le Premier Consul avait cherché à se rapprocher d'Alexandre et lui avait proposé d'agir de concert contre la Grande-Bretagne, propositions qui sont à peu près celles de Tilsit. A ce moment-là, un diplomate très avisé, le ministre autrichien Cobenzl, disait de Napoléon et de ses tendances : « Qui jamais plus que lui a pu être soupçonné de viser à la monarchie universelle, et il faut commencer par n'être que deux pour finir par être seul. »

V

La situation en France. Bayonne et Erfurt.

On se tromperait fort et l'on ne rendrait pas justice à la pénétration de Napoléon si l'on admettait qu'en 1807 ce furent des raisons de grande politique qui seules le déterminèrent à faire la paix avec la Russie, au lieu de déchaîner, comme c'avait été primitivement son dessein, l'ennemi héréditaire de l'empire des czars, la Pologne et de conquérir, aidé par elle, les confins du continent pour asseoir sa prépondérance. Non, une des raisons qui contribuèrent le plus à lui faire prendre la résolution de s'arrêter sur le Niémen, c'était l'état d'esprit de la France ; il ne lui était pas permis de s'aliéner totalement son peuple et celui-ci se détachait de plus en plus de lui. En 1805 déjà les Français n'avaient pas été partisans de la guerre et ne l'avaient pardonnée que grâce aux victoires inouïes remportées par l'Empereur et aux sommes énormes qu'elles avaient fait entrer dans le Trésor.

Mais, quand un an après, on recommença à livrer de sanglantes batailles, ils comprirent que leurs enfants ne combattaient plus pour les intérêts du pays mais bien pour assouvir l'ambition démesurée d'un étranger; ils commencèrent à se demander si la politique de l'empereur était réellement la politique de la France. Et à partir de ce moment, les succès les plus merveilleux ne purent plus rien changer à cet état des esprits. La victoire d'Iéna, dit un contemporain, ne produisit aucun effet à Paris. Par contre, le mécontentement faisait de secrets progrès. On se cachait des innombrables espions de la police impériale, mais Napoléon en fut imformé quand même, tantôt on lui communiquait la plaisanterie d'un boulevardier raisonneur, tantôt un mot mordant prononcé dans les salons du faubourg St-Germain, ou un article de journal moins discret que les autres. Bref, il savait à quoi s'en tenir. Mais n'eût-il pas reçu de rapports précis, il n'en aurait pas moins su que le peuple français, auquel il demandait ses fils pour livrer des batailles, ne faisait plus ce sacrifice dans la conviction qu'il les livrait dans son intérêt, mais qu'il était sur le point de se détourner de lui dans son for intérieur. Il était trop prudent pour ne pas tenir compte de ce symptôme. Quoiqu'il se sentît à même de vaincre tout soulèvement populaire, grâce à sa forte armée qu'il avait su s'attacher personnellement, il avait tiré trop d'enseignements de la Révolution pour ne pas voir dans le courant de l'opinion populaire un facteur politique de la plus haute importance. Qu'adviendrait-il de lui, si la France cessait de faire honneur à la signature de l'homme qui, semblable à un banquier, escomptait l'avenir? Il ne fallait pas que cela arrivât. Et c'est parce qu'il savait que le peuple français avait soif de la paix et horreur de ces guerres éternelles qu'il traita avec la Russie et qu'il fit répandre le plus qu'il put en France la nouvelle que la guerre du blocus allait prendre fin. Puis il s'en revint à Paris pour s'y montrer monarque soucieux du bien-être de ses sujets et leur faire oublier le conquérant qu'il était.

A ne juger des choses que sur l'apparence, c'était le même enthousiasme comme un an auparavant, avec lequel on le salua ; c'étaient les mêmes illuminations, les mêmes acclamations, les harangues étaient encore plus pompeuses que celles qui l'avaient célébré alors. On lui déclarait qu'il n'appartenait plus à l'histoire ordinaire, mais bien à l'âge héroïque. C'était le président de la cour d'appel qui osa lui dire cela en face. Il écoutait tout cela gravement et sans nul doute il méprisait l'orateur du plus profond de son cœur. A la séance d'ouverture du Corps législatif, il lut un discours du trône, où il exprimait aux Français l'orgueil et le contentement qu'il ressentait et le Conseil d'État rédigea un rapport sur la situation intérieure où l'on vantait les bienfaits du régime impérial. Il y avait eu déjà plusieurs de ces rapports, d'abord en 1804, puis un autre, en 1806, après la paix de Presbourg, tous deux développant ce point de vue que l'Empereur était sans cesse préoccupé du bonheur de son peuple, mais que sans cesse l'étranger venait déranger son œuvre. De la sorte, on avait obtenu que la France se tournât furieuse contre les ennemis et acclamât celui qui en triomphait promptement et avec éclat. Cela s'était également passé ainsi en 1805. Mais, l'an d'après le ministre de l'intérieur avait été obligé de broder sur un autre thème s'il voulait qu'on ajoutât foi à son assurance que l'Empereur ne voulait plus de conquêtes et ne recherchait pas les lauriers sanglants qu'on le forçait de cueillir. Ce thème on le trouva : l'Europe, il est vrai, disait-on, avait contraint l'Empereur à faire la guerre, mais elle ne l'a pas empêché d'accomplir son devoir de souverain et d'administrateur et cela d'autant moins qu'il soutenait la lutte uniquement dans l'intérêt de la France. Dans l'exposé de 1807, le ministre fit des variations sur ce thème en disant, dans son exposé, de l'Empereur : « Pendant qu'il visitait la tente du soldat, dressée sur les neiges de la Lithuanie, son regard veillait en France sur la chaumière du pauvre, sur l'atelier du fabricant... et nous, ne nous sommes aperçus de son éloignement que par le bruit de ses exploits. » On convenait, il est vrai, que le commerce avait souffert dans quelques-unes de ses branches; mais, disait-on, ce n'est là qu'un mal passager, car la guerre qu'on a faite est une guerre d'indépendance commerciale et chacune des conquêtes que l'Empereur faisait, recélait en elle des fruits que le commerce français recueillera plus tard. De plus ce n'est pas un mérite minime du monarque d'avoir pris pour théâtre de ses opérations. des régions si éloignées ? « La France tranquille, lorsque l'Europe était écrasée par la guerre, tout entière au sentiment de sa force, envisageait l'avenir avec cette sécurité que donne le souvenir du passé,désirant la paix sans être fatiguée de la guerre et prête à suivre les hautes destinées que lui préparait celui en qui elle a mis sa confiance, sa gloire, son amour. Cette attente d'un grand peuple a été remplie, ses espérances surpassées. Le moment de la prospérité est venue ; qui oserait en fixer les limites ! »

Ces flatteries contenaient deux affirmations non dénuées de fondement : premièrement que Napoléon lui-même considérait la guerre commerciale qu'il soutenait contre l'Angleterre comme une entreprise profitable à la fortune de la France, et en second lieu, que pendant la guerre même il n'avait pas cessé de s'occuper de l'administration intérieure. S'il avait en effet délégué le gouvernement à Cambacérès, ce n'était que pour la forme et les courriers qui partaient de Paris pour Varsovie, Osterode ou Finkenstein n'emportaient dans leur portefeuille que des pièces où étaient traitées des affaires d'importance minime. Mais au quartier général l'Empereur ne pouvait guère prendre des décisions ayant une grande portée et ce ne fut qu'à son retour qu'il s'occupa sérieusement des affaires intérieures et leur consacra tous ses soins. Il savait fort bien que les belles phrases de son ministre ne signifiaient rien : il fallait que la France acquît, par des faits et des actes, la conviction que, seule, son administration à lui garantissait au pays la prospérité et la considération de l'Europe.

A peine arrivé, il demanda qu'on lui communiquât les chiffres de l'importation et de l'exportation françaises et qu'on lui fît des propositions pour que l'Italie et la Confédération du Rhin fussent rendues tributaires du commerce national. Le nouveau code de commerce fut publié : La banque dut abaisser son taux. L'État ouvrit dans tous les départements des ateliers afin de parer à l'appauvrissement et de donner du pain aux indigents et l'on poussa vigoureusement les travaux publics projetés et commencés après la campagne victorieuse de 1805 : on bâtit les routes du Simplon et du Mont-Cenis, on construisit de nouveaux canaux, des lignes télégraphiques permettant d'activer la correspondance, on restaura la basilique de St-Denis et surtout la crypte qui servait de sépulture royale et qui avait été dévastée pendant la Révolution, on bâtit une ville toute neuve en Vendée, des arcs de triomphe monumentaux à Paris, on continua les quais de la Seine, on embellit la capitale en perçant une nouvelle rue allant des Tuileries aux boulevards (la rue de la Paix), on acheva le Louvre, on établit la rue de Rivoli, le pont des Arts, le pont d'Austerlitz et celui d'Iéna, on éleva la colonne de la place Vendôme etc. Tous ces travaux occupaient un grand nombre d'ouvriers et, d'une manière générale, il n'y avait pas de détresse en France ; aussi put-on interdire la mendicité.

Entre tous les maux auxquels il fallait remédier, il y en avait un qui avait attiré tout spécialement l'attention de Napoléon avant la guerre de Prusse même ; c'était la situation précaire des populations rurales de l'Est. On en découvrit finalement la cause : c'était l'exploitation usuraire que pratiquaient les Israélites. L'assemblée nationale leur avait accordé en 1791 les mêmes droits civils qu'à tous les Français et là-dessus des marchands juifs en grand nombre étaient accourus de l'étranger pour s'établir dans les départements de l'Est et s'y livrer surtout à des affaires d'argent usuraires. Ce fut surtout quand le Premier Consul eût rétabli la sécurité publique à l'intérieur qu'ils s'établirent en masse dans les provinces de langue allemande. D'après un rapport officiel du mois d'avril 1807, que le ministre de l'intérieur adressa à l'Empereur, les dettes hypothécaires contractées vis-à-vis des Juifs se montaient, depuis 1799, dans le seul département du Haut-Rhin, à plus de 23 millions et le maréchal Kellermann affirmait que le taux auquel ils faisaient d'ordinaire leurs prêts s'élevait à plus de 70 %. La plupart s'arrangeaient pour ne pas faire de service militaire. Pendant un moment Napoléon avait eu le dessein de déclarer nulles et non avenues toutes les dettes hypothécaires usuraires, mais finalement il s'arrêta à une mesure moins radicale. On réunit les rabbins, — en renouvelant en quelque sorte le grand Sanhédrin national des Juifs, — on s'adressa à cette assemblée pour remédier à ce déplorable état de choses. En mars 1807 elle interdit l'usure à ses coréligionnaires comme constituant un péché et conseilla aux jeunes gens d'apprendre un métier. On en était là quand l'Empereur revint de Pologne. Ces résolutions ne lui semblèrent pas offrir des garanties suffisantes et il fit élaborer une loi d'exception pour la population juive qui devait rester en vigueur pour une première période de dix ans et dont les dispositions principales étaient les suivantes : Tout intérêt à plus de 5 °/₀ sera réduit à ce taux par les autorités, tout prêt consenti à plus de 10 °/₀ sera déclaré usuraire et la dette sera annulée ; aucun Juif ne pourra faire d'affaires sans une autorisation délivrée par les autorités, nul ne pourra prêter sur gages morts sans acte par devant notaire ; ceux qui au moment où le décret aura force de loi — il fut promulgué le 17 mars 1808 — n'étaient pas domiciliés en Alsace ne pouvaient s'y établir ; ils ne le pouvaient dans les autres départements qu'en y devenant propriétaires ; tout Israélite devait le service militaire et n'avait pas droit de payer un remplaçant. Toutes ces mesures, sans nul doute, étaient contraires au code Napoléon, mais elles n'en produisirent pas moins leur effet. Au bout de quelques années déjà les rapports venus des départements de l'Est annonçaient de grands progrès vers le mieux et Napoléon put accorder un nombre toujours croissant d'exceptions jusqu'à ce qu'à la fin l'égalité devant la loi pût être totalement rétablie.

La sollicitude que l'Empereur manifestait à l'égard

de la prospérité matérielle des Français était en corrélation intime avec sa politique financière. Jusqu'ici il avait fait ses guerres sans augmenter sensiblement les impôts et sans faire d'emprunts. « Tant que je vivrai, écrivait-il le 18 mai 1805 à Barbé-Marbois, je n'émettrai pas de papier. » Le meilleur moyen pour que le peuple eût moins d'aversion pour ses guerres lui semblait être de bien lui prouver qu'elles ne lui imposaient pas de sacrifices pécuniaires. Jusqu'alors le système de réquisitions dans les pays étrangers lui avait facilité la tâche et c'était également pour soulager la nation qu'il laissait, en temps de paix aussi, la plus grande partie de l'armée active stationnée hors du pays. Mais cela ne suffisait pas. Précisément en 1805 il avait fait une expérience fâcheuse. Comme on n'élevait pas les impôts en commençant une guerre pour laquelle il fallait pourtant de l'argent, il se faisait avancer des sommes en numéraire par une société de financiers à la tête de laquelle était le banquier Ouvrard, qui avait la spécialité d'escompter les assignations des receveurs sur les contributions qui devaient rentrer l'année suivante. La même compagnie s'occupait aussi des affaires de la couronne d'Espagne, elle avançait les subsides que ce pays avait à payer à la France et rentrait dans ses fonds, en prélevant des intérêts fort élevés, lorsqu'arrivaient les galions. Or l'Angleterre ayant déclaré la guerre à l'Espagne et les lingots n'arrivant plus, la compagnie se trouva dans le plus grand embarras, d'où elle ne se tira que grâce à l'intervention de la Banque de France qui dut épuiser sa réserve métallique. Immédiatement il se produisit une crise, de grandes maisons firent faillite, tous les capitalistes prirent peur. Cela se passait en décembre 1805, au moment même où Napoléon négociait la paix avec l'Autriche. Sa présence en France devenait indispensable et plus tard, à ce que dit Montgelas, il affirma que ce fut le principal motif qui le détermina à signer le traité de Presbourg, car les Autrichiens auraient facilement pu retarder les négociations, ce qui eût pu lui causer de grands embarras. Il ne fallait pas que pareille chose lui arrivât de nouveau. A ce moment-là, la paix, la confiance de la population qui lui revenait et les quarante millions de contributions payées pour l'Autriche avaient suffi à parer au mal. Aussi les millions tirés de la Prusse, de la Pologne, de la Westphalie furent-ils employés à doter, en plus du trésor de guerre, une *caisse de service* qui le dispenserait à l'avenir de recourir aux banquiers et fournirait les avances sur les contributions à rentrer. De plus il institua une cour des comptes chargée de contrôler l'administration des finances.

De la sorte, l'Empereur réussit à démontrer à ses sujets que non seulement ses guerres ne leur imposaient pas de nouveaux sacrifices, mais qu'elles pouvaient même, grâce aux succès obtenus, rendre service aux finances de l'État. En effet la situation matérielle du pays s'améliora. Le commerce, il est vrai, souffrait du blocus, toutes les classes de la population étaient atteintes par suite du renchérissement du sucre et du café, mais le fait que les produits manufacturés de l'Angleterre étaient exclus du marché européen servait à relever l'industrie française. Aussi l'espérance de la paix générale et le crédit public consolidé permirent-ils au cinq pour cent d'atteindre, en 1807, le cours de 93 auquel il ne devait plus arriver pendant toute la durée du régime impérial.

Mais Napoléon ne savait que trop bien qu'un peuple dont la civilisation était aussi avancée, n'aspirait pas seulement à la prospérité matérielle, qu'il avait des besoins autres que celui du pain et de l'argent. Il croyait les connaître exactement. Quand en 1797, après la guerre d'Italie, il concentra pour la première fois sa pensée sur cet ordre d'idées et qu'il résolut de devenir le maître de la France, il dit à un homme qui avait toute sa confiance, à Miot, les paroles suivantes : « Il faut aux Français de la gloire, les satisfactions de la vanité, mais de la liberté? ils n'y entendent rien ! » Et depuis lors c'est cette pensée qui inspira tous ses actes. De tous les champs de bataille il leur avait rapporté la gloire de leurs armes et cela avait suffi à l'orgueil national. Il allait à présent fournir de la pâture à leur vanité personnelle. Le 12 août 1807 il adressa une lettre autographe bien remarquable à Cambacérès, dans laquelle il lui disait que, « parce qu'il est dans la nature humaine de désirer laisser à ses enfants une marque de la considération dont on a joui, comme de leur laisser une fortune suffisamment honorable », il se réservait, en plus des duchés fondées l'année précédente, de décerner d'autres titres nobiliaires à ceux qui auraient rendu des services à l'État. Les ministres, sénateurs, conseillers d'État, présidents du Corps législatif et même les archevêques auraient droit au titre de comte qu'ils pourraient transmettre à leur descendance par ordre de primogéniture à la condition d'instituer des majorats dont le chiffre était fixé à trente mille francs de rente; les présidents à vie des collèges électoraux, ceux des cours d'appel, les procureurs généraux et les maires des *bonnes villes* auraient droit à celui de baron et pouvoir fonder également un majorat de quinze mille francs de revenu annuel, les chevaliers de la légion d'honneur pourraient transmettre leur dignité à condition d'instituer une rente de trois mille francs, tandis que les grands dignitaires transmettraient leur titre de prince à condition d'instituer un majorat de deux cent mille francs. Tout cela était diamétralement opposé aux lois réglant l'héritage édictées par le Code Napoléon. Mais l'Empereur chercha à faire accepter la chose par le Sénat en lui montrant qu'à ces dignités héréditaires n'était attaché, pas plus qu'aux nouveaux duchés féodaux, nul privilège politique et que la loi fondamentale de l'égalité était absolument respectée. Les sénateurs alléchés par ce titre de comte donnèrent leur assentiment et en mars 1808 la loi entra en vigueur [1].

Mais ces distinctions accordéees aux fonctionnaires civils n'étaient rien, comparées à celles que Napoléon attribuait à ses compagnons d'armes. C'est alors qu'il commença à accorder les titres italiens à ses maréchaux : Soult fut duc de Dalmatie, Mortier,

[1] Peu après la promulgation du décret instituant la nouvelle noblesse, Napoléon disait à Mme de Rémusat : « La liberté est le besoin d'une classe peu nombreuse, et privilégiée, par la nature, de facultés plus élevées que le commun des hommes. Elle peut donc être contrainte impunément. L'égalité, au contraire, plaît à la multitude. Je ne la blesse point en donnant des titres qui sont accordés à tels et tels sans égard pour la question, usée aujourd'hui, de la naissance. Les titres sont une sorte de couronne civique ; on peut les mériter par les œuvres. D'ailleurs, les hommes sont habiles quand ils donnent à ceux qu'ils gouvernent, le même mouvement qu'ils ont eux-mêmes. Or, tout mon mouvement à moi est ascendant, il en faut un pareil qui agite de même la nation... Ce n'est pas que je ne voie que tous ces nobles, ces ducs surtout que je fais et à qui j'accorde de si énormes dotations, vont devenir un peu indépendants de moi. Décorés et riches, ils tenteront de m'échapper, et prendront vraisemblablement ce qu'ils appelleront l'esprit de leur état. Oh, ils ne courront pas si vite que je ne sache bien les rattraper ».

de Trévise, Savary duc de Rovigo, Bessières d'Istrie, Duroc duc de Frioul, Victor, de Bellune, Moncey de Conégliano, Clarke, duc de Feltre, Caulaincourt, de Vicence, Masséna duc de Rivoli, Lannes, de Montebello, Marmont, de Raguse, Oudinot, de Reggio, Macdonald, duc de Tarente, Augereau, de Castiglione, Bernadotte prince de Pontecorvo; Davout, Ney et Lefebvre s'étaient conquis des titres de ducs en Allemagne, ceux d'Auerstaedt, d'Elchingen et de Dantzick et Berthier avait été nommé prince de Neufchâtel [1]. A ces titres étaient attachés de riches domaines sous forme de majorats et qui furent prélevés sur ceux que l'Empereur s'était réservés en Pologne, en Italie et en Allemagne. Pour le moment l'Empereur distribua onze millions, moitié argent comptant, moitié en titres de rente. Berthier eut un million, Ney, Davout, Soult et Bessières 600.000 francs chacun, la part de Masséna, d'Augereau, de Bernadotte, de Mortier et de Victor fut de 400.000 francs, celle des autres de 200.000 [2].

[1] En plus de ces ducs militaires il en fut créé un certain nombre de civils : Cambacérès fut nommé duc de Parme, Maret, de Bassano, Lebrun, de Plaisance, Fouché, d'Otrante et Champagny, duc de Cadore.

[2] Dans la suite, le revenu des maréchaux fut considérablement augmenté. Berthier par exemple, en sa qualité de prince de Neufchâtel, de vice-connétable, de maréchal et de grand veneur, touchait annuellement 1 million 355.000 fr. Davout, duc d'Auerstasdt prince d'Eckmühl, 910.000, Ney, duc d'Elchingen et, à partir de 1812, prince de la Moskowa, 728.000, Masséna, duc de Rivoli et, depuis 1809, prince d'Essling, 683.000 francs. D'ailleurs, sous l'empire, le minimum du traitement pour les ministres était d'ordinaire de 200.000 francs. Celui du ministre des affaires étrangères était supérieur à ce chiffre. Les ambassadeurs, qui étaient tenus de représenter magnifiquement, recevaient des émoluments les mettant à même de faire une figure convenable. C'est ainsi que ceux de Caulaincourt qui à ce moment-là alla représenter Napoléon en Russie étaient de 7 à 800.000 fr.

L'armée victorieuse ne fut pas oubliée. On lui consacra dix-huit millions dont douze pour la troupe, six pour les officiers. Ceux des soldats qui avaient perdu un membre reçurent une pension de 500 francs, les officiers et les sous-officiers qui s'étaient particulièrement signalés, des titres de rente dont quelques-uns de 10.000 francs. Toutes ces générosités n'avaient d'autre but, cela va de soi, que de s'assurer mieux encore de l'armée, à mesure que le reste de la population s'éloignait de l'Empereur. Celui-ci depuis longtemps cherchait en quelque sorte à dénationaliser l'armée afin qu'elle ne cessât de servir ses visées internationales. C'est pour ce motif aussi, — et non uniquement pour des raisons financières et de haute politique — qu'il laissa la grande armée en Pologne et en Allemagne, pays qu'elle ne devait évacuer que quand la Prusse se serait acquittée ; or la contribution qu'il lui avait imposée était exorbitante. La Garde seule était rentrée en France et les soldats reçurent l'ordre péremptoire de frayer le moins possible avec le civil.

En s'occupant de la prospérité matérielle des Français, en flattant leur gloriole et leur vanité, il croyait avoir assez fait pour cette France qu'il avait un jour, cyniquement, appelé sa maîtresse, une maîtresse fidèle au point de lui sacrifier ses trésors et son sang. Il s'en tenait à son idée que la liberté n'était pas un besoin pour le peuple, mais une prétention pour ceux qu'il nommait dédaigneusement les *idéologues*, ces hommes sur lesquels il faisait retomber toute la responsabilité de l'anarchie révolutionnaire et dont il combattait avec une énergie sans pareille l'influence sur l'opinion publique. C'est pour cela qu'il réglementa la presse et la librairie, que d'année en année il prenait contre elles des mesures plus sévères ; c'est pour cela qu'il s'efforçait de soustraire à la publicité les débats engagés sur les lois qu'il proposait ; c'est pour cela qu'il attentait à la liberté de la magistrature dans le sein de laquelle les adversaires de son système consistant à faire le bonheur du peuple, arbitrairement, sans le consulter, eussent pu trouver un asile ; c'est pour cela enfin qu'il conçut le dessein de préserver les jeunes générations de toutes les atteintes d'un libre développement intellectuel en les soumettant à une méthode d'enseignement uniforme et correct et qu'il déploya dans ce but une activité infatigable qu'on ne saurait négliger dans un tableau historique comme celui que nous esquissons.

Nous connaissons d'ores et déjà l'aversion que lui inspirait Mme de Staël, qu'il relégua loin de Paris et exila finalement. « Cette femme, disait-il, apprend à penser à ceux qui ne s'en aviseraient point ou qui l'avaient oublié. » De Finkenstein, il écrivit à Fouché qu'à sa grande satisfaction, on n'entendait plus parler d'elle [1]. Chateaubriand qui, en 1802, avait dédié son *Génie de Christianisme* « au Restaurateur de la Religion », s'était attiré la disgrâce de Napoléon en se permettant d'élever la voix contre l'exécution du duc d'Enghien et avait dû s'éloigner parce que l'influence qu'il exerçait sur les salons de Paris, où l'on faisait de l'opposition, paraissait dangereuse. Un article sur l'Espagne qu'il publia, peu avant le retour de Napoléon, en 1807, dans le *Mercure de France*, et qui contenait des allusions faciles

[1] Mmes Récamier et de Chevreuse eurent le même sort. Cette dernière ne put pas même revenir à Paris quand, atteinte d'une maladie mortelle, elle voulut consulter son médecin ; elle mourut dans l'exil.

à comprendre, amena la confiscation de ses biens Et s'il ne subit pas un sort plus dur encore, il le dut uniquement à l'amitié de Fontanes qui, comme tant d'autres, avait consenti à mettre son talent au service du tout puissant Empereur. Jacques Delille, l'auteur de l'*Homme des champs*, de l'*Imagination*, le traducteur de l'Énéide, n'échappa aux tracasseries que grâce à la grande considération dont il jouissait et de la nature peu compromettante des sujets qu'il traitait. Son exemple fut suivi par un certain nombre de poètes qui évitaient avec le plus grand soin de s'occuper de n'importe quel problème politique et social et s'en tenaient à des sujets indifférents ou d'ordre inférieur, cherchant une compensation dans l'achèvement de la forme et l'on ne se trompera sans nul doute point en attribuant le prix qu'on attache en France à l'art de bien dire et à la perfection de la forme, en partie du moins, à la compression exercée à ce moment-là sur la pensée et l'imagination. Sur la scène, à laquelle l'Empereur accordait une attention toute spéciale, il ne voulait pas voir des sujets pris « dans des temps trop près de nous » : en tous cas, il fallait qu'ils appartinssent à une époque antérieure à Henri IV dont la popularité lui était franchement désagréable. « Je vois, disait-il un jour, que vous jouez une tragédie de Henri IV. Cette époque n'est pas assez éloignée pour ne point réveiller de passions. La scène a besoin d'antiquité. » Avant d'obtenir de lui l'autorisation de représenter le *Don Juan* de Mozart, il fallut lui prouver qu'il ne présentait aucun danger pour l'*esprit public*. On ne pouvait pas davantage représenter de drames et de comédies dont les sujets étaient modernes « car, dit Mme de Rémusat, on ne voulait pas mettre sur la scène les faiblesses et les fautes des différentes classes de la société, quand toute la société avait été renouvelée par Bonaparte dont il fallait respecter l'œuvre. »

Si la littérature pure était ainsi réglementée, c'était bien pis encore pour la presse. Sous le Consulat, nous avons vu le début de la censure des journaux. Sous l'empire, il n'y avait plus à Paris que quatre journaux indépendants, *le Citoyen*, *le Mercure de France*, *le Journal des Débats* et *le Publiciste*. Rien que les noms déplaisaient à l'empereur qui ne voulait plus entendre parler de citoyens ni de débats et en effet celui-là dut prendre le titre de *Courrier français*, tandis que celui-ci devenait le *Journal de l'Empire*. Ces feuilles étaient sans cesse menacées d'être supprimées. Quand, en 1805, elles se permirent un jour de faire une observation sur le luxe déployé à la cour, on appela les rédacteurs pour leur déclarer de la part de l'Empereur « que le temps de la Révolution était fini et qu'il n'y avait plus en France qu'un parti et qu'il ne souffrirait jamais que les journaux disent, ni fassent rien contre ses intérêts. » Un an plus tard, il écrivait à Talleyrand : « Mon intention est que les articles politiques du *Moniteur* soient faits par les Relations extérieures. Et quand j'aurai vu, pendant un mois, comme ils sont faits, je défendrai aux autres journaux de parler politique autrement qu'en copiant les articles du *Moniteur*. » Les journaux de Paris ne donnèrent plus que des articles insignifiants et cela ne lui alla pas davantage. Il voulait qu'on le louât.

De même qu'il empêchait la littérature et la presse de discuter son gouvernement et de faire entendre leurs critiques, il désirait imposer le silence au seul corps auquel la constitution eût réservé le droit de discussion, au Tribunat. Il voulait la supprimer alors même qu'elle avait lieu toutes portes closes. Aussi fit-il soumettre au Corps législatif dans la dernière séance qu'il tint en décembre 1807, un sénatus-consulte qui prononçait la suppression du Tribunat et en répartissait les membres entre les différentes sections du Corps législatif, tandis que le président passait au Sénat. En outre, l'âge légal pour le Corps législatif était fixé à quarante ans. Napoléon, qui n'était alors âgé lui-même que de trente-huit ans, savait fort bien combien la jeunesse était portée à vouloir réaliser précipitamment les desseins politiques : il ne voulait voir que des hommes mûrs et pacifiques dans ce corps qui ne s'appelait législatif que pour sauver les apparences. C'était sa volonté seule qui donnait des lois à la France et tout le reste n'était que pure forme. Aussi put-il se permettre alors de publier un décret portant atteinte à l'inviolabilité de la magistrature, garantie par la Constitution, car il imposait à tout juge un stage de cinq ans avant d'être déclaré inviolable par une commission de dix sénateurs nommés par l'Empereur. Il put également rétablir les prisons pour délits politiques. Et le Sénat, dans son obséquieuse soumission fonctionnait toujours sans se préoccuper de la réprobation cachée que tous les hommes intègres nourrissaient à l'égard de cette servilité sans bornes. Peu lui importait qu'on dit de lui, ce que le Tibère de M. J. Chénier dit des sénateurs romains :

« Ils cherchent tous les jours leurs avis dans mes yeux,
Réservant aux proscrits leur vénale insolence,
Flattant par leurs discours, flattant par leur silence,
Et craignant de penser, de parler et d'agir
Me font rougir pour eux, sans même oser rougir.

Mais Chénier garda son *Tibère* par devers lui dans ses tiroirs tandis que son *Cyrus* exaltait l'Empereur. On prononçait bien tout bas les mots de despotisme et de tyrannie, mais cela ne tirait pas à conséquence précisément parce qu'on se les disait à l'oreille.

Quand un jour, Suard, l'un des publiciste[illegible] plus en vue, louait devant Napoléon Tacite [illegible] peintures d'empereurs romains, celui-ci lui [illegible]pondit : « Fort bien, mais il devrait nous expliquer pourquoi le peuple romain tolérait et aimait même les mauvais empereurs. C'était là ce qu'il importait de faire connaître à la postérité. » Il indiquait de la sorte ce qui constituait la base de son propre pouvoir, car il savait fort bien que le moment n'était pas venu encore où la France pourrait se passer de lui. Souvent il comparait son gouvernement à celui des empereurs romains, à celui de Dioclétien surtout : « Vous qui savez si bien l'histoire, disait-il à Narbonne en 1814, est-ce que vous n'êtes pas frappé des ressemblances de mon gouvernement avec celui de Dioclétien, de ce réseau serré que j'étends si loin, de ces yeux de l'empereur qui sont partout, et de cette autorité civile que j'ai su maintenir toute puissante dans un Empire tout guerrier ?... J'ai bien des traits communs avec Dioclétien depuis l'Égypte jusqu'à l'Illyrie ; seulement ni je ne persécute les chrétiens, ni je n'abdique l'Empire [1]. » Quand à ce moment-là Mme de Rémusat se plaignait à Talleyrand d'être obligée d'en vouloir à l'Empereur à cause de ses défauts, de la discorde qu'il semait entre les amis, les époux, du parti qu'il tirait des faiblesses de ses serviteurs, les divisant pour pouvoir d'autant plus sûrement les gouverner, et d'être quand même tenue de vivre à sa cour, le ministre qui n'aimait pas le moins du monde Napoléon, lui répondit : « Enfant que vous êtes, que voulez-vous toujours mettre votre cœur dans tout ce que vous faites ? Croyez-moi, ne le compromettez pas à vous affectionner à cet homme-là, mais tenez pour

[1] Villemain, *Souvenirs*, p. 177.

sûr qu'avec tous ses défauts il est encore aujourd'hui très nécessaire à la France, qu'il sait maintenir et que chacun de nous doit y faire son possible... » C'était là le secret de l'Empereur.

Napoléon avait donc bien pris ses dispositions pour qu'aucune désapprobation ne pût nuire à la considération dont jouissait son gouvernement auprès des masses ; il poursuivait depuis longtemps le dessein de mettre les générations grandissantes à l'abri de velléités de ce genre en l'élevant dans le culte de l'impérialisme, à peu près comme les Jésuites avaient imprégné leurs élèves d'ultramontanisme. Sous le Consulat déjà il avait jeté les bases de son système, comme nous l'avons vu alors ; à présent, il allait couronner l'édifice en instituant *l'Université*. Il avait un autre motif encore. En 1804, les grands séminaires diocésains avaient été fondés, conformément aux stipulations du Concordat. Peu de temps après le clergé y avait rattaché les *petits séminaires* qui, tout comme les Lycées officiels, préparaient aux carrières libérales. Ces écoles ecclésiastiques étaient ouvertes à tous, tout comme les écoles [illegible] de l'État et avaient d'autant plus d'élèves que les maîtres savaient déprécier les méthodes officielles et rendre suspecte la moralité des Lycées. Or, Napoléon qui voulait qu'on considérât comme son œuvre personnelle toute l'organisation administrative, ne pouvait tolérer cette critique et il résolut de se débarrasser le plus vite possible de cette concurrence dans l'enseignement des jeunes Français. Le 10 mai 1806, il fit promulguer une loi portant création de l'*Université* impériale ayant seule à donner l'instruction et l'éducation aux jeunes gens. Le 17 mars 1808, le statut tout élaboré fut promulgué sans avoir été soumis au Corps législatif. Dès lors, l'Université comprenait tous les services de l'enseignement public, monopolisé par l'État, depuis les établissements d'instruction primaire jusqu'aux facultés [1]. Elle avait son propre budget constitué à l'aide de 400 millions, en rente française et séparé du budget général, afin que l'instruction n'eût pas à souffrir des embarras passagers des finances de l'État. A la tête de tout le corps enseignant de la France se trouvait un grand maître nommé par l'Empereur ; il était assisté d'un chancelier et d'un trésorier, et en outre d'un conseil de l'Université comprenant trente membres dont dix étaient nommés à vie par l'Empereur tandis que les vingt autres étaient désignés par le grand maître pour un an. Ce conseil élaborait les règlements scolaires, rédigeait les méthodes et manuels et exerçait le pouvoir disciplinaire sur les membres de l'Université, c'est-à-dire sur tout le corps enseignant français. Une partie d'entre eux, les professeurs des lycées par exemple, s'engageaient à rester célibataires. Les professeurs des écoles secondaires étaient formés à l'*École normale*. Ceux d'entre eux qui se signalaient tout particulièrement, le grand maître leur décernait en plus de l'avancement, un titre honorifique en les nommant officiers de l'Université. Toute la France était, par rapport à l'instruction publique, divisée en provinces, dites *Académies ;* à la tête de chacune était placé un recteur assisté d'un conseil académique, celui-là correspondant au grand maître celui-ci au conseil de l'Université [2].

[1] Étaient seules exceptées quelques écoles spéciales supérieures comme l'École polytechnique, organisée militairement, les écoles des arts et métiers et les grands séminaires.

[2] En établissant l'université, Napoléon ne visait que l'instruction à donner aux garçons. Il ne voulait pas entendre parler d'écoles de jeunes filles. « Je ne pense pas qu'il faille s'occuper d'un régime d'instruction pour les jeunes

L'instruction publique était donc tout aussi centralisée et administrée avec le même esprit d'absolutisme que le reste. Des voix se sont élevées depuis, pour faire l'éloge de cette institution, comme d'autres pour la condamner sévèrement. Ce qu'il y a de certain c'est que les jeunes gens des Lycées apprenaient plus que les fils des familles aristocratiques instruits chez eux. Mais les prescriptions uniformes des programmes ne laissaient que peu d'initiative aux maîtres et s'il est vrai qu'une des tâches principales de l'école c'est de développer et de nourrir des talents individuels de façon qu'ils puissent rendre plus tard la plus grande somme de services possible à la patrie, on obtenait ici le résultat contraire et sans doute on voulait l'obtenir. Car, en dernier ressort, cette institution-là ne devait également servir qu'au système personnel de l'Empereur. Quoique l'État eût cédé au corps universitaire la direction des études et se fût ainsi débarrassé d'un lourd fardeau, il n'en gardait pas moins le contrôle de surveillance. Les décisions du grand maître étaient en effet soumises à l'approbation du Conseil d'État qui pouvait les annuler, et dans les départements les préfets visitaient les écoles et adressaient leurs rapports au ministre de l'intérieur. Ce ministère imposa son premier manuel à l'Université : c'était le catéchisme qui avait été, en 1806, rédigé de concert avec le cardinal légat Caprara, que Napoléon avait à plusieurs reprises tiré d'embarras en lui faisant remettre de l'argent. Dans ce caté-

filles, répondit-il quand on le rendit attentif à cette lacune ; elles ne peuvent être mieux élevées que par leurs mères ; l'éducation publique ne leur convient pas, puisqu'elles ne sont pas appelées à vivre en public ». On le voit, Mme de Staël était sans cesse présente à son esprit.

chisme le credo politique des jeunes Français était formulé comme suit :

« Nous devons à Napoléon I notre Empereur, l'amour, le respect, l'obéissance, la fidélité, le service militaire, les tributs ordonnés pour la défense de l'empire et de son trône, des prières ferventes pour son salut et pour la prospérité de l'État. Nous sommes tenus à tous ces devoirs envers lui parce que Dieu, en comblant notre Empereur de dons, soit dans la paix, soit dans la guerre, l'a établi notre souverain et l'a rendu son image sur la terre. Honorer et servir notre Empereur, c'est honorer et servir Dieu lui-même ; nous y sommes tenus spécialement, car il est celui que Dieu a suscité pour rétablir la religion sainte de nos pères et pour en être le protecteur. Il a ramené et conservé l'ordre public par sa sagesse profonde et active, il défend l'État par son bras puissant, il est devenu l'oint du Seigneur par la consécration qu'il a reçue du souverain pontife...» Et à la question : « Que faut-il penser de ceux qui ne rempliraient pas leurs devoirs vis-à-vis de l'Empereur ? » le catéchisme répondait : « Selon saint Paul, ils pécheraient contre les commandements même de Dieu et encourraient les peines éternelles. »

C'était fort beau, pour l'ancien affamé de Valence, le pauvre lieutenant d'artillerie d'être vénéré par le premier des peuples civilisés comme l'*image de Dieu sur la terre.* Mais cela ne lui suffisait pas. Depuis longtemps les limites de son État ne lui paraissaient pas assez étendues, et au fond il voulait être autre chose que la simple image de la divinité. Le jour même de son couronnement, en décembre 1804, il avait dit au ministre de la marine Decrès, qu'il était né trop tard et qu'il n'y avait plus de grandes choses à espérer pour lui, et quand celui-ci lui répliquait qu'il pouvait se tenir pour satisfait : « Ma carrière est belle, j'en conviens, répondit l'empereur ; j'ai fait un beau chemin. Mais quelle différence avec l'antiquité ! Voyez Alexandre : après avoir conquis l'Asie et s'être annoncé au peuple comme fils de Jupiter, à l'exception d'Olympias, qui savait à quoi s'en tenir, à l'exception d'Aristote et de quelques pédants d'Athènes, tout l'Orient le crut. Eh bien ! moi, si je me déclarais aujourd'hui le fils du Père éternel, que j'annonçasse que je vais lui rendre grâces à ce titre, il n'y a pas de poissarde qui ne me sifflât sur mon passage ! Les peuples sont trop éclairés ; aujourd'hui il n'y a plus rien à faire. » Bref, il n'était pas content.

C'est surtout dans son entourage immédiat qu'on s'en apercevait. Depuis l'Impératrice jusqu'au plus infime laquais, toute la cour avait à souffrir de ce perpétuel mécontentement. Joséphine qui se souvenait fort bien du temps où le jeune général regardait son union avec elle comme une fortune inespérée, n'était plus rien à côté de lui ; elle tremblait de le voir recourir au divorce, dont à ce moment-là il se mit à lui parler. Non qu'il désirât se séparer d'une compagne à laquelle il était habitué ; mais c'est à cause de la transmission de sa couronne qu'il voulait contracter un autre mariage. Le fils de Louis, le petit Napoléon, que l'Empereur comptait adopter et que la rumeur publique désignait comme son fils, venait de mourir pendant la dernière campagne ; il avait bien un frère, mais c'était un frêle enfant de deux ans[1] De plus l'alliance avec Alexandre avait fait naître en lui l'idée d'un mariage conforme au rang qu'il occupait, c'est-à-dire avec une

[1] Le troisième fils de la reine Hortense, celui qui fut plus tard l'empereur Napoléon III, n'était pas encore né en 1807.

grande-duchesse russe et l'on prétend qu'il en fut question à Tilsit déjà. Dans cette situation ce n'était pas chose facile pour Joséphine de se maintenir. Elle se fit soumise, souple, dévouée, n'appelait plus l'Empereur, même dans l'intimité, que Votre Majesté ; depuis longtemps elle ne le tutoyait plus et se contentait de dépenser les 600.000 francs d'argent de poche et même plus, comme on lui avait dit de faire ; elle évitait soigneusement d'indisposer le maître redoutable et resta également gracieuse, aimable et insignifiante. Elle donnait à toute la cour l'exemple d'une soumission anxieuse. La crainte qu'elle manifesta lors du retour de Napoléon victorieux est bien caractéristique : « L'Empereur est si heureux, dit-elle, qu'il va sûrement beaucoup gronder. »

Toute la cour, en effet, ne montrait que peur et respect. Depuis la guerre de 1805 Napoléon s'était modifié en ce sens qu'il évitait toute familiarité envers qui que ce fût, qu'il s'entourait d'un cérémonial imposant et que, si par hasard il lui arrivait de prendre le ton de l'intimité, il avait soin d'ajouter quelques paroles bien sèches pour effacer l'effet de celles qu'il avait dites d'abord. Aucun de ses frères n'était autorisé à s'asseoir en sa présence, à lui adresser le premier la parole, aucun d'eux ne le tutoyait plus. Souvent, quand il y avait cercle, plus de cent personnes se trouvaient réunies dont aucune n'osait parler dans l'attente de Sa Majesté qui allait paraître. Si l'Empereur était de mauvaise humeur, parce que les insolents journaux anglais avaient mal parlé du *général Bonaparte*, toute la cour s'en ressentait. Alors il était mal élevé : il disait par exemple à une dame après qu'elle se fût nommée : « Ah bon Dieu ! on m'avait dit que vous étiez jolie, » ou bien à un vieillard : « Vous n'avez pas longtemps à vivre, » et autres aménités de ce genre. Le rêveur mélancolique qu'il était comme Premier Consul s'était transformé en un bourru et il devenait de jour en jour plus difficile de le servir. Sa manière de vivre n'était pas régulière. Souvent il gardait jusque fort avant dans la nuit ses conseillers réunis en séance autour de lui sans ressentir la moindre fatigue. Il se levait fréquemment au milieu de la nuit pour travailler et il dictait à ses secrétaires avec une telle hâte qu'ils ne pouvaient suivre qu'en employant une sorte de sténographie, oubien il restait pendant des heures au bain, habitude que lui avait donnée son médecin Corvisart qui s'imaginait que cela calmerait ses nerfs. Mais ce résultat, il ne l'obtenait pas ; bien au contraire ses nerfs étaient constamment surexcités et souvent il avait des crises de larmes. Le même homme qui se sentait à l'aise au milieu des tracas et des fatigues d'une campagne et qui dans la bataille, même au moment le plus critique, restait absolument impassible, était, une fois dans son palais, hors de lui à la moindre contrariété. Dans son impatience nerveuse il déchira maint habit qui le gênait tant soit peu et c'était l'objet des préoccupations constantes de ses serviteurs qu'il eût des habits d'apparat ne faisant pas un pli. D'ordinaire sa tenue était négligée et maintenant qu'il était devenu corpulent, sa tenue, sa démarche n'étaient rien moins que majestueuses.

Sa cour déployait d'autant plus de magnificence. A son retour il avait reproché à son ministre de la police Fouché, ce *Jacobin enrichi*, comme il disait, de ne pas surveiller convenablement les salons aristocratiques du faubourg Saint-Germain qui faisaient de l'opposition et le tournaient en ridicule. Fouché déclara à la vieille noblesse qu'elle ne pourrait désarmer la colère du tout-puissant qu'en lui montrant de la prévenance et en effet tout un groupe d'hommes, portant les plus grands noms et qui avaient jusqu'alors frondé le gouvernement, se fit présenter à la cour, ce qui rehaussa considérablement l'éclat de celle-ci. Puis plusieurs princes de la Confédération du Rhin vinrent à P. is pour offrir en personne leurs hommages à leur nouveau maître ou pour mendier de nouvelles faveurs. L'un des deux grands-ducs de Mecklembourg s'imagina arriver le plus sûrement à ses fins en faisant ostensiblement la cour à l'Impératrice. Dalberg aussi vint à Paris pour bénir le mariage de Jérôme avec la princesse Catherine de Wurtemberg, le 23 août 1807. Seul de tous les princes allemands il était, dit-on, capable de soutenir une conversation intéressante. Les hommes aussi qui avaient aidé l'Empereur à remporter ses victoires, les maréchaux, venaient pour la plupart à la cour mais non en uniforme, non en guerriers, mais bien en habit de cour, comme des chambellans, car Napoléon n'aimait pas qu'on le fît souvenir de telle heure d'intimité, de tel sacrifice fait au cours d'une campagne. Quelquefois il s'exprimait sur leur compte d'une manière peu flatteuse. « Davout, disait-il, est un homme à qui je puis donner de la gloire, il ne saura jamais la porter : Ney a une disposition ingrate et factieuse. » Bessières, Oudinot, Victor étaient *médiocres*, selon lui. Seul de tous, Lannes continuait à le tutoyer et fin alement Napoléon dut le laisser faire, le sachant ndisp ensable. Avec Lannes, Soult était le seul qui eût le courage de n'être pas de son avis sur les affaires militaires. La plupart des autres, sa puissante personnalité les avait domptés. Vandamne, cet homme si brutal, avoua un jour qu'il se mettait à trembler quand il approchait de *ce diable d'homme* et que Napoléon pouvait le faire passer par le trou d'une aiguille.

A la fin de l'été 1807 la cour était à Fontainebleau. On avait organisé des représentations avec les premiers acteurs de la Comédie Française, des concerts avec les meilleurs chanteurs italiens, des bals, des chasses à courre et autres amusements. Mais on ne s'amusait guère. Napoléon était, comme toujours, accablé de besogne et d'ordinaire de fort mauvaise humeur. « Je vous plains, disait Talleyrand au préfet du palais, M. de Rémusat, il vous faut amuser l'inamusable. » Toute la cour en souffrait. Les cercles où régnait l'étiquette la plus rigide, où l'on observait le plus grand silence, et ces éternelles tragédies, — la comédie étant proscrite — engendraient l'ennui et la fatigue. L'Empereur s'en aperçut bien et en demanda la cause à son illustre diplomate : « C'est que le plaisir ne se mène point au tambour, lui répondit Talleyrand, et qu'ici, comme à l'armée, vous avez toujours l'air de dire à chacun de nous : Allons, Messieurs et Mesdames, en avant, marche ! » C'est que Talleyrand, pouvait se permettre bien des choses. Napoléon disait que c'était le seul homme avec lequel il pût causer. Seulement, pour rien au monde il n'eût voulu qu'on le crût indispensable, et on avait l'air de le croire depuis les traités de Tilsit. Aussi lui donna-t-il, après la guerre, la dignité de vice-grand électeur avec de riches revenus, mais en lui retirant le portefeuille des affaires étrangères — sa dignité nouvelle et cette fonction étant incomptatibles — qui passa à Champagny jusqu'alors ministre de l'intérieur. Talleyrand devait continuer à être le conseiller intime de l'empereur et en effet on voyait tous les soirs à Fontainebleau le pied-bot entrer dans le cabinet du maître, dont il ne sortait qu'au bout de longues heures.

C'est qu'il y avait en effet de graves affaires à débattre.

Au milieu des fêtes de Fontainebleau vint éclater une nouvelle qui remplit d'horreur le monde entier et qui était de la plus haute importance pour Napoléon et les desseins qu'il poursuivait : la flotte anglaise avait assailli subitement le Danemark, puissance neutre et un corps expéditionnaire avait été débarqué. Pendant trois jours, du 2 au 5 septembre 1807, Copenhague avait été bombardée et la flotte danoise enlevée. Personne ne s'était attendu à une action aussi rapide et aussi brusque de la part de ces Anglais sans cesse hésitants, même pas Napoléon. On apprit, il est vrai, que peu après la conclusion du traité secret d'alliance à Tilsit le gouvernement anglais en avait eu connaissance par suite d'une indiscrétion ; il avait compris qu'on forcerait sous peu le Danemark à accéder au blocus, et que sa flotte servirait à fermer aux navires anglais l'accès de la mer Baltique. Le ministère avait paré ce coup en commettant son attentat sur Copenhague. Le prince régent de Danemark, l'énergique Frédéric, qui gouvernait en lieu et place de Christian VII tombé en enfance, conclut il est vrai, une alliance avec la France, mais il n'avait plus de flotte et le passage du Sund restait ouvert aux Anglais.

La conduite tenue par les Anglais résolvait une des deux grandes questions que l'alliance de Tilsit avait laissées ouvertes : il ne pouvait plus être question d'une entente pacifique entre la Grande Bretagne et le continent dominé par Napoléon. La Russie devait considérer comme finie la mission qu'elle avait assumée d'intervenir comme médiatrice afin d'amener la paix ; il lui fallait déclarer la guerre aux Anglais comme elle s'y était engagée par le traité d'alliance. C'est ce qu'elle fit le 7 novembre 1807. Le czar ne s'y était pas décidé d'un cœur léger car son empire ne pouvait se passer des relations commerciales avec les insulaires. La fortune de la Russie c'était l'exportation de ses riches produits agricoles et sylvestres, exportation qui se faisait par l'intermédiaire des Anglais qui étaient à même de le faire le plus facilement et le plus économiquement et, d'autre part, l'absence de toute industrie en Russie rendait cet État tributaire de la fabrication anglaise. La partie de la nation que cet état de choses atteignait d'une façon immédiate, en première ligne, la noblesse terrienne, puis les négociants, et les financiers se vit menacée de pertes énormes ; l'armée, qui d'abord avait désiré la paix, déclarait qu'elle ne voulait pas avoir répandu son sang uniquement pour causer la ruine du pays ; bref, l'opposition contre le blocus continental fut presque universelle et sur certains points elle se manifesta avec une franchise qui donnait à réfléchir. C'est cette opposition qui, plus tard, fut en grande partie cause de la rupture avec Napoléon. Pour le moment il est vrai, Alexandre, convaincu que de longtemps on ne pourrait reprendre la lutte contre le tout-puissant avec quelque chance de succès, maintint sa volonté d'autocrate, quoique dans son for intérieur il ne ressentît que peu de confiance en son grand allié [1]. L'essentiel pour lui était que cette alliance lui fournissait le moyen de s'assurer la possession des principautés danubiennes, de la Moldavie et de la

[1] En novembre 1807 il avait répondu à l'envoyé prussien, Schöler, qui lui disait de ne pas trop se fier à Napoléon, que vis-à-vis de cet homme il ne pouvait pas du tout être question de confiance.

Valachie, comme de la Finlande, encore suédoise.

Aussi quelques jours à peine s'étaient écoulés depuis sa rupture avec l'Angleterre, qu'il demanda à l'ambassadeur français à Saint-Pétersbourg, Savary, en termes formels, que ces deux principautés fussent réunies à la Russie et qu'on procédât au partage de la Turquie, dont l'idée avait été émise à Tilsit. Car la médiation française, qui formait une des clauses du traité d'alliance, entre la Russie et la Turquie, afin d'amener la paix entre les deux puissances, n'avait pas abouti. Le 29 août 1807 on avait, à la vérité, signé à Slobosia des préliminaires, mais le czar avait refusé de les signer, vu qu'il n'y était pas question de lui céder les deux principautés.

C'était cette question en effet qui allait bien vite diviser les alliés, non pas ouvertement mais en secret. Napoléon était tenu au courant de l'opposition qui se manifestait en Russie par Savary qui venait d'être remplacé, en décembre, à Saint-Pétersbourg par le *Grand-Ambassadeur* Caulaincourt, de plus par Soult et Davout qui étaient restés postés en Pologne avec leurs corps d'armée. Il savait pour l'avoir éprouvé lui-même, avec quelle facilité le czar pouvait être amené à suivre un courant politique diamétralement opposé. Il ne lui était donc pas permis de ne pas faire entrer dans ses combinaisons l'hypothèse d'un changement de système sur les bords de la Néva. Nous savons d'ailleurs qu'il avait pour principe de traiter ses amis comme des gens qui d'un moment à l'autre pouvaient devenir des ennemis. Et n'était-il pas possible que la Russie, vu les circonstances, d'amie devînt ennemie? Allait-il procurer à une telle alliée un accroissement de puissance, allait-il aider le czar à s'emparer des principautés danubiennes et à obtenir de la sorte une influence immédiate sur les affaires d'Orient, qu'il désirait diriger lui-même? Nullement. Il refusa péremptoirement de procéder au partage de la Turquie ; d'abord, l'Angleterre, disait-il, prendrait sûrement la part du lion en s'annexant l'Égypte, Chypre etc. ce qui eût rendu inattaquable sa position dans l'Inde et anéanti ses vastes desseins à lui.

Il alla plus loin, il déclara qu'il était indispensable — d'ailleurs il avait encore d'autres raisons pour cela — que son armée restât postée le long de la frontière russe pour l'observer et il retarda l'évacuation du territoire prussien en exigeant sans cesse de nouvelles contributions, de cet état qui n'était pas à même de la satisfaire [1]. Mais il y avait encore autre chose.

En Turquie aussi, nous avons vu se produire un courant d'opinion opposé à la France ; déjà la Porte faisait des avances à l'Angleterre et menaçait de s'entendre avec cette puissance. Si cette entente se produisait, le commerce anglais qui devait être exclu de l'Europe entière, trouvait de vastes débouchés. Cela ne pouvait être. Il fallait que la presqu'île des Balkans subît absolument l'influence française. C'est pour cela qu'il avait demandé Corfou ; c'est

[1] Dans une convention, signée le 12 juillet 1807, le négociateur prussien, général Kalkreuth, s'était laissé imposer par le négociateur français cette clause que la Prusse serait évacuée, à la vérité, dans de certains délais et par étapes fixées d'avance, mais que les troupes ne se mettraient en mouvement que quand l'indemnité serait payée ou après que des garanties suffisantes eussent été fournies. Or cette indemnité avait été, sur l'ordre de Napoléon, arbitrairement fixée à plus de 150 millions et il n'était pas à prévoir que Frédéric-Guillaume III pût jamais remplir cette seconde condition des garanties.

pour cela encore qu'il y fit élever des fortifications en toute hâte et qu'il donna l'ordre, à son ministre de la marine, quand il eut connaissance de la déclaration de guerre lancée par la Russie contre l'Angleterre, de réunir une flotte avec laquelle il voulut derechef conquérir Malte et la Sicile en fermant aux Anglais l'entrée occidentale de la Méditerranée par une attaque dirigée contre Gibraltar ; c'est pour cela qu'il demanda au sultan libre passage pour les troupes de Dalmatie par l'Albanie et qu'il renforça le corps de Dalmatie. C'était demander beaucoup à la Turquie. Lui demander plus, c'eût été la pousser à prendre parti pour l'Angleterre. Et ce résultat eût été amené sans nul doute si on l'avait sommée de livrer les principautés à l'ennemi héréditaire. Il se peut que Napoléon ait le premier mis sur le tapis, à Tilsit, comme Alexandre l'assura plus tard, l'idée de la cession de ces principautés ; mais en tout cas il ne l'avait fait que pour gagner le czar à son système anti-anglais. Ce but était atteint puisque celui-ci avait déclaré la guerre à Georges III et il n'y avait plus lieu de tenir compte de cette promesse. Tout au contraire, Napoléon fit, sur le grand échiquier de la politique, deux coups qui paralysèrent la Russie en Orient.

D'abord il se déclara — tout en protestant de son amitié pour le czar — prêt à procurer les principautés danubiennes à la Russie, mais à la condition qu'elle l'autorisât à s'annexer la Silésie prussienne ; il ajoutait que si le czar ne retirait pas ses troupes de la Valachie, les siennes continueraient à occuper l'Allemagne. Or, la Russie ne pouvait pas décemment prêter la main à la spoliation de la Prusse dont elle s'était déclarée la protectrice ; elle refusa et laissa ses divisions sur le Danube, ce qui permit à Napoléon de parler à Constantinople de ses bons offices et des méchants Russes qui ne voulaient pas de la paix et de la sorte il obtint que la Turquie effectivement fermât ses ports aux Anglais.

Puis il fit ce second coup : Gustave IV, soit par crainte d'avoir le même sort que le Danemark, soit par haine personnelle pour Bonaparte et son système, était resté l'allié de l'Angleterre. Napoléon rappela au czar la clause de leur traité d'alliance où ce cas était prévu et insista auprès de lui pour qu'il déclarât la guerre à son beau-frère, le roi de Suède, et conquît la Finlande ; il se déclarait prêt à l'aider, disant que Bernadotte, dont le corps d'armée était stationné dans le Holstein, avait ordre de se tenir prêt à cet effet. Le czar, quoiqu'il tînt plus aux principautés qu'à la Finlande, accepta quand même la proposition et tandis qu'à Saint-Pétersbourg son ministre faisait à l'envoyé suédois de vaines assurances, les troupes russes franchirent soudain la frontière finlandaise dans la dernière semaine de février 1808. Le czar, sûr de l'appui français, s'était figuré que la conquête serait facile ; aussi n'avait-il pas affaibli ses troupes postées sur le Danube. Mais il en fut tout autrement. Les Suédois, soutenus par les Anglais, résistèrent avec succès, le czar se rendit compte des difficultés que présentait l'entreprise, il renforça le corps expéditionnaire et comme la présence des Français en Prusse ne lui permettait pas de dégarnir la Pologne, il fut contraint de faire revenir ses troupes des principautés et, du coup, il renonçait, pour le moment, à conquérir celles-ci. Il n'eût pas été obligé de prendre cette mesure si Bernadotte avait réellement fourni l'assistance promise. Mais il n'en fit rien. Le but de Napoléon était d'engager tellement Alexandre en Finlande qu'il fût forcé, de lui-même, d'abandonner son entreprise contre la Turquie. Le czar se plaignit à Caulaincourt de ce que le maréchal Bernadotte n'eût pas continué à marcher en avant quoique la France se fût engagée à soutenir efficacement la Russie contre la Suède. L'ambassadeur répondit que la difficulté que présentait le passage du Belt était la seule cause de l'inaction du corps d'armée français. Mais ce n'était pas là la vraie réponse à la plainte du czar. Il eut pu la lire dans une lettre du 25 avril où Napoléon disait à Talleyrand : « Vous comprenez bien que, dans le fait, je ne pouvais pas aussi légèrement porter mes soldats contre la Suède, et que ce n'est pas là que sont mes affaires. » Par contre il donnait l'ordre de concentrer les divisions françaises en Pologne et en Prusse et de fortifier solidement le point stratégique du confluent du Bug et de la Vistule à Modlin, pour être prêt à toute éventualité. Le mécontentement dans les pays de son allié du Nord allait sans cesse en augmentant et l'on ne pouvait savoir ce qui arriverait d'un jour à l'autre. Dans l'intervalle il donna pour instruction à son ambassadeur à Saint-Pétersbourg, Caulaincourt, de ne pas refuser franchement de discuter le partage de la Turquie, mais de réserver la solution pour une nouvelle entrevue entre les deux empereurs. De la sorte il leurra la Russie.

Pour se rendre un compte exact du procédé de Napoléon vis-à-vis des autres puissances de l'Europe, il faut avoir présente à l'esprit la conduite qu'il tenait vis-à-vis d'Alexandre et que nous venons d'indiquer. La Prusse et l'Autriche subissaient forcément son influence car l'occupation sans cesse prolongée de l'Allemagne du nord-est ne tenait pas seulement en échec la Russie, elle constituait en même temps une menace et une entrave pour la politique de ces deux puissances. A peine en effet Alexandre eût-il lancé son manifeste contre l'Angleterre que la cour prussienne de Memel dut aussi rappeler son envoyé de Londres. En février 1808, Napoléon déclara sans ambages au frère de Frédéric-Guillaume, à Paris, que la question de l'évacuation de la Prusse figurait au nombre des grandes combinaisons de la politique générale et qu'elle n'était nullement une question d'argent, ce qui revenait à dire que le roi, même s'il donnait satisfaction à toutes les exigences de la France, n'en verrait pas moins son territoire indéfiniment envahi.

Vis-à-vis de l'Autriche Napoléon usa de procédés un peu moins sommaires. Cet État avait, au cours des deux dernières années, achevé sa réorganisation militaire et malgré sa détresse financière il n'avait pas diminué l'armée. Il fallait donc avoir certains égards pour lui. Mais ce n'était qu'une pure formalité quand Napoléon invita l'empereur François à se charger du rôle de médiateur entre l'Angleterre et lui. Il lui demandait d'exiger de celle-ci qu'elle rendît la flotte danoise et de rappeler son ambassadeur en cas de refus. Au fond c'était un ordre auquel la cour de Vienne, enserrée entre les deux alliées, la France et la Russie, et menacée du côté du nord par l'armée française, était bien contrainte d'obtempérer. En conséquence, le comte Starhemberg demanda en janvier 1808 ses passe-ports à Londres, et ce ne fut que sous le sceau du secret le plus absolu qu'il put dire aux ministres de Georges III que, malgré, tout on restait fidèle à l'Angleterre. On dut s'estimer heureux qu'en octobre les Français eussent enfin condescendu à évacuer Braunau. Ils allaient d'ailleurs se rattraper en Italie où l'on régla la question des frontières tout à fait au détriment de l'Autriche. On parla bien à Vienne d'ouvertures que la France aurait faites à ce sujet, d'un partage de la

Turquie auquel l'Autriche eût été appelée à participer. Napoléon avait, il est vrai, admis la possibilité d'un tel partage et, lui avait promis, comme à la Russie, sa part du gâteau ; mais l'Empereur n'avait poursuivi d'autre but que d'exciter l'une contre l'autre les deux puissances, la Turquie constituant pour l'avenir une excellente pomme de discorde, afin de faire servir et l'une et l'autre à sa politique personnelle. Et quand on voit le ministre Stadion se flatter de l'espoir d'obtenir un beau lopin comprenant la Bosnie, la Serbie, un bout de la Bulgarie et une bande de territoire aboutissant à Salonique et que l'on considère les promesses faites en même temps à la Russie, on ne peut s'empêcher de sourire en voyant que le procédé du Corse lui réussissait immanquablement et qu'il parvenait toujours à appâter les bonnes gens.

S'il était permis à Napoléon d'imposer de la sorte ses volontés aux grandes puissances, il se montrait bien plus impérieux, il avait bien moins d'égards encore vis-à-vis des États de moindre importance qui ne pouvaient songer à lui résister. Il y avait d'abord l'Italie. Les Anglais avaient trouvé le moyen de créer un dépot de marchandises dans le port de Livourne. Elles y arrivaient sous pavillon américain, y étaient enmagasinées et puis expédiées au nord, quelquefois jusqu'à Leipzig. La reine-veuve d'Etrurie qui était assez imprudente pour s'entourer de personnages aux tendances anti-françaises, déclarait ne pas pouvoir fermer son port à un pavillon neutre. Là-dessus Napoléon ordonna, vers la fin du mois d'août 1807, au général Miollis d'entrer en Toscane avec 6.000 hommes, il fit confisquer toutes les marchandises anglaises et peu après annoncer à la reine qu'elle devait céder son pays à la France qui lui trouverait dans la presqu'île ibérique une compensation au sujet de laquelle on s'entendrait avec l'Espagne. Le 30 mai 1808 la Toscane fut déclarée, tout comme la Corse et l'île d'Elbe, terre française et divisée en trois départements.

Il n'y avait plus en Italie qu'un seul petit État qui bravât Napoléon et refusât d'accéder à son système, c'était celui du Pape. Cet État était baigné par deux mers et si le système du blocus continental devait être appliqué dans toute sa rigueur, il n'en pouvait rester excepté. Nous avons vu que dès avant la dernière guerre les relations entre le Pape et l'Empereur étaient fort tendues. Pendant la guerre, l'envoyé français, Alquier, avait fait tous ses efforts pour décider le Saint-Père à reconnaître Joseph comme roi de Naples et à accéder à ce que l'on appelait la Fédération italienne sous la suzeraineté de Napoléon, c'est-à-dire à une alliance offensive et défensive avec Naples et le royaume d'Italie. Mais il n'y était pas parvenu. Le Pape ne voulait reconnaître Joseph que si on lui garantissait, à lui, son indépendance et sa neutralité, c'est-à-dire qu'il ne voulait pas entrer dans la ligue dirigée contre l'Angleterre. Sur son refus, Napoléon avait écrit, de Dresde, le 22 juillet 1807, une lettre à Eugène Beauharnais, dont celui-ci devait donner communication à Pie VII. « Le pape actuel, y disait-il, est trop puissant. Les prêtres ne sont pas faits pour gouverner. Pourquoi le pape ne veut-il pas rendre à César ce qui est à César ? Est-il sur la terre plus que Jésus-Christ ? Peut-être le temps n'est pas loin, si l'on continue à troubler les affaires de mes Etats, où je ne connaîtrai le pape que comme évêque de Rome, comme égal et au même rang que les évêques de mes États. Je ne craindrai pas de réunir les églises gallicane, italienne, allemande et polonaise dans un concile, pour faire mes affaires sans pape. » Le même jour

Talleyrand adressait des instructions d'un caractère plus pratique à l'ambassadeur français à Rome portant que celui-ci devait demander au pape qu'il fît entrer vingt-quatre Français dans le Sacré Collège et qu'il donnât pleins pouvoirs à son légat de Paris, Caprara, de conclure une convention réglant toutes les questions religieuses. Le pape refusa l'un et l'autre. Par contre la Curie dépêcha à Napoléon le cardinal Bayanne, nommé également sur la proposition de la France, afin d'apaiser le tout-puissant empereur et de lui accorder au besoin ce qu'on avait refusé il y avait un an à peine, de le couronner comme Empereur d'Occident, mais non l'augmentation du nombre des cardinaux et l'entrée dans la Fédération. Mais c'est précisément là ce que voulait Napoléon dont nous connaissons les desseins dans la Méditerranée.« Ce qui lui importe, disait Champagny dans une lettre adressée à Caprara, ce qui lui importe, c'est que le Souverain temporel de Rome marche avec la France, que, placé au milieu du grand Empire, environné de ses armées, il ne soit pas étranger à ses intérêts, à sa politique... C'est l'intérêt de l'humanité, c'est la voix de 60 millions d'hommes qui lui crient : Forcez l'Angleterre à vivre en paix avec nous, à nous rendre nos ports, nos côtes, nos vaisseaux, nos relations maritimes et commerciales... Si seul sur le continent, le pape voulait leur rester attaché, le devoir du chef de l'empire ne serait-il pas de réunir immédiatement à l'empire cette partie de ses domaines qui s'en isole par sa politique, et d'annuler la donation de Charlemagne dont on fai une arme contre son successeur... L'Empereur ne réunirait à son empire que les légations d'Urbin, de Macerata et d'Ancôme. » C'était là l'essentiel, l'accessoire, c'était la suppression des ordres religieux en Italie, l'augmentation du nombre des cardinaux français et l'accession de la Vénétie au concordat italien.

La menace d'annexer les trois légations produisit la plus pénible impression à Rome. Pie VII n'avait-il pas, il y avait à peine trois ans de cela, fait le long et pénible voyage de Paris, ne s'y était-il pas tant soit peu discrédité aux yeux du monde catholique, uniquement pour recouvrer les territoires de Bologne et de Ferrare ainsi que les Romagnes, qu'on lui avait enlevés, et voici qu'il allait de nouveau perdre une portion de ses États et précisément celle qui rapportait le plus. Les cardinaux — c'étaient eux-mêmes qui pour ne pas perdre leurs revenus, lui avaient alors conseillé d'aller couronner Napoléon, le pressèrent cette fois encore et pour le même motif, de céder de nouveau. Il s'y décida finalement et se déclara prêt à faire cause commune avec la France contre l'Angleterre et à recevoir des garnisons françaises à Ancône et à Civita Vecchia. Mais Napoléon s'était sans doute attendu à voir céder la curie. Il la prévint. Sans attendre qu'elle eût pris sa résolution, il donna, dans les premiers jours de décembre 1807, l'ordre au général Lemarrois d'entrer immédiatement dans les trois légations, tandis qu'à Paris il parvenait à faire signer au cardinal Bayanne une convention où il lui concédait tout ce qu'il demandait même par rapport au Sacré Collège qui, à l'avenir, devait comprendre un tiers de cardinaux français. Le but secret qu'il poursuivait en agissant de la sorte était de forcer le pape à ne plus se montrer conciliant, à lui résister afin de pouvoir occuper tous ses États. Il l'atteignit. Pie VII profondément blessé de l'occupation arbitraire de ses provinces orientales, non seulement refusa de ratifier cette convention, mais déclara en outre qu'il n'accédait plus à la fédération dirigée contre l'Angleterre.

Napoléon était arrivé à ses fins. Il pouvait avec quelque apparence de raison signaler au monde entier le pape comme entravant sa grande œuvre pacificatrice. C'était là un motif suffisant pour Charlemagne deuxième du nom de révoquer la donation de Charlemagne I. A la fin de janvier 1808, le général Miollis reçut l'ordre d'occuper Rome. Il y entra le 2 février. Il avait pour instructions d'expulser tous les prélats non romains, d'incorporer les bataillons pontificaux dans l'armée française, de dissoudre les gardes nobles du Saint-Père et de prendre en main l'administration du pays. Tout cela était accompli dès le mois d'avril et les États du pape n'étaient guère plus qu'une province française.

A ce moment-là Napoléon se trouvait à Bayonne. Il y avait été amené par une affaire politique d'une portée historique énorme. Elle concernait l'Espagne. Le roi Charles IV avait végété jusqu'alors dans son incapacité, la reine dans son ignominie, le peuple dans la pauvreté et au milieu des exactions, le tout sous le gouvernement du prince de la Paix qui subissait sans regimber l'hégémonie de l'État voisin. Sur l'ordre de Napoléon, l'Espagne un beau jour s'était trouvée en guerre avec l'Angleterre; elle avait perdu ses navires, son commerce, une partie de ses colonies afin de sauver son existence que la France menaçait et qu'il fallait acheter en payant sans cesse de nouveaux tributs exorbitants en argent et en hommes. Pendant un instant, au moment où Napoléon commençait la guerre avec la Prusse, il avait semblé que la cour de Madrid allait se montrer moins soumise. L'ambassadeur russe cherchait à la gagner à la cause de la coalition, tandis que les Anglais cherchaient à fomenter la revolte dans les colonies espagnoles de l'Amérique du sud. Le sort du Bourbon de Naples, Ferdinand IV, frère du roi d'Espagne, contribua à rendre Napoléon plus terrible encore et quand on le vit engager la lutte contre la célèbre armée prussienne, la cour de Madrid commença à armer, dans l'espérance qu'il essuierait une défaite ; dans un manifeste lancé prématurément, on parlait en termes ambigus de la nécessité d'engager la lutte. Mais ce factum portait une date fatale, celle du 14 octobre, jour où fut livrée la bataille d'Iéna. La nouvelle de cette éclatante victoire mit fin à toutes les velléités de résistance, la mobilisation qui disait-on à l'ambassadeur français, était dirigée contre le Portugal, fut interrompue et le prince de la Paix se remit à prodiguer à la France ses assurances de dévouement.

Mais le diplomate français avait parfaitement suivi toute la marche de l'affaire et saisi sa portée Il en fit un rapport ; l'Empereur lut la dépêche et le fameux manifeste à Berlin et cela juste au moment où il se croyait sur le point de conquérir l'hégémonie et où il allait frapper les derniers coups dans l'est pour se l'assurer. Des témoins oculaires nous disent que l'émotion le fit pâlir. Mais il sut se contenir. Ni dans ses paroles, ni dans ses actes il montra à l'Espagne qu'il avait eu — en grande partie aussi par les rapports de l'ambassadeur prussien à Madrid qui avaient été interceptés, — connaissance du changement de front qu'on avait été sur le point de faire. Il accepta pour de l'argent comptant les assurances de dévouement qu'on lui renouvelait et bien vite il allait en tirer parti. Il exigea que 15.000 hommes, des troupes mobilisées vinssent occuper les bouches de l'Elbe pour prendre part à la lutte contre l'Angleterre, il exigea que le décret du blocus continental fût strictement exécuté, que la flotte espagnole fût réunie à la sienne dans le port de Toulon et imposa à la cour de Madrid une agréable corvée, celle de nourrir 25.000 prisonniers prussiens. S'il y avait eu en Espagne un gouvernement fort et populaire, il eût pu, à ce moment là, ouvrir ses ports à l'Anglais et se déclarer contre la France. On put bien voir dans les années qui suivirent que les forces pour la résistance ne faisaient pas défaut à l'Espagne et qui sait quel effet n'eut pas produit après la bataille indécise d'Eylau, la défection de l'Espagne. Mais le gouvernement était faible, de plus très impopulaire; Godoy et la reine criminelle étaient bonnement haïs, seul le prince royal était sympathique à la nation, ne serait-ce que parce que sa mère et le premier ministre cherchaient à l'exclure de la succession au trône. Ce fut sur cet antagonisme entre le gouvernement et la population et entre le ministre et le prince royal, que Napoléon tablait lorsqu'il conçut le dessein de subjuguer totalement l'Espagne. La question de savoir comment on s'y prendrait méritait réflexion. Talleyrand eût été d'avis de faire épouser au prince royal une princesse française — une Tascher peut-être, et de faire entrer de cette manière l'Espagne dans le système fédératif de l'hégémonie française. Mais l'Empereur avait d'autres vues. Il se peut que, depuis le jour où il avait lu le manifeste de Godoy, il eût formé le dessein d'enlever ce trône-là aussi aux Bourbons et d'y faire monter l'un ou l'autre des membres de sa famille. Il atteignit son but par des voies détournées. Le Portugal fut son premier jalon.

A Tilsit on était convenu, par rapport à la cour de Lisbonne, qu'on la sommerait de déclarer la guerre à l'Angleterre et qu'on traiterait le royaume en ennemi, s'il répondait à cette sommation par un refus. L'Espagne devait prendre part à la guerre. C'était exiger beaucoup, car le prince royal de Portugal, Jean, qui était régent du royaume, la reine sa mère étant folle, se trouvait être le gendre de Charles IV. Malgré cela, l'envoyé espagnol à Lisbonne s'associa à celui de la France, quand celui-ci exigea que les ports fussent fermés aux Anglais, que l'envoyé Anglais fût renvoyé et même que tous les Anglais établis dans le royaume fussent jetés en prison et que leurs biens fussent confisqués. Par suite d'un accord secret avec le cabinet anglais, le ministre portugais dans sa réponse accordait la fermeture des ports et l'arrestation des étrangers qu'on fit d'ailleurs avertir sous main pour qu'ils s'éloignassent au plus vite. Napoléon qui ne s'était montré si exigeant que pour qu'on lui répondit par un refus, se montra fort mécontent de n'en avoir pas essuyé. Il se décida à agir. Le 30 septembre 1807, les deux agents diplomatiques, le français et l'espagnol, quittèrent Lisbonne et le 18 octobre 20.000 hommes commandés par Junot franchirent la frontière pour se diriger sur le Portugal ; le 27 octobre, la France et l'Espagne signèrent à Fontainebleau un traité secret portant que le Portugal, une fois conquis, serait divisé en trois parts dont l'une, celle du nord serait donnée, sous le nom de royaume de Lusitanie du Nord à la reine d'Étrurie pour la dédommager de la Toscane, tandis que la partie sud comprenant les provinces d'Alemtejo et des Algarves, formerait la principauté des Algarves et serait donnée à Godoy, celle du centre restant aux mains de la France jusqu'à la paix générale. On se proposait en outre de partager les colonies portugaises et le roi d'Espagne devait prendre le titre d'empereur d'Amérique. Pour ce traité, Napoléon avait, de parti pris, évité de recourir à Champagny, son ministre des affaires étrangères ; Duroc reçut l'ordre d'apposer sa signature au bas du factum. Talleyrand non plus ne fut pas mis au courant. Murat seul était initié ; il entrevoyait la possibilité d'obtenir enfin une couronne de roi. On était sûr que le traité serait ratifié à Madrid du moment que Godoy y était intéressé, or celui-ci, dès avant la dernière guerre, avait en vain cherché à décider l'Empereur à lui faire un établissement aux dépens du Portugal. A la même date, on régla, par une convention spéciale, la partie militaire de l'entreprise. La France devait faire passer 30.000 hommes sur le territoire espagnol pour marcher sur Lisbonne, tandis que 16.000 Espagnols occuperaient les provinces du nord et du sud. Dans un article spécial, la France se réservait le droit de rassembler en outre, une armée de 40.000 hommes à Bayonne ; ils ne devaient intervenir que si les Anglais faisaient mine de débarquer des troupes dans le Portugal.

En voyant ce dont il était menacé, le prince Jean s'était demandé pendant un moment s'il ne ferait pas mieux de se soumettre absolument à Napoléon. Le *Moniteur* le prévint. En effet, à la date du 13 novembre 1807, on y lisait ceci : « Le prince Régent de Portugal perd son trône. La chute de la maison de Bragance sera une nouvelle preuve que la perte de quiconque s'attache aux Anglais, est inévitable. » Il n'avait plus d'autre alternative que de fuir, car son petit pays était incapable de soutenir seul la lutte contre la France et l'Espagne. Le 27 novembre 1807, la famille royale s'embarqua pour se rendre au Brésil. Quelques jours plus tard Junot arrivait avec une poignée de soldats harassés devant la capitale qui n'avait plus de maître et qui ne songeait pas à résister, et le drapeau portugais disparut de la citadelle pour faire place aux trois couleurs.

Le traité de Fontainebleau est important au poin

de vue historique, non pas tant à cause des engagements politiques qu'à cause des clauses militaires qu'il contient. Les troupes espagnoles de l'intérieur sont dirigées vers l'ouest, ce qui revient à dire qu'une armée française va pouvoir marcher sur Madrid sans rencontrer de résistance vigoureuse. Et c'était là, en effet, le dessein de Napoléon. La situation telle qu'elle était à la cour de Madrid fut en grande partie cause qu'il put le mettre à exécution. A ce moment-là même, les dissensions intestines atteignaient le plus haut degré d'intensité. Le prince royal Ferdinand conspirait contre Godoy et sa mère afin d'arriver au gouvernement. Le complot fut découvert et le roi déclarait dans un manifeste que son fils était coupable du crime de lèse-majesté. De part et d'autre on s'adressa à Napoléon pour lui demander « conseil ». Celui-ci crut le moment venu d'agir ; il exhorta Charles IV à ne pas entraver l'importante expédition du Portugal par des querelles de palais. En même temps, il donnait au porteur de sa réponse la mission secrète de lui fournir des renseignements sûrs tant sur l'opinion publique que sur les forces espagnoles et l'état des places fortes. Le même jour (13 novembre 1807), le général Dupont qui commandait le deuxième corps expéditionnaire français, fort de 40.000 hommes, reçut l'ordre de franchir la frontière espagnole et de s'avancer jusqu'à Vittoria, quoiqu'il n'y eût pas trace de débarquement anglais. Dans les premiers jours de décembre, l'Empereur partit pour la Haute-Italie afin d'avoir, à Venise, une entrevue avec son frère Joseph et de lui offrir la couronne d'Espagne ; à Tilsit, les deux empereurs en avaient déjà parlé entre eux, sous le sceau du secret, si bien que Joseph dépêcha auprès d'Alexandre une personne de confiance pour se recommander à lui dans le poste nouveau qu'il allait occuper[1].

Dans le courant de décembre et de janvier 30.000 Français entrèrent en Espagne; ils prirent d'abord position à Valladolid et Burgos. Murat prit le commandement supérieur de ces forces. Personne ne connaissait leur destination. Le peuple espagnol croyait qu'elles venaient pour placer le prince royal sur le trône et pour renverser Godoy qu'il détestait; aussi furent-elles accueillies avec joie. Ferdinand lui-même partageait cette manière de voir. Charles IV, au contraire, écrivit une lettre par laquelle il demandait bien timidement des explications. Dans sa réponse, Napoléon disant tout le contraire de la vérité, déclara que ces forces avaient pour mission d'empêcher une descente des Anglais et qu'en conséquence elles marcheraient sur Cadix. Godoy qui voyait bien où il voulait en venir, conseilla au roi de fuir dans les provinces du sud. Mais quand la cour se disposa à partir, le peuple s'imagina que Godoy voulait de la sorte rendre impossible le changement de système que Napoléon proposait de faire; la foule se porta à Aranjuez où était la cour et contraignit le roi à congédier son ministre et à abdiquer en faveur de son fils.

Ceci contrecarrait les desseins de Napoléon. Il avait nourri l'espoir que la famille royale ferait

[1] Les mémoires de Miot de Mélito (II, p. 349 et suivantes) le confident de Joseph nous l'attestent et on ne peut guère ne pas ajouter foi à ce qu'il dit. Il nomme l'officier qui fut chargé de la mission pour Saint-Pétersbourg. D'ailleurs Lucien, que Napoléon rencontra alors à Mantoue (en décembre 1807), nous raconte entre autres qu'il lui offrit à lui la couronne d'Espagne en s'écriant : « Ne la voyez-vous donc pas tomber dans le creux de votre main, grâce aux sottises de vos chers Bourbons et à la bêtise de votre ami le prince de la Paix »

comme celle du Portugal, qu'elle prendrait la fuite et cette démarche il l'aurait, tout comme il l'avait fait alors, interprété comme étant la preuve que le roi se ralliait aux Anglais. Et voici que, immédiatement après l'entrée de Murat dans Madrid, le nouveau roi Ferdinand VII y arrivait à son tour, le 13 mars 1808. aux acclamations du peuple, dont une grande partie s'imagina que les Français lui avaient réellement frayé la voie. Cela ne faisait pas le moins du monde l'affaire de Napoléon. Il chercha un moyen d'isoler de son peuple le jeune monarque que d'ailleurs il n'avait pas encore reconnu. A cet effet, Savary fut envoyé à Madrid. Il devait dire à Ferdinand que l'Empereur allait venir lui-même en Espagne et qu'il ferait bien d'aller au-devant de lui afin de lui demander de vouloir bien le reconnaître. Et en effet, le jeune roi se rendit d'abord à Burgos puis à Vittoria, sans toutefois rencontrer l'Empereur. Par contre, on lui remit une lettre de Napoléon portant qu'avant de le reconnaître il lui fallait se convaincre, dans une entrevue avec lui, si Charles IV avait abdiqué de son plein gré ou s'il l'avait fait contraint et forcé ; cette entrevue, disait-il, aurait lieu à Bayonne. Bien des gens déconseillèrent au jeune prince de s'y rendre ; la population de Vittoria voulait même mettre obstacle à son voyage et ne pas lui laisser franchir la frontière. Mais que devait-il faire? Les environs de la ville étaient bondés de troupes françaises et l'invitation équivalait à un ordre. « A Vittoria, disait plus tard Savary, je crus un moment que mon prisonnier allait m'échapper ; mais j'y mis bon ordre ; je lui fis peur. » Le 14 avril, Ferdinand — prisonnier dans le fait — arrivait à Bayonne où Napoléon avait également invité à venir le roi son père, la reine et Godoy.

On croira sans peine que le prince n'obtint pas

ce qu'il était venu chercher. Non seulement Napoléon refusa de le reconnaître, il lui demanda bonnement de rendre la couronne à son père, sûr qu'il était que Charles IV n'avait aucune envie de retourner dans un pays qui avait son gouvernement en horreur et où l'attendraient, ainsi que le prince de la Paix, les plus grandes avanies. Ferdinand essaya d'abord de refuser, mais quand la nouvelle d'un soulèvement qui avait éclaté à Madrid arriva à Bayonne, soulèvement qu'on lui attribuait, et que Napoléon le menaça de le traiter en rebelle, il se soumit et rendit la couronne à Charles IV, qui confiant en l'Empereur la remit entre les mains de celui-ci. Le 6 juin 1808, il la plaçait sur la tête de son frère Joseph [1]. Napoléon était — en employant à la vérité, l'astuce, la ruse et la force brutale — arrivé à ses fins ; la péninsule ibérique se trouvait placée, indirectement, sous son sceptre.

Le tout était de savoir si elle y resterait. Si oui, alors en réalité, le cercle de fer dont il enlaçait

[1] Napoléon avait hésité à plusieurs reprises à donner la couronne d'Espagne à Joseph. Après la première abdication de Charles IV, l'empereur, dans une lettre datée du 27 mars 1808 offrit la couronne d'Espagne à Louis. Le motif qui le faisait agir était que Joseph l'avait personnellement indisposé contre lui en se permettant de ne pas exécuter à la lettre un ordre de son frère, à propos de quoi celui-ci le tança vertement dans sa lettre du 25 mars où il emploie les expressions les plus dures. (Du Casse, *Supplément à la Correspondance de Napoléon Ier*, p. 100) et d'autre part Napoléon avait eu connaissance de la contrebande énorme que les Anglais faisaient en Hollande sous pavillon américain ; aussi nourrissait-il dès maintenant le dessein d'incorporer totalement ce pays à la France. (Voir la lettre de Napoléon au ministre des finances Gaudin, du 27 mars 1808, dans le tome 16 de la *Correspondance*). Louis refusa, disant qu'il était lié par son serment à la Hollande et quelques jours après Joseph rentrait en grâce.

l'Angleterre était fermé et, des colonnes d'Hercule jusqu'à la Vistule, le continent tout entier obéissait à ses ordres plus ou moins catégoriques et alors le colosse slave lui-même n'osait plus se séparer de Napoléon pour suivre sa voie à lui. Certes, à voir les résultats obtenus au cours de la dernière année, un sentiment de satisfaction immense devait l'envahir qui chassait bien loin les doutes qu'il pouvait avoir au sujet de la moralité de ses procédés. Il pouvait donner un nouvel essor à ses desseins. Les Anglais, soit par l'attaque dirigée par la Russie contre la Suède, soit par les événements du Portugal, ont été amenés à retirer la majeure partie de leurs navires de la Méditerranée et de l'Océan et les ont dirigés vers le Nord. Napoléon songe à fortifier rapidement sa position déjà si forte dans le grand bassin intérieur, à armer trois flottes dont deux, contournant l'Afrique, avec 18.000 hommes de troupes mettraient le cap sur l'Inde, tandis que la troisième, depuis Toulon, débarquera 20.000 hommes en Égypte. En même temps un corps expéditionnaire — comme il avait été convenu à Tilsit — et comprenant des troupes françaises, russes et autrichiennes pénétrera en Turquie, car c'est dans ce but que Napoléon avait soulevé la question du partage à Vienne et à Saint-Pétersbourg, pour marcher sur Constantinople et de là s'enfoncer dans l'Asie pour traverser — comme on en convenait franchement — la Perse, alliée à la France depuis 1807 et marcher à l'est. La nouvelle seule que le corps était en marche, se disait Napoléon, provoquerait un soulèvement parmi les populations de l'Inde soumises par l'Angleterre, ce soulèvement détruirait le crédit et l'influence de celle-ci et cet État, se voyant ruiné, serait contraint de signer une paix qui mettrait fin à la domination tyrannique qu'il exerçait sur les mers et ferait disparaître de la sorte le dernier et le plus grand obstacle qui s'opposait à l'extension de son empire sur le globe entier. En octobre ou novembre, écrivait-il le 30 juin à Eugène, il viendrait en Italie afin de diriger de là, à ce que Talleyrand disait au comte Metternich, toute cette vaste entreprise [1].

Mais qu'arriverait-il si ses succès n'étaient pas durables? si dans ses calculs un facteur se produisait dont il n'avait pas tenu compte, un de ces facteurs qu'il ne pouvait pas apprécier ni estimer parce qu'il en ignorait la nature? Ah! que n'avait-il accepté, en 1795, le commandement de l'armée de l'ouest? il eût pu se rendre compte *de visu*, en Vendée, du courage héroïque que déploie un peuple dont on a blessé tous les sentiments, qu'on a trompé et poussé au désespoir et peut-être n'aurait-il pas commis la faute de méconnaître l'opinion publique en Espagne au moment où il la trompait; il aurait peut-être suivi le conseil de Talleyrand et enchaîné

[1] Nous savons aujourd'hui par le livre de Vandal, *Napoléon et Alexandre Ier*, que dans les premiers jours de mars 1808 le projet d'envahir l'Inde fit l'objet de longues discussions entre le czar et Caulaincourt, en même temps que celui du partage de la Turquie. L'opinion publique aussi s'occupa de ce projet. En effet, dans une brochure de Danz, parue en 1808 à Iéna sous ce titre: *Marche des Français sur l'Inde*, il est question de cette expédition comme d'une chose certaine et assurée: 30.000 Russes et 30.000 Français, y lit-on, sont destinés avec l'appui de la Perse et avec l'assentiment des nababs mécontents à mettre fin à la domination anglaise aux Indes; la paix du monde tant désirée ne s'obtiendra qu'en soutenant une lutte victorieuse contre les Anglais. C'était une pensée vraiment gigantesque de Napoléon d'occuper en Asie tout ce qui en Europe était mécontent de son hégémonie afin de démontrer dans l'intervalle aux peuples que cela était indispensable à leur bonheur.

le jeune roi, si populaire, à ses intérêts et à sa famille au lieu de le faire descendre du trône. Certes Ferdinand était un être vil et l'intention qu'avait Napoléon de relever la considération et la civilisation de l'Espagne constituent un programme des plus estimables, mais ce qu'il fallait avant tout, c'était que toute la nation n'y opposât pas une fin de non-recevoir absolue et ne résistât à ce dessein en déployant une vigueur irrésistible. L'Empereur allait s'en apercevoir bien vite et à son détriment.

En juillet 1808, Joseph fit son entrée dans Madrid. Il avait cédé le trône de Naples, à Murat. Charles IV, son épouse et leur favori se rendirent en Italie. Ferdinand fut interné en France. Le nouveau roi apportait à ses sujets une constitution résultant des délibérations de cent cinquante notables espagnols réunis à Bayonne. Il amenait de bons ministres et avait la ferme volonté de relever l'Espagne déchue et de lui donner un nouvel éclat. Mais il trouva tout son peuple soulevé. Il y avait bien en Espagne des hommes d'État avisés qui comprenaient tous les avantages devant résulter pour leur pays du nouveau système et d'un gouvernement régulier et qui étaient prêts à le servir ; mais ils n'étaient presque rien, avec toute leur froide raison, puisqu'ils avaient en face d'eux des milliers de gens dont les passions étaient surexcitées par la blessure faite à leur amour-propre et qui considéraient comme une honte nationale qu'il faudrait venger à tout prix, de s'être laissés surprendre et duper par les étrangers. Et chez ce peuple qui avait triomphé des Maures infidèles et de la réforme hérétique, l'orgueil religieux faisait partie intégrante du patriotisme : or le monarque étranger qui envahissait l'Espagne était le même qui avait confisqué les États pontificaux. Bref, la nation refusa de ratifier le traité de Bayonne, comme Napoléon devait dire plus tard lui-même et elle prit les armes ; elle remporta même des succès. Le soulèvement avait pris naissance en Asturie et avant la fin du mois de mai il s'était répandu partout avec une rapidité foudroyante. Des envoyés partirent pour l'Angleterre pour demander du secours et on le leur accorda bien volontiers. Partout il se formait des bandes, la plupart conduites par des moines ; dans beaucoup de villes il se constitua des juntes, c'est-à-dire des conseils, gouvernant au nom de Ferdinand VII que seul on nommait le roi et qu'on reconnaissait seul comme tel. A la vérité les colonnes françaises purent au début traverser le pays tout entier mais bientôt elles se heurtèrent à la résistance des *bandits*. La population de Saragosse lutta avec héroïsme contre les troupes françaises qui vinrent mettre le siège devant la ville et les força à battre en retraite ; il en fut de même pour Valence ; Bessières, à la vérité, fut victorieux dans la plaine, à Médina de Riosecco, le 14 juillet ; mais dans la montagne le corps tout entier de Dupont, fort de 17.000 hommes, fut cerné et dut capituler, le 23, à Baylen. A la nouvelle de ce succès, l'insurrection éclata dans l'Espagne tout entière ; dans le conseil des ministres du roi Joseph même il y eut des défections. Le nouveau roi ne se crut plus en sûreté dans sa capitale et vers la fin du mois il partit pour le nord, ramenant toute l'armée française derrière l'Èbre. Dans l'intervalle les troupes auxiliaires anglaises avaient débarqué dans le Portugal, où Junot capitula à Cintra, le 30 août, en obtenant les honneurs de la guerre. Pour comble de malheur, les régiments espagnols cantonnés dans la Fionie, le Langeland et le Jutland, à la nouvelle du soulèvement général, abandonnèrent le chef français placé à leur tête et s'embarquèrent sur des navires anglais pour regagner la terre natale.

Quand Napoléon partit de Bayonne dans le courant de juillet, il croyait fermement que l'insurrection serait vaincue rapidement. Ces nouvelles lui causèrent une profonde déception ; celle de la capitulation de Dupont le mit en fureur, celle de la capitulation de Cintra parut l'abattre, car c'était là son point vulnérable, les Anglais étaient de nouveau les maîtres dans le Portugal, le cordon du blocus présentait une lacune. Si le mal devait être réparé il fallait envoyer en Espagne des forces plus considérables, il fallait que la grande armée — sinon tout entière, du moins en partie — vînt d'Allemagne pour franchir les Pyrénées. Faire cela c'était renoncer à sa position dominante dans l'est, grâce à laquelle trois grandes puissances, la Russie, la Prusse et l'Autriche, avaient été tenues en échec pendant toute une année. Et c'était d'autant plus regrettable que, précisément à ce moment-là, il se manifestait, dans les deux États allemands, une résistance qui pouvait très facilement dégénérer en guerre, si on n'était plus à même d'exercer de pression sur elles.

L'incorporation de la Toscane, et la spoliation dont le pape avait été l'objet, tous ces événements dont l'Italie avait été le théâtre, avaient été suivis à Vienne avec inquiétude. Puis se produisit l'entrevue de Bayonne et les résultats qui en découlèrent produisirent une profonde impression en Autriche. Il ne sert donc de rien, se disait-on, de se montrer souple et de faire tout ce qu'exige le tout-puissant empereur, il ne sert de rien d'être son allié ; on n'en court pas moins risque de tomber dans ses embûches. On comprit que toutes les vieilles dynasties pouvaient avoir le sort de celle des Bourbons ; or l'Autriche était avant tout un État dynastique, car les territoires disparates qui la composaient étaient unis avant tout par le lien qui les rattachait à la maison impériale. C'est pour cela qu'on sentit surtout dans cette monarchie que le danger qui menaçait la dynastie était un danger pour l'État. L'Autriche arma. Dans le courant de mai et de juin 1808 on organisa une réserve et une Landwehr toutes modernes et le peuple accourait en masse pour constituer les bataillons formés à la hâte [1]. Napoléon demanda catégoriquement des explications et menaça de déclarer la guerre ; tout le monde crut qu'elle aurait lieu. Mais alors arrivèrent les nouvelles des revers essuyés en Espagne qui le contraignirent pour le moment d'y renoncer. Il ordonna à Davout de marcher avec son corps d'armée de Pologne en Silésie et à Mortier de rester stationné avec le sien en Franconie. De la sorte il avait pris les dispositions voulues pour surveiller l'Autriche. Les corps de Ney et de Victor passèrent sur la rive gauche du Rhin.

Tout comme en Autriche, les esprits étaient surexcités en Prusse. Cela était moins ostensible ; on avait les Français et leurs adhérents dans le pays

[1] Le 10 août 1808 l'ambassadeur français Andréossy mandait à Paris : « D'après ce qui se passe sous nos yeux et les rapports qui arrivent de tous côtés, jamais l'Autriche n'eut un aspect militaire comme celui qu'elle présente aujourd'hui ; jamais le gouvernement Autrichien n'avait donné une impulsion comme celle qu'il a communiquée à la noblesse et à toutes les classes de citoyens. Le *Moriamur* des Hongrois sous Marie-Thérèse n'a sûrement pas produit proportionnellement autant de combattants, ni plus promptement armés et exercés, que le nombre d'hommes que vient de fournir l'appel des commissaires du gouvernement et l'inscription pour la milice ». (Dépôt des affaires étrangères).

même. L'année précédente déjà, après la bataille d'Eylau, une conjuration avait été ourdie, sous la direction d'anciens officiers prussiens et hessois, afin de soulever le pays entre le Weser et l'Elbe pour le cas où les Anglais débarqueraient dans l'Allemagne du nord. Depuis la paix de Tilsit la présence des armées françaises n'avait fait qu'augmenter le mécontentement et la surexcitation. On tenait en quelque sorte à la barbe de l'étranger, des réunions secrètes où l'on s'excitait à la haine et à la guerre; en avril 1808 le *Tugendbund* s'était constitué à Königsberg; au début c'était une société assez anodine, mais dans la suite elle couvrit de son nom toutes les sociétés secrètes où se groupaient les ennemis de la France. De son côté le gouvernement, ayant à sa tête Stein et Scharnhorst, travaillait à la régénération de l'État et de l'armée, afin que tous deux fussent assez forts pour reprendre la lutte qu'on croyait prochaine. A la longue, Napoléon était bien obligé de s'apercevoir de tout cela et s'il ne s'en était pas aperçu, il l'eût appris par une lettre de Stein au prince Wittgenstein, du 15 août 1808, qui fut interceptée. « Il faut encourager la haine nationale, y disait-il, et si Napoléon refuse les propositions de la Prusse, il faut reprendre les projets élaborés au printemps de l'année précédente. » Était-ce encore la même Prusse qu'il croyait avoir anéantie dans les deux batailles livrées en Thuringe et qu'il avait laissé subsister en quelque sorte par complaisance?

Et ce n'était pas en Allemagne seulement qu'il voyait ses efforts échouer; c'était le cas aussi dans les pays vis-à-vis desquels il avait déployé la plus grande prudence diplomatique. En Turquie, il venait d'éclater une révolte, Mustapha IV avait été dépossédé et le 28 juillet 1808 son frère Mahmoud II avait été fait sultan. La France ne rencontrait plus aucune bonne volonté de la part du nouveau sultan et de son gouvernement. Son ambassadeur dut s'entendre reprocher le peu de stabilité de la politique française et l'impression qu'il remporta de l'entrevue et de tout ce qu'il voyait, était que les Turcs tenaient plutôt à faire une paix particulière avec la Russie que de rester les alliés de Napoléon.

Tout cela ne semblait-il pas indiquer que tout l'édifice de la domination que Napoléon exerçait sur le continent, si près d'être achevé, se mettait à chanceler ? L'Empereur se rendit immédiatement compte de la gravité de la situation et tout aussi rapidement il vit le moyen d'y remédier. La seule puissance qui fût capable de contraindre la Prusse et l'Autriche à se tenir tranquilles jusqu'à ce qu'il eût tout remis en ordre en Espagne, c'était la Russie. Il fallait donc qu'il la gagnât de nouveau. A la vérité il avait tenu vis-à-vis d'elle une conduite assez ambiguë ; mais on pouvait encore effacer la mauvaise impression qu'avaient produite ces procédés. Rien que l'évacuation de la Prusse était une concession faite à Alexandre et Napoléon s'empressa de la représenter comme en constituant une. Il espérait qu'en en faisant une seconde, se rapportant aux principautés danubiennes, il arriverait à ses fins. Jusqu'à ce moment il avait fait prendre patience au czar, impatient de les posséder, en lui faisant dire qu'ils traiteraient la question dans une entrevue. Cette entrevue allait avoir lieu à Erfurt — c'était Alexandre lui-même qui avait mis en avant cette ville. A peine la nouvelle était-elle parvenue à Paris que Joseph avait dû abandonner Madrid, qu'un envoyé partit pour Saint-Pétersbourg, afin d'anoncer que les troupes françaises évacuaient la Prusse et de transmettre au czar le désir qu'avait Napoléon de le voir protester à Vienne contre les armements de l'Autriche. Celui-ci priait en même temps le czar de fixer lui-même la date à laquelle aurait lieu l'entrevue. Qu'allait répondre Alexandre et quel parti prendrait-il ? Car l'Autriche s'était rapprochée de lui, l'Angleterre avait fait faire des ouvertures et le roi de Prusse avait, dans ses lettres confidentielles, laissé entrevoir l'envie qu'il avait au fond de faire cause commune avec la cour de Vienne. Tout le monde savait qu'Alexandre n'était pas de cœur l'allié de la France et peut-être que, s'il avait fait mine de l'abandonner, ce qui devait se passer, cinq ans plus tard, serait advenu dès maintenant. On ne sait rien de ce qui se passa dans le conseil du czar ; un fait seul est connu, c'est qu'à un moment donné Alexandre fut vivement impressionné par une lettre de Tolstoï, son ambassadeur à Paris, et surtout par le passage suivant : « La destruction de l'Autriche doit être envisagée comme l'avant-coureur et le moyen de la nôtre. »

Mais finalement le czar ne se laissa pas entraîner par ses voisins. Il savait que Napoléon avait besoin de lui, que dès lors il lui donnerait — quoique à contre-cœur, — carte blanche pou réaliser ses desseins en Orient. Dans l'intervalle les affaires en Finlande avaient mieux marché et il disposait de nouveau de ses forces pour agir dans le sud. Y renonçer u conde fois pour s'allier à la Prusse et à l'Autriche contre la France, cela ne revenait-il pas à reculer bien loin le moment où l'on atteindrait le but ardemment désiré, la possession des principautés danubiennes et peut-être de Constantinople. De plus Alexandre était vain et il voulait pouvoir prouver aux opposants, en remportant un grand succès, qu'il ne s'était pas fourvoyé en s'alliant à Tilsit à l'Empereur des Français. Et renoncer à cette alliance n'était-ce pas avouer qu'on s'était trompé ? En outre, plus longtemps Napoléon était occupé dans la péninsule, mieux il pourrait espérer, lui, atteindre son but. Il ne fallait donc pas que rien vînt déranger Napoléon dans l'exécution de son entreprise en Espagne ; il fallait que l'Autriche et la Prusse se tinssent tranquilles vu qu'une guerre qu'elles eussent entreprise, aurait amené les Français dans l'est et fait marcher les forces russes à l'ouest, tandis que le czar voulait leur voir cueillir au sud des lauriers tout à portée de leur main. A ce moment là donc, l'intérêt d'Alexandre exigeait, tout comme celui de Napoléon, que ni l'une ni l'autre des deux grandes puissances allemandes ne tirât l'épée, tant que durerait l'expédition d'Espagne. Aussi verrons-nous le czar presser son ami Frédéric-Guillaume III de renoncer à agir de concert avec l'Autriche pour faire la guerre, et de ratifier cette convention si onéreuse que le prince Guillaume avait signée le 8 septembre 1808 à Paris et d'après laquelle la Prusse devait encore payer 140 millions, remettre les places de l'Oder aux Français, avoir sur pied une armée dont le chiffre ne dépasserait pas 42.000 hommes et fournir son contingent au cas qu'une guerre vînt à éclater entre la France et l'Autriche. Quant à la cour de Vienne, il l'exhorta à se tenir tranquille, afin, disait-il, qu'il ne se vît pas réduit à la triste nécessité de prendre part à une guerre contre l'Autriche. Puis il partit pour Erfurt.

A partir du 27 septembre, les fêtes succédaient aux fêtes dans cette ville. On n'a su qu'après coup que la vie du César corse était menacée par des conjurés prussiens. Napoléon fit les honneurs tout comme à Tilsit et reçut avec magnificence et pompe son hôte impérial. Ses grenadiers étaient ses comparses militaires et les princes de la confédération du Rhin ses comparses politiques. Les acteurs de la Comédie française représentèrent des chefs-d'œuvre tragiques devant *un parterre de rois* et il arriva un jour que, au moment où Talma prononça les vers de l'Œdipe de Voltaire

L'amitié d'un grand homme est un bienfait des dieux,

le czar se leva et saisissant la main de Napoléon, la lui serra aux applaudissements de la salle. Mais ils étaient fort éloignés de ressentir la moindre sympathie l'un pour l'autre et ce qui pouvait sembler exprimer un sentiment de ce genre n'était que calcul. Alexandre, dans son for intérieur, n'était nullement rallié à Napoléon dont l'esprit d'empiétement lui semblait être un véritable fléau ; « laissons passer le torrent », avait-il dit un jour. Mais les deux empereurs croyaient que c'était pour eux un avantage de paraître unis et alliés aux yeux de l'Europe et se conduisirent en conséquence. Leurs entretiens sont plus connus que ceux de Tilsit. Nous savons que Napoléon invita Alexandre à demander, de concert avec lui, à l'Autriche de reconnaître Joseph comme roi d'Espagne et à appuyer cette demande — à ce que dit Talleyrand dans ses mémoires — en postant un corps d'armée russe dans le voisinage immédiat de la frontière autrichienne. Par contre nous savons aussi qu'Alexandre n'accepta pas, qu'il se réservait simplement sa liberté d'action vis-à-vis de la Turquie et qu'il ne s'engageait à coopérer qu'au cas où l'Autriche déclarerait la guerre. Le but secret de Napoléon avait été d'entraîner la Russie dans la guerre contre ses voisins allemands, d'employer les armées russes contre l'Autriche et de les éloigner de la sorte de la Turquie. Alexandre de son côté — il était soufflé sous main par Talleyrand, qui à ce moment-là déjà frondait Napoléon — croyait, en s'abstenant de toute menace vis-à-vis de l'Autriche, tenir la France en échec à l'aide de cette puissance et *vice versu* pour poursuivre la réalisation de ses visées sur le Danube inférieur, sans avoir rien à craindre ni de l'une ni de l'autre.

Après ce premier échec, Napoléon pria le czar de vouloir bien n'exiger comme prix de la paix, de la Porte, les deux principautés, que quand l'Angleterre aurait accepté ou refusé les propositions de paix qu'on allait lui faire en commun. Alexandre n'accepta pas davantage et Napoléon dut encore céder. Finalement un nouveau pacte fut signé le 12 octobre 1808 à Erfurt ; c'était un traité d'alliance entre la France et la Russie qui devait rester secret « pendant dix ans au moins. » Il y était dit que les deux puissances offriraient derechef et de concert la paix à l'Angleterre sur la base de *Uti possidetis*. L'offre n'avait aucune chance d'être acceptée vu que l'Angleterre luttait précisément pour mettre fin à la prépondérance française sur le continent, telle qu'elle était constituée depuis 1803. Dans les articles 8 à 10, Napoléon reconnaissait l'extension de la frontière russe jusqu'au Danube, et il devait renoncer à son rôle de médiateur et ne pas prendre part à la guerre si elle éclatait entre le sultan et le czar, à moins que l'Autriche ne voulût empêcher la Russie d'agir.

Il avait apposé sa signature sous l'acte qui concédait ce qu'en secret il s'était si longtemps refusé à accorder : la Russie allait occuper les provinces danubiennes. Quant à lui, il n'avait atteint qu'une chose — et pour cela il n'eût pas eu besoin de l'entrevue — à savoir qu'il allait pouvoir remettre tout en ordre en Espagne sans qu'une menace de guerre dans l'est vint le déranger. A tout prendre, il venait d'essuyer une défaite politique. Le czar, en effet, trouvait que d'entrer à Constantinople c'était fort beau, mais qu'une conquête qu'on n'était pas tenu de partager avec d'autres, présentait également des avantages réels. Plus tard, en 1810, Napoléon causant avec Metternich, exprima le regret « d'avoir été jeté hors de sa ligne » à Erfurt. En tout cas il était de mauvaise humeur et c'est peut-être cela qui est cause qu'il se rendit coupable de quelques manques d'égards dont l'histoire a gardé le souvenir. C'est ainsi qu'il invita le prince Guillaume de Prusse qui était venu représenter son frère, à chasser le lièvre sur le champ de bataille d'Iéna. Un autre jour, passant en revue des troupes qui traversaient la ville, il les interrogea en présence d'Alexandre sur leurs hauts faits accomplis au cours de la guerre contre la Russie et qu'il décora un certain nombre de soldats. Talleyrand caractérisa fort bien ce procédé lorsqu'il disait à Montgelas : « Nous autres Français nous sommes plus avancés dans la civilisation que notre monarque ; lui n'a en lui que la civilisation de l'histoire romaine. »

Napoléon qui n'était pas toujours d'une extrême politesse vis-à-vis des princes, se plut à distinguer les grands hommes de l'Allemagne qu'il reçut pendant son séjour à Erfurt. Le 2 octobre, il donna audience à l'auteur de *Faust*. Gœthe lui-même, nous raconte que l'empereur le salua, en s'écriant : « Voilà un homme ! » qu'il causa avec lui de son *Werther*, de l'art dramatique et de la tragédie fataliste et qu'il lui proposa de composer une pièce où la mort de César fût dépeinte d'une manière plus digne et plus grandiose que Voltaire n'était parvenu à le faire. « Il faudrait montrer au monde, dit l'empereur, et l'on voit fort bien où il voulait en venir, il faudrait montrer au monde que César eût fait son bonheur et que tout eût été bien autre si on lui eût laissé le temps d'exécuter ses projets magnanimes » Selon lui, une tragédie comme celle qu'il rêvait de faire composer à Gœthe, eût instruit les rois et les peuples. Car, qu'est-ce que le destin dans la tragédie? C'est la politique qui est le destin. Et de même qu'il invitait Gœthe à avoir bonne opinion de César, c'est-à-dire de lui-même, de même il essaya d'inculquer à Wieland, sur le compte des empereurs romains, une opinion plus favorable que celle qui a cours. C'était toujours Tacite qu'il remettait sur le tapis, comme il l'avait fait à plusieurs reprises vis-à-vis de Suard, de Jean de Muller et d'autres, toujours dans la crainte que peut-être on ne le confondît avec les successeurs d'Auguste. Il parla aussi du Christianisme à Wieland, il déclara que c'était un système philosophique « qui, en réconciliant l'homme avec lui-même, assure en même temps l'ordre public et le repos des États. » Napoléon faisait exprès, cela était visible, de se montrer bien plus gracieux, à Erfurt et à Weimar, vis-à-vis des grands poètes que des différents souverains. D'abord, il voulait témoigner quelque sympathie à la nation allemande qui s'éloignait toujours davantage de lui, puis il tenait à montrer au monde qu'en dépit de sa couronne et de son sceptre, il se sentait plutôt l'égal du génie que de ceux qui n'avaient de grand que leur naissance.

VI

Campagnes d'Espagne et d'Autriche. Marie-Louise.

A Erfurt, Napoléon avait obtenu le délai dont il avait besoin pour terminer la lutte dont l'Espagne était le théâtre. On ne savait pas si ce délai serait bien long et il devait tendre à étouffer le soulèvement en frappant un coup décisif et le plus rapide possible afin de replacer son frère sur le trône qu'il avait perdu. Et il fallait qu'il le frappât non pas seulement pour consolider sa puissance, mais encore pour rétablir sa considération. Il ne fallait pas que le monde crût qu'en enlevant aux Espagnols leur roi national, il avait commis une faute, ni qu'en général il pût en commettre, car il n'était pas assez sûr de sa fortune, il n'avait pas l'âme assez grande pour avouer franchement son erreur sans craindre que cet aveu pût lui nuire. Aussi pour atteindre ce double but, résolut-il de franchir lui-même les Pyrénées avec des forces considérablement supérieures, et de prouver au monde qu'il n'était pas possible de lui résister. Les troupes françaises qui avaient essuyé des défaites en Espagne étaient pour la plupart de jeunes soldats peu aguerris ; mais voici que le vainqueur d'Ulm et d'Austerlitz, d'Iéna et de Friedland arrive en personne. Il adresse aux troupes des allocutions enflammées où il leur prodigue les promesses et les flatteries, car elles ne sont guère contentes de simplement traverser la terre natale qu'elles n'ont plus revue depuis trois ans et sous main il fait donner l'ordre aux municipalités d'avoir à préparer, pour les troupes de passage, des fêtes et des banquets, de les célébrer par des discours et des chants respirant la confiance et exaltant leur bravoure. Il voulait que les soldats s'imaginassent que la France désirait réellement la nouvelle guerre qu'ils allaient entreprendre et qu'elle mettait tout son espoir en eux[1].

[1] Deux décrets adressés par Napoléon au ministre de l'intérieur, en septembre 1808, sont extrêmement caractéristiques. « Je désire, disait-il dans l'un, que vous engagiez les préfets des départements qui sont sur la route, à avoir des soins particuliers pour les troupes et à entretenir par tous les moyens le bon esprit qui les anime et leur amour de la gloire. Des harangues, des couplets, des spectacles gratis, des dîners, voilà ce que j'attends des citoyens pour les soldats qui rentrent vainqueurs ». Quelques semaines plus tard il écrivait : « Les troupes ont été traitées à Metz, à Nancy, à Reims. Je désire qu'elles le soient à Paris, à Melun, à Sens, à Saumur, à Tours, à Bourges, à Bordeaux ; ce qui fera trois fois pour les mêmes troupes. Vous me remettrez une note de ce que cela coûtera par homme, selon l'autorisation que vous avez donnée. Faites faire à Paris des chansons que vous enverrez dans ces différentes villes ; ces chansons parleront de la gloire que l'armée a acquise, *de celle qu'elle va acquérir encore*, et de la liberté des mers qui sera le résultat de ses victoires. Ces chansons seront chantées aux dîners qui seront donnés. Vous ferez faire trois sortes de chansons, afin que le soldat n'entende

Et ces troupes étaient sous les ordres de leurs chefs éprouvés : Lannes, Soult et Bessières, Ney et Lefebvre, Moncey et Victor venaient en Espagne ainsi que Berthier comme chef de l'état-major. En plus de la garde et de la cavalerie de réserve, huit corps d'armée vont engager la lutte contre ce peuple insubordonné, car Junot aussi, le vaincu de Cintra, allait rapparaître à la tête de ses 20.000 hommes. C'était donc une armée de plus de 200.000 combattants, conduits par un général de génie et qui étaient armés, nourris et équipés le mieux du monde.

Les efforts que faisait Napoléon pour regagner son prestige perdu en Espagne étaient énormes. Les mesures que prirent ses adversaires équivalaient presque à zéro. Au lieu de s'appliquer à tirer le plus de parti possible des victoires remportées à Baylen et sur d'autres points, à chasser les Français hors du pays et de mettre celui-ci en état de défense, les Espagnols dans l'ivresse de leur joie ne voyaient pas le danger qui les menaçait et croyaient l'œuvre de la libération d'ores et déjà terminée et achevée. On s'exagérait les forces dont on disposait, les capacités des généraux, le courage des troupes sur lesquelles ces triomphes obtenus dès le début allaient produire un effet des plus néfastes ; les différentes

pas chanter les mêmes deux fois ». Ces ordres furent suivis point pour point. C'est ainsi que Fézensac par exemple dans ses *Mémoires* nous dit ce qui suit : « Le passage en France de ces différents corps fut une marche triomphale. Les municipalités de toutes les villes rivalisèrent de zèle par leur réception. Partout on organisa des fêtes militaires ; partout des banquets leur furent offerts. Les compliments, les harangues, les chansons militaires se succédaient pour célébrer les triomphes de la Grande Armée et pour en prédire de nouveaux. »

juntes, se jalousant réciproquement, se contrecarraient et les différents généraux, faisaient de même; le peuple, qui jusqu'alors était habitué au régime le plus arbitraire, se voyant soudain sans maître, perdit la tête et fut bien vite en proie à l'anarchie. « Que les Français entrent en Espagne, on les tournera par la droite et par la gauche et ils seront prisonniers de guerre. » C'est ainsi, qu'on parlait non pas au milieu de groupes de bas officiers ou de soldats, mais au sein même d'un conseil de guerre tenu en septembre. Des journaux sérieux parlaient même « de porter la vengeance de l'autre côté des Pyrénées. » Et tout en s'abandonnant à l'ivresse du triomphe on laissait l'armée, — dont on estimait l'effectif bien trop haut, en parlant de 3 à 400.000 hommes, tandis qu'en réalité il n'y en avait pas beaucoup plus de 100.000 — on laissait cette armée sans cavalerie suffisante, on n'exerçait pas les troupes à se battre, on ne s'occupait pas de les habiller ni de les nourrir. Au lieu de les placer sous les ordres d'un général en chef, on confia la direction des affaires à un comité de guerre qui dirigerait les opérations d'Aranjuez où était son siège. La lutte était donc par trop inégale et les Espagnols allaient être cruellement déçus.

Napoléon eût bien voulu qu'ils missent à exécution leur menace et marchassent pour envelopper l'armée française. Etant encore à Erfurt, il envoya l'ordre de laisser leur aile gauche, 30.000 hommes sous les ordres du général Blake, pénétrer le plus avant possible dans la Biscaye et la Navarre afin de le faire prendre à revers par de fortes masses, qui se glisseraient entre lui et le centre espagnol. Mais vers la fin d'octobre, Lefebvre s'étant engagé avec trop de précipitation, l'ennemi se vit contraint de battre en retraite de Durango sur Valmaseda et cela contrecarrait les combinaisons de l'Empereur. Le 5 novembre, celui-ci arrivait au quartier général à Vittoria, il adressa les reproches les plus vifs à Lefebvre, mais au demeurant il n'abandonna pas son plan d'enfoncer la ligne ennemie. Le centre de cette ligne était défendu par Castaños avec 25.000 hommes environ entre Calahorra et Tudela sur l'Èbre, tandis que Palafox formait l'aile droite à Saragosse. Le gros des forces françaises se dirigeait sur Burgos pour passer entre Castaños et Blake, tandis que deux corps d'armée devaient suivre ce dernier pas à pas. Les Français s'emparent de Burgos après avoir culbuté une armée de réserve peu nombreuse, le 10 novembre ; ce jour-là même, Blake se laisse entraîner à engager la lutte à Espinosa et le lendemain, 11 novembre, il perd la bataille. L'ennemi lui a coupé sa ligne de retraite et il n'échappe à Soult qu'en abandonnant tous ses convois. Il s'enfuit dans les Asturies, où les débris de son aile sont recueillis par un petit corps espagnol placé sous les ordres de Romana.

Il restait à Napoléon à anéantir Castaños qui avait opéré sa jonction avec Palafox. A cet effet, il envoie Ney avec son corps quelque peu renforcé, de Burgos vers le sud-est, sur Soria, afin que de là il prenne l'ennemi à revers ou bien lui coupe la retraite, tandis que Lannes l'attaquera de front par la Navarre. L'attaque de front a lieu et réussit : Lannes remporte la victoire de Tudela le 23 novembre ; Palafox est obligé de se retirer à Saragosse. Castaños fuit dans la direction du sud. Et il eût sûrement été pris par Ney si ce maréchal, trompé par des nouvelles exagérées sur la force de l'ennemi, ne se fût mis à hésiter et à ne pas bouger de Soria. Toujours est-il que les deux armées espagnoles étaient dispersées.

Mais il restait encore le corps expéditionnaire anglais en Portugal, devant lequel Junot avait capitulé à Cintra et qui à présent marchait en avant sous les ordres de John Moore, par Salamanque, tandis que 10.000 Anglais s'avançaient de la Corogne. Napoléon ignorait cette marche et Moore de son côté n'était pas informé des défaites essuyées par les Espagnols. L'Empereur qui s'était porté de Burgos à Aranda, supposait plutôt que les Anglais, de Lisbonne, marcheraient par la vallée du Tage sur Madrid ; il chercha donc avant tout à réoccuper la capitale. Après avoir chargé Moncey de mettre le siège devant Saragosse, il se mit en marche sur la Sierra de Guadarrama qui couvre Madrid au nord et en défend l'accès, tandis qu'à la droite du gros de l'armée, Lefebvre s'avance par Valladolid sur Ségovie et qu'à gauche Ney se porte en avant dans la direction de Guadalaxara. La Somosierra était défendue par 12.000 Espagnols qui, disposant d'un certain nombre de pièces, pouvaient donner fort à faire aux Français. Ils avaient mis en position 15 canons sur les pentes de la montagne et sur l'unique route fort raide et derrière ces batteries ils avaien caché de forts détachements d'infanterie. Le 30 novembre, avant le lever du soleil, Napoléon fit d'abord escalader les hauteurs à ses tirailleurs ; à la faveur du brouillard ils parvinrent au haut des escarpements. Les lanciers polonais de la garde balayèrent la route en la gravissant à fond de train quoiqu'elle fût balayée par les projectiles de l'artillerie espagnole ; ils sabrèrent les servants et refoulèrent l'infanterie ennemie. Toutes les troupes espagnoles refluèrent en arrière, en une fuite désordonnée. La route de Madrid était libre.

La population trompée par les assurances présompteuses de la junte, fut en proie à la surexcitation la plus grande lorsqu'elle vit les Français à ses portes ; dans son désespoir elle commit des excès qui ne profitèrent qu'à l'ennemi. Celui-ci pouvait se présenter dès lors comme seul capable de rétablir l'ordre et par les mesures sévères qu'il prit pour mettre fin à l'anarchie, il parvint à calmer en grande partie la population et même à la gagner. Le 4 décembre, la ville se rendit à l'Empereur et ce jour-là même celui-ci promulgua des décrets qui bouleversaient l'Espagne de fond en comble : l'inquisition est supprimée et ses domaines déclarés biens nationaux, tous les droits féodaux sont abolis, les douanes provinciales cessent d'exister ; le nombre des couvents est réduit de deux tiers et les moines qui de leur plein gré déclarent vouloir faire partie du clergé séculier, reçoivent des pensions. Joseph qui avait suivi l'armée victorieuse de son frère protesta contre les empiétements que Napoléon se permettait et voulut abdiquer, mais celui-ci le lui défendit en lui déclarant à lui, comme aux Madrilènes, qu'il venait en conquérant, vu que le soulèvement de l'Espagne avait annulé l'acte de Bayonne et qu'il ne reconnaissait d'autre droit que celui du vainqueur. A Burgos déjà il avait publié un décret de proscription et ceux qu'il frappait pouvaient s'estimer heureux d'être simplement conduits en France ; leurs biens étaient confisqués. Comme pour tout ce qu'il faisait, Napoléon en prenant ces mesures si dures, poursuivait un but et ce but était de faire désirer aux Espagnols le gouvernement bien plus doux de son frère. Dans une proclamation datée du 7 décembre il montrait aux Espagnols ce roi si clément et son gouvernement constitutionnel et modéré: « Il dépend de vous, leur disait-il, que cette constitution soit encore votre loi. Mais si tous mes efforts sont inutiles, et si vous ne répondez pas à ma confiance, il ne me restera plus qu'à vous traiter en provinces conquises et à placer mon frère sur un autre trône. Je mettrai alors la couronne d'Espagne sur ma tête et je saurai la faire respecter des méchants, car Dieu m'a donné la force et la volonté nécessaires pour surmonter tous les obstacles. » L'effet qu'il en attendait ne tarda pas à se produire: à Madrid les bourgeois, les fonctionnaires et même des ecclésiastiques prêtèrent le serment de fidélité à Joseph et des provinces aussi, — de celles, bien entendu, où avaient pénétré les Français, — arrivaient les adhésions que Napoléon voulait obtenir. Son dessein était de contraindre à l'obéissance un peuple que sa foi avait enflammé de telle sorte qu'il avait su résister avec l'énergie la plus grande, en se servant de cette foi même sur laquelle se basait le serment de fidélité qu'il en exigeait.

Pendant que Napoléon prenait toutes ces mesures à Madrid, Moore était depuis longtemps arrivé à Salamanque avec ses Anglais ; mais là il avait été informé des défaites successives que les Espagnols avaient essuyées et il n'avait pas osé continuer la marche. L'Empereur ne sut pendant longtemps pas à quoi s'en tenir sur son compte, il croyait toujours que les Anglais marcheraient droit sur la capitale. Le 14 décembre encore il fit marcher Victor et Bessières sur Talavera et au delà, tandis que Ney recevait l'ordre de laisser une partie de ses troupes en face des débris de l'armée de Castaños tandis qu'il amènerait les autres à Madrid. Ce ne fut que quelques jours plus tard qu'il apprit par Soult quelle était la véritable situation. Ce maréchal en effet occupait à Valladolid une position destinée à maintenir ouvertes les communications entre le gros de l'armée et la France. Napoléon trouva d'abord incompréhensible la manœuvre des Anglais, mais bientôt il discerna quel parti il en pourrait tirer pour les anéantir. Soult, d'après les instructions qui lui avaient été données peu de jours auparavant, devait marcher sur la Galice ; de nouveaux ordres lui prescrivent d'attirer Moore vers l'est, avec son corps d'armée que Napoléon renforça le plus possible, tandis que l'empereur va partir de Madrid avec 40.000 hommes pour tomber sur les derrières de l'ennemi après avoir franchi la montagne et pénétré dans la Vieille Castille.

Ce plan était excellent, mais il n'allait réussir qu'à moitié. Moore avait eu connaissance des premières instructions envoyées à Soult et lui prescrivant de s'avancer en Galice ; en conséquence, il n'avait pas continué sa marche sur Valladolid ; il avait fait un crochet vers le nord pour d'abord opérer sa jonction avec la colonne anglaise venant de la Corogne, avant d'attaquer Soult. Cette marche l'éloignait de Napoléon : celui-ci n'avait peut-être pas assez tenu compte des difficultés que présenterait le passage du col du Guadarrama et la marche à travers la plaine de la Vieille Castille. Il en rencontra de plusieurs sortes. Dans la montagne ses troupes souffrirent beaucoup d'une tourmente de neige et du verglas. Les cavaliers de la garde durent mettre pied à terre et frayer le chemin en conduisant leurs bêtes à la main ; lui-même marchait à pied au milieu d'eux. Cela se passait le 22 décembre, jour où l'on franchit le col d'Espinar. Le lendemain il y eut dégel et les rivières se transformaient en torrents ; il fallut les passer à gué, car il n'y avait pas de ponts. C'était là un nouveau danger qui venait entraver la marche de l'armée qui eut la plus grande peine à atteindre Astorga. Dans l'intervalle Moore avait enfin été mis au courant de la situation réelle ; il s'empressa de se retirer sur la Corogne. Il avait de l'avance, aussi put-il échapper au danger d'être broyé entre l'armée de Soult et celle de Napoléon et les Français durent se borner à le serrer de près. L'Empereur laissa la besogne à Soult et revint pour son compte d'Astorga à Benavente puis à Valladolid. S'il avait pu se douter qu'en arrivant à la Corogne les Anglais n'y trouveraient pas leur flotte de transport, qu'ils se rangeraient en bataille, que Soult procéderait avec une telle lenteur qu'ils auraient le temps voulu pour occuper des positions puis s'embarquer, certes il se serait mis lui-même à la tête de l'armée chargée de la poursuite. Mais il ne pouvait prévoir tout cela et croyant qu'il n'y avait plus rien à faire pour lui, il quitta l'Espagne le 17 janvier et courut à Paris après avoir donné l'ordre à Soult d'occuper le Portugal.

Il avait eu un double but en partant pour la campagne d'Espagne. Il n'en avait atteint qu'un seul, celui de vaincre, en frappant quelques coups rapides et décisifs, les vainqueurs de Baylen et de rétablir son prestige de général invincible. Son second but il ne l'avait pas atteint : il n'était pas parvenu à briser la résistance des Espagnols. Il avait gagné des batailles, dispersé, battu, chassé devant lui des armées d'insurgés, mais le pays, il ne l'avait pas conquis, le peuple, il ne l'avait pas soumis. Les débris des armées battues avaient toute liberté pour se rallier dans les provinces du sud ; elles pouvaient s'y préparer à de nouvelles luttes ; les Anglais avec leur flotte pouvaient débarquer en Portugal et sur d'autres points. Il eût fallu, — dit le grand écrivain militaire Jomini, une campagne systématique de deux ans, il eût fallu dépenser de 3 à 400 millions à nourrir l'armée, pour subjuguer l'Espagne. Mais nous savons que Napoléon n'avait que peu de temps à lui et que la base de son hégémonie en

Europe était bien chancelante. Car c'était une des conséquences de sa politique qui embrassait le monde entier, qu'elle lui assignait de nouvelles tâches avant qu'il lui eût été possible de résoudre les précédentes.

Jusqu'à ces temps-ci on admettait la vérité d'un récit disant que, le 2 janvier 1809, Napoléon reçut à Astorga des lettres après la lecture desquelles il se montra fort soucieux et se décida finalement à rebrousser chemin avec la garde ; ces lettres lui mandaient, disait-on, que l'Autriche poussait ses armements avec la plus grande vigueur et que ses deux anciens ennemis, Fouché et Talleyrand, s'étaient entendus. Ces nouvelles, prétendait-on, empêchèrent l'Empereur de s'engager dans les montagnes de l'Espagne occidentale. Lanfrey et d'autres historiens ont traité ces récits d'inventions napoléoniennes et émis l'avis que — tout comme en 1805 en face des côtes anglaises — l'Empereur ne cherchait qu'un prétexte pour échapper à la situation inextricable telle qu'elle était en Espagne et pour acquérir de nouveaux lauriers en frappant des coups décisifs en Autriche. Ce n'est encore pas là la vérité. De nouveaux renseignements, les *Souvenirs* de Maret, par exemple, et les documents communiqués par Metternich, démontrent que les intrigues de Talleyrand, de Fouché et d'autres hommes aux yeux desquels l'entreprise d'Espagne et toute la grande politique de l'Empereur étaient néfastes à la France, existaient et méritaient qu'on en tînt compte. Certainement Metternich exagérait énormément en voyant dans cette intrigue une conspiration, dans un groupe de mécontents un parti politique prêt à renverser l'Empire, avec lequel il fallait compter et en écrivant dans ce sens à sa cour. En agissant de la sorte, il s'exposait à donner naissance, à Vienne, au même courant d'opinion égarée qui décida, en 1805, Mack à s'avancer jusque sur l'Iller[1]. Mais il y avait quelque chose et ce quelque chose était de nature à impressionner l'Empereur très enclin à la méfiance, à le rappeler en France tout comme en 1800 une communication du même genre l'avait décidé à rentrer à Paris, après la bataille de Marengo[2].

Mais ce qui contribua surtout à lui faire quitter l'Espagne, c'était l'attitude de l'Autriche. Pendant qu'il combattait dans la presqu'île, cette puissance avait continué ses armements avec la plus grande énergie ; elle paraissait résolue à la guerre. Le moment, en effet, semblait propice. Le fait seul, de voir l'Empereur retenu en Espagne était un avantage considérable. Metternich qui se rendit exprès à Vienne pour conseiller le gouvernement et lui communiquer ses impressions et le résultat de ses informations, déclara que les forces dont disposait la France n'étaient guère supérieures à celles de son maître et que la guerre d'Espagne en immobiliserait une grande partie « que les forces de l'Autriche si inférieures à celles de la France avant l'insurrection de l'Espagne, lui seraient au moins égales dans les premiers moments. » Dans son mémoire du 4 décembre, il établissait que Napoléon ne disposait que d'un peu plus de 200.000 hommes pour ses opéra-

[1] « Nous sommes donc enfin, disait l'ambassadeur autrichien dans un Mémoire daté du 4 décembre 1808, arrivés à une époque où des alliés semblent s'offrir à nous dans l'intérieur même de cet empire ; ces alliés ne sont pas de vils et bas intrigants ; des hommes qui peuvent représenter la nation réclament notre appui ; cet appui est notre cause elle-même, notre cause tout entière, celle de la postérité. »

[2] Voir tome I, p. 232.

tions dans l'est de l'Europe, et ce jour-là, le ministre, M. de Stadion, déclara à l'empereur François que, selon lui, le moment était venu « de tirer un parti immédiat des forces de l'État autrichien qu'on avait mis tant de ténacité à reconstituer. » En outre la situation désespérée des finances était un motif de plus pour agir. On ne pouvait maintenir l'armée sur le pied de guerre que jusqu'au printemps et à ce moment-là, il fallait prendre une décision : l'Angleterre n'accordant les subsides qu'on lui demandait depuis des semaines qu'une fois que la guerre aurait éclaté. Puis l'Autriche ne pouvait-elle pas, en dehors des insurgés espagnols et des secours matériels de l'Angleterre, espérer trouver un appui ailleurs encore? On ne pouvait plus compter, il est vrai, sur le ministre prussien Stein, qui avait voulu provoquer le soulèvement national en Allemagne. Napoléon avait exigé le renvoi de Stein et celui-ci vint en exilé, en homme mis hors la loi, se réfugier en Autriche. Mais malgré tout la cour à Königsberg restait fidèle à son système. N'était-ce pas, en effet, une marque ostensible que l'accord existait entre elle et l'Autriche que de communiquer à l'ambassadeur autrichien, comme fit le ministre prussien, comte Goltz, la convention qu'on avait dû signer avec la France, le 8 septembre, en déclarant que le roi, même si au début il ne pouvait se soustraire à l'obligation qu'elle lui imposait, saisirait la première occasion propice pour se déclarer en faveur de l'Autriche? Toujours est-il que cette assurance fut d'un grand poids à Vienne. On ne pouvait pas savoir que les ministres du roi n'étaient pas toujours à même de rendre exactement la pensée de leur souverain. Et c'est ce qui arrivait précisément alors. Alexandre I en revenant d'Erfurt avait passé par Königsberg ; il invita le roi à venir le voir à Saint-Pétersbourg. Son but était d'éloigner son ami de son entourage guerrier et de le déterminer à observer la convention de septembre, Il y réussit. Quand, vers le 15 février 1809, Frédéric-Guillaume revint dans son royaume, il ne voulut plus entendre parler de prendre part à la lutte, il exhorta l'Autriche à rester en paix, à se borner tout au plus à repousser une attaque de Napoléon et déclara que, quant à lui, il était résolu à ne pas se séparer de la Russie. Or, le programme de Stadion était surtout basé sur cette idée qu'il ne fallait pas laisser à l'ennemi des vieilles dynasties le temps de reconstituer ses forces pour se jeter sur l'Autriche dès qu'il aurait la supériorité numérique voulue, mais de prendre les devants et d'attaquer l'Empereur tant que dureraient ses embarras en Espagne et que ses forces y seraient en grande partie retenues.

Or, l'avis que Frédéric-Guillaume fit tenir à Vienne prouvait qu'on avait eu tort de compter sur la collaboration de la Prusse. En outre, l'Autriche avait fait entrer dans ses calculs un second facteur, le czar, et il se trouva que à cet égard encore elle s'était trompée. On avait pu voir, par les mémoires envoyés de Paris par Metternich, le rôle que Talleyrand avait joué à Erfurt, vis-à-vis d'Alexandre et le diplomate autrichien Saint-Vincent, en revenant du congrès, put attester que les deux empereurs n'avaient pas toujours été parfaitement d'accord. Aussi, mit-on en doute la sincérité de l'amitié franco-russe malgré l'ostentation avec laquelle Napoléon et Alexandre l'affichaient et l'on se prit à espérer que ce dernier, s'il ne passait pas franchement dans le camp opposé, resterait du moins neutre dans une guerre entre la France et l'Autriche. Mais Alexandre déclara nettement au prince Schwarzenberg, qui fut dépêché auprès de lui — et en faisant cela il voulait tenter vis-à-vis de l'Autriche ce qui lui avait réussi avec la Prusse — qu'il se verrait obligé de remplir les engagements qu'il avait pris vis-à-vis de Napoléon, vu que sans nul doute l'agression viendrait de la cour de Vienne et que, en vue de cette éventualité, le traité signé à Erfurt avait stipulé que ses troupes soutiendraient la France (2 mars). Plus tard seulement, quand il vit que, malgré tout, l'Autriche était décidée à faire la guerre, le czar qui voulait bien s'assurer sa liberté d'action en Orient, mais nullement aider Napoléon à asseoir sa domination sur le monde entier, fit déclarer secrètement à Vienne qu'il éviterait de procéder énergiquement contre l'Autriche (15 avril).

Mais si le czar et le roi de Prusse se refusaient à entrer en lutte avec la France, n'y avait-il pas dans leurs pays des gens en grand nombre qui la voulaient et qui étaient assez forts pour forcer leur gouvernement à compter avec eux? Au point de vue historique un fait essentiel était que ni Alexandre, ni Frédéric-Guillaume ne représentaient, en ce moment, l'opinion et la volonté de leurs peuples. De même qu'en Autriche, l'opinion publique poussait à la guerre[1], depuis l'attentat de Bayonne, la haine de Napoléon était devenue en Allemagne et en Russie une haine nationale qui se manifestait de plus en plus nettement. « Si le roi tarde plus longtemps à prendre une résolution conforme aux vœux de l'opinion publique qui se déclare hautement pour la guerre

[1] Le 18 mars le chargé d'affaires français disait dans une lettre à son ministre qu'en 1805, c'était le gouvernement seul qui avait voulu la guerre, que ni l'armée ni le peuple ne la désiraient ; mais qu'en ce moment c'étaient le gouvernement, l'armée et le peuple qui la voulaient.

contre la France, la révolution éclatera infailliblement. » Celui qui écrivait cela était le ministre des affaires étrangères de Prusse et il l'écrivit à la reine. Même les ennemis personnels de Stein, le ministre Beyme, par exemple, conjurèrent Frédéric-Guillaume de se séparer de la Russie et d'accepter l'hommage de ses anciennes provinces de la rive gauche de l'Elbe. D'autres lui montrèrent le danger auquel on s'exposait, au cas où l'Autriche dût sortir victorieuse de cette guerre de libération, de la voir prendre pied dans l'Allemagne du Nord, vu qu'à ce moment-là la Silésie demandait à rentrer sous sa domination. Ernest Maurice Arndt disait bien haut : « Liberté et Autriche ! voilà quel sera notre cri de guerre ; il faut que la maison de Habsbourg règne. » Un enthousiasme fébrile s'empara de toute l'Allemagne ; il produisit de l'effet à Vienne en dépit de l'avis donné par le roi de Prusse qui de nouveau, tout comme avant Iéna, voulait abdiquer. Stadion commettait-il donc une erreur en subissant cette impression et en comptant plutôt sur le peuple allemand que sur les princes et en entraînant finalement l'empereur François, si froid pourtant, à mettre, comme on dit vulgairement, le couteau sur la gorge, à l'empereur Napoléon ? (derniers jours de février 1809).

Et qu'est-ce que l'Autriche comptait obtenir en lui déclarant la guerre ? Elle le disait dans les instructions données le 24 janvier au comte Wallmoden chargé des négociations avec l'Angleterre ; c'était de « reconquérir la consistance et la force internes qu'elle avait après les derniers traités qui précédèrent la paix de Presbourg, avec cette restriction cependant qu'on se réservait divers arrangements d'ordre secondaire en vue de modifier avantageusement sa position et ses frontières vis-à-vis de l'Allemagne, au cas où les circonstances seraient favorables, et cela d'autant plus que deux branches cadettes de la maison impériale avaient perdu leurs possessions légitimes au cours des guerres de la Révolution et qu'il fallait qu'elles pussent recouvrer en Allemagne ou en Italie soit leurs anciens territoires, soit un dédommagement. » Un peu plus loin on disait : « Le désir de l'Autriche, au cas où l'on parviendrait à briser le système d'États tributaires de Napoléon, est de voir les légitimes propriétaires recouvrer les pays qui leur appartenaient avant les usurpations de celui-ci et ce principe devra être appliqué tout d'abord à l'Espagne, puis en Italie, au roi de Naples, au pape, au roi de Sardaigne ; en Allemagne, au roi de Prusse, à l'électeur de Hesse, au duc de Brunswick, au roi d'Angleterre en tant qu'électeur de Hanovre, puis au duché actuel de Varsovie qui devra faire retour à la Prusse. La cour de Vienne étend ce principe même aux princes allemands que, dans la guerre qui va éclater, il se verrait contraint de traiter en ennemis et dont il est prêt de garantir d'avance la réinstallation dans leurs pays héréditaires, à de certaines conditions toutefois qui seront plus ou moins dures selon la conduite qu'ils tiendront au cours de la guerre » [1].

On ne saurait dire avec précision jusqu'à quel point Napoléon, lorsqu'il s'arrêta net en Espagne,

[1] On se déclarait même prêt « à accorder au roi de Sardaigne une augmentation suffisante de ses anciens États pour qu'à chaque guerre il ne fût plus contraint de s'abriter sous le drapeau de la France et de servir d'avant-garde aux armées de celle-ci » On a donc pour le moins exagéré lorsque, tout récemment, on a déclaré, en se basant sur les instructions même citées par nous, que le but de l'Autriche était, en 1809, d'asseoir sa domination d'une part sur l'Allemagne et de l'autre sur l'Italie (Oncken, *Geschichte des Revolutionszeit*, II).

avait connaissance des intentions que poursuivait l'Autriche. De source certaine on sait qu'il était informé — ces informations pour la plupart lui arrivaient de Munich — des armements, des tentatives que faisait l'Autriche pour soulever le Tyrol, de l'entente secrète qui s'était établie entre la noblesse tyrolienne et la cour de Vienne et de bien d'autres choses encore faisant présager la reprise des hostilités. Pendant qu'il dirigeait ses armées en Espagne il n'avait pas perdu de vue l'Autriche et quoiqu'il n'eût laissé que 60.000 hommes dans l'Allemagne du Nord, sous Davout et 30.000 dans le sud, sous Oudinot, sa préoccupation constante était de renforcer ces corps qui n'eussent de loin pas été à même de tenir tête à une attaque par surprise de la part de l'Autriche. Il demanda au Sénat de lui accorder la conscription de 1810 et en faisant porter le chiffre de la levée annuelle de 80.000 à 100.000 hommes, mesure qui ayant un effet rétroactif, lui permit de prélever 20.000 hommes sur chacune des conscriptions de de 1806 à 1809, il obtint une jeune armée de 160.000 hommes avec lesquels il organisa un cinquième bataillon dans chaque régiment. En outre, il retira d'Espagne deux divisions de la garde et deux autres divisions, qui s'étaient déjà mises en marche pour la péninsule, firent demi-tour pour se porter en Allemagne. Il pouvait donc pour le moment où il s'attendait à voir éclater la guerre, c'est-à-dire vers le 15 avril, y disposer d'environ 200.000 hommes, sans compter l'armée italienne. Il fit annoncer à Paris que la conquête de l'Espagne était chose faite, que le pays était soumis. Il était fermement résolu à la nouvelle lutte qui s'engageait, et il mit tous ses soins à la préparer. Sur ce théâtre d'opérations aussi il tenait à démontrer que sa suprématie était hors de toute atteinte ; personne ne devait à l'avenir espérer pouvoir impunément comploter contre lui, tandis qu'il serait occupé ailleurs. A ses yeux, tout État manifestant la moindre indépendance dans ses agissements, était une puissance rebelle qu'il fallait châtier. Il avait d'ailleurs un autre motif encore pour agir de la sorte.

Tandis que dans les guerres précédentes l'entretien de l'armée n'avait rien coûté, qu'elles avaient même rapporté des sommes énormes, la guerre d'Espagne non seulement n'avait pas abouti à des indemnités, elle avait au contraire coûté très cher. Les finances françaises en avaient considérablement souffert : il fallait absolument les relever. « Il lui faut de l'argent, disait l'ambassadeur russe Roumanzow à Metternich, parlant de Napoléon, il ne me l'a pas caché ; il veut la guerre contre l'Autriche pour s'en procurer... » D'autre part l'ancien ministre des finances Zichy, alors ministre sans portefeuille, s'écriait, à Vienne : » Faisons la guerre, car la situation des affaires l'exige ! » D'une part donc le but politique d'assurer l'hégémonie et de l'autre celui de la combattre se confondaient avec la nécessité matérielle qu'imposaient les finances de l'État. La lutte était inévitable car de part et d'autre on la voulait. Seulement il était indispensable, cette fois-ci plus encore que par le passé, de pouvoir accuser l'Autriche d'avoir commencé, non seulement pour pouvoir exiger de la Russie les secours qu'elle s'était engagée à fournir, mais encore pour être, aux yeux des Français, l'homme qui malgré lui était sans cesse entraîné à de nouvelles luttes. C'est ainsi qu'il fit, par exemple, dès la dernière semaine de février, répandre le bruit qu'il avait fait faire à Vienne des propositions très acceptables afin de maintenir la paix, et pourtant cela n'était vrai qu'en apparence. Car il lui fallait du temps pour les armements. Les conscrits n'avaient été incorporés que vers le 15 février et il fallait les entraîner d'abord. Il ne donna l'ordre de concentrer les forces dans l'Allemagne du Sud qu'au commencement de mars et à la fin de ce mois seulement, il ordonna la concentration stratégique qui devait être achevée le 15 avril par les soins de l'état-major général. Il comptait que les hostilités ne commenceraient pas avant ce jour, qu'elles commenceraient plutôt après, vers la fin d'avril ou le commencement de mai, comme nous le voyons par sa lettre du 27 mars adressée à Eugène Beauharnais. A ce moment-là les 200.000 hommes de l'armée principale d'Allemagne devaient être concentrés autour de Ratisbonne et au cas seul où les Autrichiens marcheraient plus tôt, il leur était prescrit d'occuper la ligne du Lech avec Donauwœrth comme point d'appui. Si l'on parvenait à prendre position à Ratisbonne — Davout étant à Nuremberg, Masséna avec les troupes envoyées de France à Augsbourg, Oudinot et les Bavarois à Ratisbonne — l'ennemi que Napoléon sait être avec le gros de ses forces en Bohême, pourra ou bien déboucher en Bavière par Cham et se porter vivement en avant sur Ratisbonne, où les forces françaises rapidement réunies l'arrêteront dans la vallée du Regen, ou bien il pourra marcher sur Nuremberg, ou Bamberg, où il risquerait d'être coupé de la Bohême, ou bien encore déboucher au nord sur Dresde, auquel cas on se jetterait à sa suite dans la Bohême pour, de là, le suivre en Allemagne, et si les Autrichiens prenaient leurs dispositions pour déborder des deux côtés la position française, on attaquerait leur centre tout en gardant la ligne de retraite sur le Lech. Tout cela dépendait du moment auquel les Autrichiens ouvriraient les hostilités — car il fallait à tout prix qu'il fissent le premier pas, rien qu'à cause de la Russie — et de la direction dans laquelle ils opéreraient.

Dans les bureaux du quartier-maître général autrichien, on avait depuis longtemps combiné la nouvelle campagne contre la France. Dès le mois d'octobre 1808 on avait élaboré un plan d'après lequel on attaquerait Davout en Saxe et l'on entraînerait les peuples de l'Allemagne du Nord à se soulever contre Napoléon. Mais dans la suite il y eut bien des hésitations, car dans l'entourage immédiat de l'empereur François se manifestaient deux courants, dont l'un — Stadion — demandait une offensive la plus rapide possible, tandis que l'autre — l'archiduc Charles — voulait des armements les plus complets possible, en vue de la défensive au cas où l'on serait attaqué. Durant tout le mois de janvier on ne décida rien. On ne savait qu'une chose, c'est que on ne serait prêt qu'à la fin du mois de mars. Dans les premiers jours de février seulement, l'empereur se décida pour l'offensive. Alors on fit un nouveau plan d'opérations : un corps d'armée sous les ordres de l'archiduc Ferdinand devait marcher sur Varsovie, une autre subdivision d'armée, sous l'archiduc Jean, pénétrerait en Italie et soulèverait le Tyrol, un corps d'armée sous Hiller prendrait position sur l'Inn, tandis que le gros de l'armée serait concentré en Bohême sous les ordres de l'archiduc Charles, afin d'opérer de là dans la direction où le gros des forces ennemies viendrait prendre position (8 février). Mais tandis que les corps autrichiens se concentraient enfin en Bohême, on apprit que les Français s'étaient avancés en Souabe et que Davout marchait sur Wurzbourg, c'est-à-dire que l'armée ennemie se concentrait dans la vallée du Danube. On craignit qu'elle ne marchât en avant sur la rive droite, culbutant grâce à son énorme supériorité numérique, le corps isolé de Hiller et qu'elle ne s'avançât sur la capitale, tandis que le gros des troupes autrichiennes, en marchant de la Bohême sur le Danube rencontrerait de grandes difficultés à le franchir et pourrait bien arriver trop tard[1]. Aussi résolut-on, vers le milieu de mars, de ne pas marcher droit aux Français avec sept des corps d'armée réunis en Bohême, mais de rejoindre la subdivision de Hiller en faisant un crochet par Linz et de prendre de la sorte l'offensive, non pas par le Böhmerwald mais en franchissant l'Inn. Seuls deux corps qu'on laissa en Bohême allaient suivre la route directe et marcher sur Ratisbonne. On comptait qu'ils auraient rejoint le gros encore avant la bataille décisive. La conséquence de cette détermination fut qu'on perdit trois semaines à exécuter des marches avec une extrême lenteur, ce qui donna aux Baravois le temps de faire leurs préparatifs militaires et d'évacuer Munich. Le 9 avril seulement les Autrichiens se trouvèrent sur l'Inn prêts à effectuer le passage. C'est ce jour-là que l'archiduc Charles envoya la déclaration de guerre à Munich.

Quelques jours auparavant, le prince avait adressé à son armée un ordre du jour lui annonçant qu'elle avait pour mission de délivrer le continent. « La liberté de l'Europe s'est refugiée sous vos drapeaux, leur disait-il. Vos victoires briseront ses chaînes

[1] Le colonel autrichien Stutterheim prétend avoir appris par des « gens bien informés » que c'étaient là les raisons qu'on fit valoir. Mais on ne sait rien de certain actuellement encore. L'opinion la plus répandue est que le général Mayer d'une part et de l'autre l'archiduc Charles et son second, le général Grünne, ne parvinrent pas à s'entendre au sujet du plan d'opérations. Cette opinion mérite confirmation.

et vos frères allemands qui sont encore dans les rangs ennemis n'attendent que d'être délivrés par vous. » Puis s'adressant à l'Allemagne, le prince s'écriait : « l'Autriche ne tire pas seulement l'épée pour sa propre indépendance, mais aussi pour celle de l'Allemagne et pour l'honneur national. » Par un manifeste rédigé par Gentz, l'Autriche déclara au monde entier qu'elle ne faisait pas la guerre à la France, mais uniquement au système d'extension continue, cause du trouble universel. Ce n'était donc pas une guerre d'État à État qui éclatait en avril 1809, ce n'était pas une lutte qu'on engageait pour étendre la sphère d'action d'un empire et pour restreindre celle d'un autre mais bien une lutte pour l'indépendance des nations vis-à-vis d'une puissance qui depuis longtemps ne respectait plus les limites politiques, mais qui, au contraire, cherchait à les faire disparaître, pour étendre à toutes les nations le système révolutionnaire de l'égalité centralisée.

Avant que les armées ennemies se rencontrassent en Bavière, la guerre avait éclaté, terrible, sur un autre théâtre ! Tout d'abord dans le Tyrol. La Bavière avait divisé ce pays en trois cercles, elle avait fait disparaître le nom même du pays, supprimé les états provinciaux, introduit la conscription et surtout commencé la réforme ecclésiastique. Tout cela et principalement cette dernière tentative, avait fait naître, surtout chez la noblesse et la population rurale, une haine profonde de tout ce qui était bavarois et le nouveau régime ne comptait quelques adhérents que dans le sein de la bourgeoisie libérale des villes les plus importantes. Les promesses d'émissaires autrichiens, envoyés par le gouvernement de Vienne, exaltèrent encore davantage les esprits et quand on ne put plus douter que la guerre éclaterait à bref délai, les paysans tyroliens se soulevèrent; ils soutinrent un engagement contre les troupes bavaroises où ils eurent le dessus, les contraignirent à capituler, s'emparèrent de la capitale où entrèrent peu après les Autrichiens salués par les cris de joie de la population. Au même moment, l'armée de l'archiduc Jean, débouchant de la Carinthie, avait battu à Pordenone les Français de Beauharnais, puis, le 16 avril 1809, elle leur infligea une seconde défaite dans la bataille de Sacile ou de Fontana-Fredda et les rejeta jusque sur la Piave et sur l'Adige. Le corps de l'archiduc Ferdinand avait de même pénétré victorieusement en Pologne, si bien qu'il put entrer dès le 20 avril à Varsovie. C'étaient là des succès d'autant plus précieux que, malgré le retard qu'avaient causé à l'offensive autrichienne les modifications apportées au plan d'opérations, Napoléon n'en était pas moins surpris, vu qu'il ne s'attendait à être attaqué que quelques semaines plus tard. L'essentiel à présent était que la principale armée autrichienne sût profiter de la faveur des circonstances en exécutant des opérations rapides et décisives.

C'était Berthier qui exerçait le commandement supérieur de l'*armée d'Allemagne* jusqu'à l'arrivée de l'Empereur. Mais il n'était pas le moins du monde à la hauteur de sa tâche. Au lieu de se conformer à l'ordre pourtant si clair de Napoléon de faire revenir Davout sur le Lech et d'y concentrer l'armée, c'est-à-dire de la réunir en tout état de cause avant d'engager la lutte, il le laissa posté à Ratisbonne et comptait pouvoir faire arriver Oudinot et Masséna à hauteur, au sud du Danube. La seule chose qu'il obtint de la sorte, ce fut que l'armée française, au lieu d'être concentrée, se trouvât être, pendant plusieurs jours, coupée en deux tronçons, que l'armée autrichienne s'avançant en masse compacte pouvait vaincre l'un après l'autre. Mais les Autrichiens ne surent pas profiter de cette occasion favorable. Il leur fallut six jours, du 10 au 16 avril, pour arriver de l'Inn sur l'Isar, distance que peu de temps après les Français allaient franchir en deux étapes. Quand, le 17 au matin, l'archiduc partit de Landshut pour marcher au nord sur Ratisbonne afin de prendre l'offensive contre Davout, celui-ci s'était déjà replié en dépit de l'ordre de Napoléon. Celui-ci allait arriver sur le Danube mais il n'était que temps. Sa présence était nécessaire pour tirer son armée de la situation périlleuse où elle se trouvait.

Le 12 au soir l'Empereur avait reçu à Paris, par le télégraphe optique, la nouvelle que les Autrichiens avaient passé l'Inn et que la guerre était déclarée. Il était parti immédiatement; il avait roulé quatre jours et quatre nuits sans presque prendre de repos et le 17 au matin il arrivait à Donauwœrth. Là il s'aperçut immédiatement de la faute qu'avaient commise les Autrichiens en marchant avec trop de lenteur et, quelque grande que fût l'irritation que lui causa le gâchis qu'avait fait Berthier, la manière de procéder de l'ennemi le calma aussitôt. « Où est l'ennemi ? demanda-t-il en descendant de sa chaise de poste. » L'archiduc a passé l'Inn, et l'Isar, lui répondit Montyon qui plus tard raconta bien souvent cette scène ; puis il a tourné à droite et il est en pleine marche sur Ratisbonne. » D'abord l'Empereur n'en crut pas ses oreilles, il fallut lui répéter à plusieurs reprises que c'était bien là la vérité. A ces mots, Montyon avait vu Napoléon se redresser, l'éclair jaillir de ses yeux, et tendant son bras du côté de Ratisbonne « Je les tiens donc, s'était-il écrié, transporté d'une joie qu'indiquaient son geste, l'éclat de sa voix et son regard. C'est une armée perdue! dans un mois nous serons à Vienne! »

L'Empereur se trompait. Il allait y être en trois semaines.

La campagne que Napoléon fit alors, compte, de l'aveu de tous, parmi ses plus belles, ses plus brillantes. Nous n'allons pas l'étudier en détail. Il faut nous borner à en indiquer les résultats. La distance à vol d'oiseau de Landshut à Ratisbonne n'étant que de sept milles, tandis qu'elle est de seize d'Augsbourg à Ratisbonne, les Autrichiens auraient encore pu vaincre séparément les deux armées françaises et l'on a cité à bon droit l'exemple de Napoléon disposant d'un temps et d'un espace moindres, quand à sa première campagne d'Italie il battit isolément, devant Mantoue, les armées autrichiennes qui arrivaient pour débloquer cette place. Mais ils continuaient à avancer avec la même lenteur circonspecte et de plus, comme on ne savait pas si Davout était réellement encore à Ratisbonne ou bien s'il avait déjà battu en retraite vers l'Ouest, leurs forces se divisèrent, si bien qu'une moitié de l'armée seule marcha sur cette ville, tandis que l'autre s'avançait sur Abensberg pour prendre le maréchal en flanc et l'empêcher d'opérer sa jonction avec les Bavarois[1]. Dans l'intervalle, Napoléon avait dès le 17, expédié ses ordres: Davout reviendrait de Rastisbonne sur Ingolstadt en longeant la rive droite du Danube, il se mettrait en communication avec les Bavarois sous Lefebvre tandis que Masséna se porterait en avant du Lech sur

[1] Radetzky, qui assista à cette campagne, dit que d'avoir divisé l'armée dans le but de s'emparer de Ratisbonne est la seconde grosse faute commise par les Autrichiens, la première étant d'avoir marché par Linz.

l'Inn. Ce dernier surtout, il l'exhortait à marcher le plus rapidement possible, vu que finalement il avait conçu le dessein, non seulement de réunir son armée en ramenant en arrière l'aile gauche et en faisant marcher en avant la droite, mais encore de menacer l'ennemi en manœuvrant, comme toujours, pour lui couper sa ligne de retraite, cette fois-ci ses communications avec Landshut. Tous ces mouvements sont exécutés et tout en marchant, on livre une série d'engagements heureux aux colonnes autrichiennes des deux ailes. Bientôt l'armée est concentrée et le 20 avril Napoléon peut faire prendre l'offensive à toute sa ligne, Davout à gauche, marchant sur la Laber, Masséna à droite, dans la direction de Moosbourg, lui-même au centre avec les Bavarois et quelques divisions françaises, franchissant l'Abens. Napoléon obtint ce grand résultat que, le 20 encore, il se glissa entre les deux tronçons de l'armée ennemie et qu'il refoula sur Landshut l'un des deux, celui de Hiller qui s'était porté en avant vers le nord-ouest; l'autre, celui de l'archiduc Charles, parvint ce jour-là à s'emparer de Ratisbonne. Napoléon, laissant à quelques fractions le soin de poursuivre Hiller jusqu'à Neumark et au delà, se tourne immédiatement contre l'archiduc. Celui-ci avait attiré à lui, à Ratisbonne, l'un des deux corps de Bohême, qui avait marché lui aussi avec trop de lenteur, et le 22, il se portait en avant vers le sud. Mais un de ses corps, celui de Rosenberg, au centre, fut vaincu par Vandamne à Eggmühl, tandis que Davout refoulait l'aile droite autrichienne et que Lannes manœuvrait pour tourner leur gauche. Malgré la bravoure extraordinaire avec laquelle ils se battirent, les Autrichiens ne purent tenir tête à l'ennemi, ils se replièrent sur Ratisbonne où, le 23, eut lieu un nouvel engagement malheureux en suite duquel l'archiduc se vit contraint de passer le Danube afin de gagner la capitale en traversant la Bohême. Napoléon, sans se donner la peine de le poursuivre, ordonna à l'armée de marcher sur Vienne.

Plus tard, à Sainte-Hélène, il a assuré à plusieurs reprises que les plus grandes et les plus belles manœuvres sont celles de la bataille d'Abensberg, puis celles de Landshut, enfin celles d'Eggmühl ; ce dernier engagement surtout, il le mettait au-dessus de tout. En effet, si l'on considère que quelques jours à peine auparavant il avait trouvé tout dans la plus grande confusion, son armée coupée en deux tronçons en face d'un ennemi dont les masses étaient concentrées et qu'il sut dans ce court espace de temps réunir son armée, séparer celle de l'ennemi et en vaincre isolément les deux fractions, qui donc refuserait de lui reconnaître le génie stratégique ? Et si à côté de ce génie il y avait autre chose encore qu'il fallait admirer en lui, c'était l'énergie incessante de la pensée sans cesse agissante chez cet homme qui se refusait tout sommeil et prenait à peine un peu de nourriture jusqu'à ce qu'il eût atteint son but. « Le travail est mon élément, disait le captif de Sainte-Hélène, je suis né et construit pour le travail. J'ai connu les limites de mes jambes, j'ai connu les limites de mes yeux ; je n'ai jamais pu connaître celles de mon travail. »

Les victoires remportées en Bavière n'étaient pas seulement de brillants succès militaires. Elles constituaient le fait plus décisif de toute la guerre, qui par elle perdit absolument son caractère primitif. L'Autriche avait compté faire une guerre offensive ; à présent elle était réduite à la défensive et plus jamais elle ne pourrait reprendre l'offensive hors de ses frontières. Il y a cinq jours à peine, son armée était le protagoniste de l'Europe, maintenant elle n'était plus que le défenseur de l'État autrichien. Car par suite des échecs subis par l'archiduc Charles, Jean et Ferdinand avaient été contraints d'abandonner le terrain qu'ils avaient gagné en Italie et en Pologne. Aussi le plus grand abattement régnait-il dans le quartier général autrichien. De Cham où il s'était retiré, l'archiduc Charles écrivait à l'empereur François : « S'il y a encore une affaire comme celle-ci, je n'aurai plus d'armée. J'attends les négociations. » Mais malgré les pertes énormes essuyées dans cette campagne de cinq jours — on les estimait à plus de 50.000 hommes, — l'empereur n'était pas d'avis de courber le front dès maintenant. Il subissait encore l'influence de Stadion et celui-ci ne désespérait nullement du salut. « Tout n'est pas perdu, écrivait-il à Mme de Stadion, pourvu que nous parvenions à rendre courage à l'archiduc et à l'armée qui, à voir comment on l'a sacrifiée, a toute sorte de raisons d'être découragée. » Le frère du premier ministre, le comte Frédéric Stadion, fut envoyé à cet effet au quartier général et effectivement le généralissime sembla reprendre courage. A la vérité il adresse une lettre à Napoléon — elle devait rester sans réponse — pour lui proposer d'entamer des négociations, mais en même temps il espère pouvoir opérer, entre Budweis et Linz, sa jonction avec les deux corps d'armée de Hiller qui, se repliant devant Napoléon, ont regagné l'Inn et descendent le Danube et de contraindre l'ennemi à battre en retraite en menaçant de le prendre en flanc et à revers (Lettre de l'archiduc à François II, de Neumark, 28 avril 1809). Mais c'était là des illusions. A Linz, Hiller se voit hors d'état de tenir tête aux Français très supérieurs en nombre qui le talonnent ; il lui faut abandonner également la ligne de la Traun, après avoir livré d'héroïques combats à Ebelsberg, pour ne passer qu'à Krems sur la rive gauche du Danube, où il attend l'archiduc qui s'avance par Zwettel et Meissau ; vers le milieu du mois de mai les deux fractions de l'armée se trouvent réunies sur les versants occidentaux du Bisamberg, en face de Vienne.

Napoléon lui-même a reconnu plus tard, dans une conversation qu'il eut avec le général autrichien Bubna, que ç'avait été une faute de sa part de n'avoir pas suivi l'archiduc en Bohême ; il avait, disait-il, hésité trop longtemps à Ratisbonne et résolu de marcher sur Vienne uniquement à cause de la situation générale de l'Europe, c'est-à-dire pour empêcher les mécontents de l'Allemagne du Nord de se joindre à l'Autriche. Le 13 mai, il s'empara de la capitale qui, cette fois-ci, ne lui opposa pas une résistance bien vive et, tout comme en 1805, il s'établit avec sa suite à Schönbrunn. De la sorte il avait obtenu beaucoup, mais il était loin d'avoir tout obtenu. Car d'avoir en sa possession la capitale ennemie, cela ne constituait un avantage décisif que si l'armée ennemie postée en face de la ville était également battue et si Napoléon voulait continuer à procéder offensivement, il lui fallait risquer la bataille, quoique son armée fût affaiblie. Lefebvre en effet avait été détaché avec les Bavarois dans le Tyrol, Bernadotte était resté à Linz et Davout n'était pas encore arrivé à Vienne.

Pour aborder l'ennemi, il choisit un point de passage au sud-est de la ville, à Kaiser-Ebersdorf. C'est là que dans la nuit du 20 mai il fit passer dans l'île de Lobau, fort étendue, sa cavalerie légère, les corps de Masséna et de Lannes et derrière eux la garde, et de là il les porta sur la rive nord sans être inquiété par l'ennemi. L'archiduc Charles avait eu primitivement le dessein d'attendre dans sa position s'appuyant au Bisamberg, les Français qui, à Nussdorf, avaient fait un simulacre de passage ; mais, quand Napoléon eut inopinément franchi le Danube en aval de Vienne et que, dans la matinée du 21, il eut déjà occupé Aspern et Esslingen, l'archiduc résolut de se porter au devant de lui et de l'attaquer avec des forces supérieures. Afin de s'assurer l'avantage de la supériorité numérique, il voulut démolir le pont passant sur le bras principal à Ebersdorf, en faisant descendre le cours de l'eau à des bateaux chargés de pierres, afin que l'ennemi ne pût recevoir ses renforts. L'opération ne réussit pas du premier coup. Les Français tinrent dans les localités qu'ils avaient occupées et pendant la nuit Napoléon put faire passer assez de troupes pour être à même, le 22 dans la matinée, d'aborder l'archiduc, car à présent les deux armées étaient de force à peu près égale et si les brigades de Davout parvenaient à le rejoindre, l'Empereur se croyait sûr de vaincre ; Davout pouvait alors relever Lannes à Esslingen et celui-ci pouvait se lancer en avant pour enfoncer le centre autrichien. Et en effet, à peine Davout annonçait-il qu'il arrivait à Ebersdorf, de l'autre côté du fleuve, que Lannes de ce côté-ci reçut l'ordre d'avancer. Déjà il s'était porté en avant avec une violence inouïe, déjà la ligne autrichienne ployait et reculait, si bien que l'archiduc s'exposant lui-même, dut envoyer en avant toutes ses réserves pour éviter une catastrophe quand soudain, sur les derrières des Français le grand pont se rompit, les troupes de Davout se virent retenues sur l'autre rive et Lannes, ne pouvant être soutenu depuis Esslingen, dut se retirer. Les Autrichiens se remirent à marcher en avant, avec un courage inébranlable, et Napoléon se vit de nouveau réduit à la défensive ; la bataille reprit donc le caractère qu'elle avait eu la veille. Il y eut encore quelques moments critiques pour l'archiduc qui, dit-on, songea même à battre en retraite, mais finalement les Français furent obligés d'abandonner Aspern et Esslingen pour retourner dans l'île de Lobau, les troupes de Masséna et surtout l'héroïque général Mouton couvrant la retraite [1], en luttant avec la plus grande bravoure.

Napoléon avait perdu la bataille. Ses généraux s'étaient couverts de gloire, mais lui, le généralissime, avait été vaincu. Il passa le Danube dans une barque et arrivé à Ebersdorf on raconte qu'il resta assis seul, immobile, muet, le regard fixe, à une table sur laquelle était servi un souper improvisé, jusqu'à ce qu'enfin ses yeux se remplirent de larmes. Pleurait-il Lannes, qui avait reçu une blessure mortelle? Ses flatteurs le dirent; ou était-ce une autre perte qui lui arrachait ces larmes? Car il ne pouvait se le cacher: il avait perdu son renom de général invincible. Qui donc va ajouter foi à ces paroles qu'il écrivit dans le bulletin qu'il lança dans le monde entier: « L'ennemi se retira sur ses positions et nous restâmes les maîtres du champ de bataille. »

Par auparavant il s'était concerté dans l'île de Lobau avec ses maréchaux. Ils l'avaient vu courageux et plein de confiance comme toujours. L'un d'eux ayant proposé d'évacuer l'île, il avait refusé; il va s'y maintenir et la fortifier. Il prenait le bon parti car quand dans la nuit du 23 au 24 mai deux

[1] Il n'existe pas de récit absolument exact de la bataille d'Aspern. C'est finalement le général de cavalerie autrichien, prince Jean Liechtenstein qui décida du sort de la journée; l'archiduc le déclara lui-même le lendemain à l'empereur devant toute l'armée. C'est ce que dit Stadion qui avait accompagné l'empereur, dans sa lettre du 23 mai à Mme de Stadion.

brigades autrichiennes tentèrent de l'enlever, leur entreprise échoua [1]. Reste à savoir si elle n'eût pas réussi si on avait employé un corps de troupes plus considérable? Marmont raconte qu'il régnait un grand désordre dans l'armée française qui dut bivouaquer trois jours dans l'île, jusqu'à ce que le grand pont fût rétabli, et que, si l'ennemi avait tenté un coup de main, il avait toutes les chances pour lui. Mais l'archiduc se contenta de chercher dans le Marchfeld la meilleure position possible et de voir venir. A son avis il fallait chercher à tirer parti de la victoire plutôt par voie diplomatique que militairement, c'est-à-dire à obtenir une paix la plus avantageuse possible. Il ne croyait pas pouvoir remporter un nouveau succès en rase campagne. « La bataille d'Aspern, écrivit-il quelques semaines après à son oncle, le duc Albert de Saxe-Teschen, a radouci Napoléon. Qu'on profite de ce bonheur que nous aurons difficilement une seconde fois. »

Les alternatives de la lutte avaient produit sur toute l'Europe la joie la plus grande a l'abattement le plus profond. Les adversaires de l'Empereur, surtout ceux de l'Allemagne du Nord, avaient été transportés d'enthousiasme par les premiers avantages remportés par les troupes autrichiennes en Italie, mais avant tout par le succès des révoltés tyroliens. A ce moment-là tous les conseillers de

[1] C'est ce que mande l'archiduc lui-même à l'empereur son frère. Dans un *Mémoire* de son chef d'état-major, de Wimpffen, du 29, il y a une variante. Voici ce qu'il dit : « On ne put tirer parti de la victoire, la solide position de l'ennemi ne permettant pas de la poursuivre ; on ne pouvait pas davantage franchir le Danube tant que l'ennemi tenait la Lobau, de ce côté-ci du bras principal, fortement occupée et y laissait une portion considérable de son armée. »

Frédéric-Guillaume III insistèrent auprès de lui pour qu'il se déclarât en faveur de l'Autriche. Celle-ci y comptait sûrement et, afin de décider le roi, elle lui offrit le duché de Varsovie que l'archiduc Ferdinand venait de conquérir. Mais ce fut en vain. Le roi tint tête à ses conseillers ; ne voyant que la Prusse, il condamnait le mouvement national et guerrier qui agitait son pays comme constituant « un désordre criminel », surtout quand Schill, aux acclamations de toute la population, quitta, de sa propre initiative, Berlin avec son bataillon pour soutenir Dornberg qui soulevait la Westphalie et ce ne fut que quand la nouvelle lui arriva de Saint-Pétersbourg qu'Alexandre ne voulait pas ouvrir sérieusement les hostilités contre l'Autriche, qu'il donna, comme malgré lui, l'autorisation d'armer en secret et qu'il fit arrêter le paiement des indemnités dues à la France. C'était là un premier pas qui pour n'être pas absolument dénué de raison, devait forcément être suivi d'un autre. Mais ce second pas on ne le fit point. Les défaites infligées aux Autrichiens en Bavière produisirent de l'effet et le roi persista à penser que l'empereur des Français triompherait même des armées prussiennes et autrichiennes réunies et qu'il valait mieux être roi des pays à l'est de l'Oder que de n'être plus roi de Prusse du tout. Même la bataille d'Aspern ne modifia pas sa manière de voir, car en ne la mettant pas à profit, on lui fournissait un nouvel argument à opposer à ses ministres. Ajoutez qu'à ce moment-là même, le gouvernement autrichien commit la faute de ne pas accepter sans discuter les conditions que la Prusse mettait à son entrée dans la coalition et de lui donner au lieu de cela des assurances vagues en l'engageant à s'adresser à l'Angleterre pour obtenir des armes et de l'argent.

Quand, vers le milieu de juin, le colonel autrichien Steigentesch se montra trop ostensiblement à Königsberg, pour y conclure une convention militaire, il fut éconduit et dut retourner sans avoir rien obtenu. Le roi était décidé à attendre l'issue de la prochaine bataille. Nous le voyons malgré les événements de 1806 se conduire tout comme en 1805. Son peuple seul a changé. C'est avec une explosion d'enthousiasme que fut accueillie la nouvelle du second soulèvement du Tyrol — après le départ des Autrichiens, les Baravois et les Français étaient allés le réoccuper — ; dans la bataille livrée au mont Isel (29 mai) les paysans avaient été victorieux ; on apprenait en même temps qu'un détachement autrichien réuni à un corps franc que le duc Frédéric-Guillaume de Brunswick venait de lever avait pénétré en Saxe et en Franconie, et enfin que les Anglais s'apprêtaient à débarquer des troupes à l'embouchure de l'Elbe et du Weser. C'est au moins ce que pensaient les généraux prussiens Blücher et Bülow qui commandaient en Poméranie et qui, du jour au lendemain, décidèrent de soulever leurs troupes contre Napoléon, que le roi le voulût ou non. Mais il arriva juste à ce moment une nouvelle qui allait singulièrement refroidir ce bel enthousiasme.

Après la journée d'Aspern les deux armées étaient restées auprès de Vienne, sans rien entreprendre, l'une en face de l'autre. L'armée autrichienne ne prenait pas l'offensive tout d'abord pour que la victoire du 22 pût produire son effet au loin et pour ne pas compromettre cet effet par les hasards d'une bataille où l'on aurait le dessous, comme nous l'apprend un personnagne initié aux secrets du quartier général. L'archiduc invoquait l'exemple de Fabius, le vainqueur d'Annibal. « Napoléon et moi, écrivait-il dans le courant du mois de juin au duc de Saxe-Teschen, nous sommes à nous regarder, à voir qui de nous deux sera le premier à faire une faute dont on puisse profiter à et nous refaire un peu de nos pertes. Je ne risquerai rien, car les forces que j'ai à présent à ma disposition sont les dernières de la monarchie. Mais je profiterai avec la plus grande énergie de toute occasion qui se prêtera à moi pour frapper un coup décisif. » Mais Napoléon ne commit plus de faute dans cette campagne. Il fit au contraire tout ce qu'il fallait pour effacer absolument celle qu'il avait commise. Toutes les troupes disponibles, il les attira à lui, en vue de la bataille décisive : Eugène, qui avait suivi l'archiduc Jean, s'avançait par la Karinthie avec plus de 60.000 hommes et à la fin du mois de mai il avait déjà franchi le Semmering. Marmont reçut l'ordre d'amener 10.000 hommes de la Dalmatie, Lefebvre dut marcher du Tyrol à Linz afin d'y relever les divisions de Bernadotte et de Vandamne, qui furent amenées près de Vienne. Afin de couvrir le plus possible ces forces, l'île de Lobau, où le corps de Masséna était resté, fut couverte de retranchements, le grand pont du Danube fut consolidé à l'aide d'un parapet d'estacades et gardé par une flottille de bateaux à rames. L'Empereur ne négligeait pas les plus infimes détails pour s'assurer la victoire dans la prochaine bataille [1]. Sur l'autre rive, l'archiduc s'était aussi renforcé en attirant à lui le corps de Kollowrat posté à grande distance,

[1] Dans l'île de Lobau, le 21 mai, il avait suivi les différentes phrases de la bataille, perché sur une échelle à corde ; ayant vu à Schœnbrunn de grandes échelles roulantes dont se servaient les jardiniers, il en fit transporter une dans l'île afin d'avoir un observatoire commode à sa disposition (*Archives du ministère de la guerre*).

tandis que son frère Jean s'avançait par la Hongrie où il fut rejoint par les milices dont la diète avait voté la levée un an auparavant. Tout cela n'alla pas tout seul. Napoléon pour empêcher l'archiduc d'opérer sa jonction avec l'armée principale, envoya contre lui le vice-roi et, le 14 juillet, Eugène, se vengea à Raab de la défaite qu'il avait essuyée à Fontana-Fredda. Jean dut d'abord battre en retraite vers l'est; il ne se remit en marche vers l'ouest qu'après avoir franchi le Danube et il n'arriva qu'avec des forces sensiblement réduites à Presbourg, d'où il rétablit ses communications avec son frère.

Dans les premières journées de juillet, Napoléon a terminé ses préparatifs; il peut opposer à l'ennemi qui ne compte que 130.000 hommes, 180.000 et une nombreuse artillerie, surtout s'il parvient à engager la bataille avant que Jean pût s'avancer de Presbourg. Dans la nuit du 4 au 5 juillet, son armée, trompant les Autrichiens par un simulacre de passage à Aspern, débouche de l'île de Lobau sur la rive nord. Le mouvement s'affectue sans que rien vienne l'entraver et dans la journée du lendemain elle peut, sans rencontrer de résistance bien vigoureuse, se ranger en bataille en face de l'archiduc qui, voyant devant lui des forces considérablement supérieures, a ramené son armée dans une position défensive sur le Bisamberg et derrière le Russbach qui coule à travers le Marchfeld. Napoléon envoya un détachement considérable dans la direction de la March, en reconnaissance, pour voir si l'archiduc Jean n'était pas sur le point d'arriver. Quand il fut tranquillisé à cet égard, il résolut assez tard dans la soirée d'attaquer les Autrichiens en dirigeant l'attaque principale, exécutée par des forces supérieures en nombre, sur l'aile gauche ennemie, afin d'empêcher la jonction des deux archiducs, tandis que sa propre aile gauche, commandée par Masséna, était chargée d'occuper et de retenir le gros des forces ennemies. L'attaque échoua ; les Autrichiens la repoussèrent et refoulèrent les Français dans leurs positions.

Le lendemain, l'archiduc s'aperçut du point faible de la position ennemie et ordonna à son aile droite de s'avançer le long du Danube tandis que son centre marcherait également en avant. Masséna seul n'est pas capable de leur tenir tête. Afin d'éviter d'être tourné il faisait presque face au Danube. Il reçoit des renforts, mais il se voit quand même obligé de se replier ; son mouvement rétrograde s'accentue de plus en plus, enfin Napoléon mène lui-même en avant une fraction considérable de son armée ; il fait charger sa cavalerie : elle ne parvient pas à arrêter l'ennemi ; mais alors l'Empereur met en batterie plus de cent pièces et celles-ci réussissent là où la cavalerie avait échoué. Malgré le danger d'êtres pris à revers, il n'avait pas perdu de vue son objectif : remporter la victoire à l'aile droite. A midi, il fait marcher sur Wagram et Markgraf-Neusield des troupes en nombre supérieur et, une fois maître de Wagram, il pourra contraindre l'aile droite autrichienne à abandonner le terrain qu'elle a gagné. Il est si sûr de son affaire qu'en pleine bataille il fait étendre par son fidèle Roustan une peau d'ours sur le sol et s'endort d'un profond sommeil pendant quelque vingt minutes [1]. Bientôt

[1] Il est arrivé plusieurs fois à Napoléon de s'endormir au milieu de la bataille, par exemple, trois ans plus tard, à celle de Bautzen. En en parlant dans la suite, il a déclaré que cette habitude présentait un grand avantage pour le généralissime, celui d'attendre tranquillement les rapports

en effet, l'ennemi reperd du terrain, Davout enlève les hauteurs de Markgraf-Neusield et assure ainsi le gain de la journée ; les Autrichiens sont obligés de rétrograder fort loin derrière le Russbach jusqu'au pied du Bisamberg et vers la route de Brunn. Cette retraite, il est vrai, s'opère dans un ordre parfait : ils ne sont pas absolument battus. Napoléon a subi des pertes si graves qu'il ne renouvelle plus son attaque. Il a d'ailleurs atteint le but immédiat qu'il se proposait. Il a vaincu l'armée principale de l'ennemi et l'a empêchée d'opérer sa jonction avec l'archiduc Jean. Celui-ci arriva sur le Marchfeld dans le courant de l'après-midi ; mais Charles avait déjà donné l'ordre de battre en retraite et on ne put plus tirer parti du secours qui arrivait. On a voulu prouver tout récemment que Jean, qui avait reçu les ordres de son frère le 5, de très grand matin, ne pouvait pas commencer sa marche plus tôt, ni l'exécuter plus rapidement et que, même s'il était arrivé à temps, il se fût trouvé en face des troupes françaises intactes qui l'eussent empêché de prendre part à l'action. Ce dernier point mérite confirmation, quant au premier, n'est-on pas tenté malgré soi de se demander si dans des circonstances pareilles, un général français aurait mis autant de temps à exécuter un ordre de Napoléon ? Or quiconque connaît cette période de l'histoire militaire, répondra négativement.

La journée de Wagram ne mettait pas fin à la campagne. L'Autriche n'était pas encore à bas. L'archiduc disposait encore d'une armée parfaitement en état de se battre ; il la concentra à Znaïm,

des divisions au lieu de se laisser influencer et entraîner par les événements qui se passent sous ses yeux. (*Mémorial de Sainte-Hélène*).

où Napoléon ne put le suivre avec toute son armée, vu qu'il lui avait fallu laisser l'armée d'Eugène qui avait, le 6, décidé du sort de la journée, en observation devant Vienne et l'archiduc Jean. Or, il advint que, le 11 juillet, — Masséna et Marmont venaient d'engager l'action et on se préparait à livrer une nouvelle bataille — un parlementaire se présenta au quartier général de Napoléon pour demander un armistice. Devait-il accepter ou refuser? Ses généraux lui conseillaient le second parti, il se décida pour le premier. Il avait différentes raisons d'agir de la sorte. D'abord, il se rendait compte que la nouvelle tactique, qui peu à peu avait remplacé l'attaque à la baïonnette par la canonnade et qui avait joué à Wagram un rôle prépondérant, rendait les batailles plus sanglantes, sans que pour cela elles fussent plus décisives, si bien qu'il commençait à ne plus voir dans la bataille le moyen infaillible du succès. « On ne doit livrer bataille, écrivit-il peu après, le 21 août 1809, à Clarke, que lorsqu'on n'a plus de nouvelles chances à espérer, puisque de sa nature, le sort d'une bataille est toujours douteux [1]. » En outre, il avait fait de fâcheuses constatations par rapport à ses troupes: le 6, le corps de Bernadotte avait battu en retraite sans opposer la moindre résistance à l'ennemi; il fallut le dissoudre et, dans la nuit suivante, la nouvelle que l'archiduc Jean arrivait, avait occasionné une panique dans laquelle des milliers de fuyards se précipitèrent vers le Danube. L'Empereur se plaignait de

[1] Dans une conversation qu'il eut plus tard avec le général autrichien Bubna, il expliquait l'usage immodéré de l'artillerie qu'il avait dû faire en disant: « Vous voyez bien que mon infanterie n'est pas parfaite; la meilleure partie, la vieille infanterie, est en Espagne. »

ce que ses soldats n'étaient plus ceux d'Austerlitz. Enfin dans la dernière bataille, maint bon général était tombé parce qu'il avait dû s'exposer pour entraîner les troupes qui ne donnaient que mollement ; Masséna avait failli périr. Par contre, il avait dû constater que les Autrichiens étaient des adversaires redoutables qui savaient vaincre, dès que l'ennemi ne disposait pas de la supériorité numérique et qu'il n'était parvenu à battre qu'au prix des plus grands dangers et d'efforts énormes là où il avait la supériorité. Non, la guerre n'avait plus autant de charmes pour lui. Aussi, le 12 juillet, accepta-t-il l'armistice tout en ne l'accordant que contre la cession de 4000 milles carrés. L'empereur François ne ratifia la convention qu'après de longs refus et avec le dessein secret de continuer la lutte. L'archiduc n'approuvant pas cette résolution, il prit lui-même le commandement supérieur et Charles quitta l'armée.

Comme on voit, l'armistice de Znaïm n'impliquait nullement la paix. L'Autriche comptait sur la Prusse, dont le roi, cette fois-ci, semblait décidé à intervenir — il ne l'était qu'en apparence — et dont un envoyé spécial venait d'arriver à la cour ; elle comptait sur l'Angleterre qui venait d'envoyer une seconde armée, sous Wellesley, en Espagne et qui préparait une deuxième expédition contre la Hollande ou l'Allemagne du Nord ; elle espérait en la Russie qui ne s'était pas montrée alliée bien zélée de l'empereur corse ; elle comptait sur la Turquie et surtout sur ses propres forces qu'on voulait reconstituer en les portant au chiffre de 200.000 hommes dont on aurait donné le commandement au prince de Liechtenstein. C'était pour cacher le plus possible ces préparatifs et ces espérances que François II avait fait demander la paix à Napoléon.

Or, celui-ci la désirait sincèrement pour les raisons même qui faisaient hésiter son adversaire ; lui aussi cachait son désir avec autant de soin que l'Autriche cachait ses velléités guerrières afin de tirer le plus de profit possible des négociations. D'abord il n'opposa qu'un brusque refus à la demande de l'empereur François, il parla de démembrer l'Autriche, d'exiger que l'empereur abdiquât et ne consentit à traiter que quand celui-ci eut réitéré sa demande. Les deux plénipotentiaires, — Champagny et Metternich — se rendirent à Altenbourg, mais leurs négociations ressemblaient plutôt à une vaste intrigue qu'à une affaire menée sérieusement. Napoléon recommença à poser des conditions d'une rigueur exagérée, il demanda qu'on lui cédât tout le pays qu'il occupait — c'était environ un tiers de la monarchie ; — les Autrichiens répondaient par des contre-propositions pour faire traîner les affaires en longueur. Une modification décisive seule qui se produisit dans la situation générale fit qu'on se mit à traiter sérieusement.

Les Anglais avaient, à la vérité, remporté des succès en Espagne, mais ils ne furent point d'un effet durable. Wellesley avait forcé le maréchal Soult à évacuer le Portugal, puis, pénétrant en Espagne il avait vaincu Victor à Talavera, les 17 et 18 juillet 1809 ; mais menacé d'être pris en flanc par Soult, il dut revenir à Badajoz, sur la frontière du Portugal et en même temps Sébastiani battait une des armées espagnoles que Napoléon n'avait fait que disperser (11 août). Peu de temps après, l'entreprise des Anglais sur les côtes de la mer du nord échoua également. Au lieu de débarquer dans l'Elbe et de tirer parti du mouvement d'opinion qui se manifestait dans les populations allemandes, leur égoïsme leur avait fait mettre le cap sur la Hollande afin d'enlever Anvers. Ils n'y parvinrent pas et vers la fin de septembre ils durent se retirer honteux et bafoués. Frédéric-Guillaume III, quoiqu'il y eût eu un commencement de rapprochement, ne put pas, même après avoir été informé que l'Autriche allait continuer la guerre, se décider à mobiliser contre Napoléon et le czar fit déclarer à l'empereur François qu'il ne devait pas compter sur la Russie, mais faire sa paix avec la France. La tournure qu'avaient prise les événements étaient donc bien moins favorables à l'Autriche qu'auparavant. Mais ce qui la décida surtout, c'est qu'elle ne pouvait plus compter sur son armée où une épidémie venait d'éclater, qui allait mettre hors d'état de marcher de 70 à 90.000 hommes, à ce qu'assure Varnhagen qui était alors au service de l'Autriche. Tous ces motifs réunis firent abandonner à l'empereur et à son entourage — la cour était à Totis — le dessein de continuer la lutte. Et à ce moment-là, Napoléon jeta le masque et montra le désir qu'il avait lui-même de faire la paix. Il disait confidentiellement au comte Bubna par l'intermédiaire duquel l'empereur François s'était mis à traiter directement avec lui, qu'il désirait sincèrement la paix. « Jusqu'ici, ajouta-t-il, j'ai eu l'appui de la Russie et l'empereur Alexandre maintient son alliance avec moi en dépit de sa nation ; je l'en loue, car un souverain ne doit pas se préoccuper de l'avis de ses sujets ; (personne pourtant ne s'en préoccupait plus que Napoléon) mais qui me garantit qu'il en sera toujours ainsi ? Quant à la Prusse je sais que depuis longtemps elle hésite entre vous et moi. » Il faisait l'éloge de l'armée autrichienne, déclarant que s'il la commandait elle serait tout aussi bonne que la française et supérieure à toute autre. Il abandonna les conditions imposées à Altenbourg, les imputant à la haine personnelle de Champagny, mais il exigea qu'on lui cédât trois millions et demi d'habitants, à l'ouest, au sud et en Galicie. Ce fut là son ultimatum dont il ne départit plus et quand l'empereur François finit par accepter et envoya Liechtenstein directement à Schönbrunn avec des pleins pouvoirs — les négociations d'Altenbourg avaient été interrompues — il en exigea encore une indemnité de guerre de 100 millions qu'il réduisit dans la suite à 75, mais que Champagny, pour flatter le maître, fit remonter à 85 millions, quoique l'État appauvri ne fût guère à même de payer cette somme. Finalement, l'Autriche absolument isolée, à bout de forces, dut se résigner à en passer par là et dans la nuit du 13 au 14 octobre Liechtenstein signa en réservant simplement la ratification impériale. Mais Napoléon n'attendit pas que François eût à son tour apposé sa signature sous le traité et dès le 14 au matin ses canons annonçaient aux Viennois que la paix était conclue.

Le traité qu'il venait de signer enlevait à l'empereur d'Autriche plus de 2.000 milles carrés du territoire : Salzbourg, Berchtesgaden et le district de l'Inn passaient à la Confédération du Rhin, la Galicie occidentale, ou nouvelle Galicie, au duché de Varsowie, de même que le district environnant la ville de Cracovie et tout le cercle de Zamosc dans la Galicie orientale ; la Russie recevait une étroite bande de terrain enlevée à la Galicie orientale. Il cédait à Napoléon lui-même Görz, Montefalcone et la ville de Trieste qu'il convoitait depuis longtemps, en outre la Carniole, le cercle de Villach en Karinthie et tous les territoires croates à droite de la Save ; tout cela allait former un « gouvernement d'Illyrie » qui n'était rattaché à aucun Etat. L'Empereur des Français garantissait à l'Autriche l'intégrité de l'empire ainsi réduit tandis que François I reconnaissait tous les changements en Espagne, en Portugal et en Italie qui avaient déjà été faits ou seraient faits à l'avenir. Il va de soi que l'Autriche fut obligée de nouveau à rompre avec l'Angleterre et à entrer dans le blocus continental. Un article secret portait que l'Autriche réduirait ses effectifs à 150.000 hommes et paierait une indemnité de guerre de 75 millions que Champagny, pour plaire à son maître, porta à 85 millions.

Dans la nuit du 15 au 16 octobre déjà, Napoléon quitta Schönbrunn. Un incident qui était survenu lui faisait ainsi précipiter son départ. Trois jours auparavant, pendant qu'il passait une revue dans la cour de château, un jeune homme avait cherché à l'approcher. On le trouva armé d'un long couteau et il avoua franchement qu'il avait voulu assassiner l'empereur. Le jeune homme, presque un enfant encore, s'appelait Frédéric Staps et était le fils d'un ministre protestant de Naumbourg. D'un caractère calme et placide, la détresse de sa patrie l'avait rempli d'une haine indicible contre l'oppresseur et il avait résolu de le tuer. Napoléon fut tenté d'abord de croire qu'il avait affaire à un fou et ce n'est qu'à contre-cœur qu'il se laissa convaincre par Staps lui-même de l'intensité de la haine que lui vouait l'Allemagne et de l'extension qu'elle avait déjà prise. Il lui demanda s'il lui saurait gré de sa grâce, l'autre lui répondit tranquillement qu'il chercherait de nouveau à le tuer. On le fusilla sans grand apparat. Napoléon voulait faire le silence sur cet attentat et s'il en transpirait quelque chose, le ministre de la police devait faire répandre le bruit que Staps était fou. En effet, pendant de longues années encore bien des personnes croyaient que le jeune homme était enfermé à Vincennes.

Napoléon rentra cette fois-ci encore triomphalement à Paris. Le public ignorait à peu près combien il avait eu de peine à sortir victorieux de la lutte. Et même s'il l'eût su, le traité de paix n'était-il pas là pour prouver le contraire par ses clauses humiliantes pour l'Autriche ? Mais le peuple français ne vit dans tout cela qu'une nouvelle campagne victorieuse faite avec des soldats français, mais nullement dans l'intérêt de la France. Nous avons déjà vu se produire les premiers indices de l'aversion que la nation sentait poindre en elle contre l'empereur auquel la France ne suffisait pas. Que signifiait tout ce qu'il faisait pour flatter la vanité des Français, que signifiaient toute cette gloire, tout cet éclat qu'il rapportait en rentrant à Paris en face de ce fait que le trône de la France ne satisfaisait pas son ambition ? Cette tendance anti-nationale d'étendre toujours plus loin la sphère de sa puissance devait finir par lui enlever la faveur populaire. Car un peuple peut tout pardonner à son souverain sauf une seule chose, c'est de n'être pas patriote. Il y avait d'ailleurs bien des choses encore qui faisaient naitre des sentiments d'opposition. La promesse faite un an auparavant de mettre fin, à bref délai, à la guerre avec l'Angleterre, n'avait pas été tenue ; la guerre durait toujours, elle était poussée avec la même intensité et aucune spéculation un peu vaste n'était possible. Des ports jadis très florissants s'appauvrissaient et tombaient de plus en plus bas. La guerre offensive en Espagne prenait fin tout aussi peu et le midi de la France se ressentait considérablement de l'interruption que subissaient les relations commerciales jadis si fructueuses entre les deux pays. A cela venait s'ajouter que l'empereur professait à l'égard des classes moyennes un dédain qu'on ressentait profondément ; les fils de familles appartenant aux classes privilégiées étaient, à l'exclusion de tous les autres, nommés auditeurs au conseil d'État, fonctions qui seules donnaient accès aux dignités et emplois d'un ordre supérieur, tandis que tous les autres étaient obligés de se contenter des obscurs emplois des bureaux. Et c'étaient précisément ceux que l'Empereur croyait de la sorte s'attacher qui lui étaient le moins fidèles. « Les généraux, dit un contemporain fort attentif à ce qui se passait, avaient, par suite de leurs riches dotations, un intérêt tout différent de celui du monarque, à savoir de conserver ce qu'ils avaient acquis et dès lors ils ne faisaient plus qu'à contre-cœur le service continu et fatigant qu'on exigeait d'eux. L'empereur, en attirant de préférence à lui les ecclésiastiques et les émigrés, n'avait gagné que des adhérents tièdes et douteux, tout en donnant lieu de croire qu'il méconnaissait l'origine de sa puissance, la Révolution dont il était issu. Les personnages appartenant à la vieille noblesse, dont il aimait à s'entourer, acceptaient, il est vrai, les dignités qu'on leur offrait, mais ils trahissaient ses secrets toutes les fois qu'ils parvenaient à en avoir connaissance ; en sa présence ils le flattaient indignement et, quand il avait le dos tourné, ils se plaignaient de leur triste sort qui les condamnait à servir un parvenu. Le clergé, il est vrai, poussait la servilité, en donnant l'instruction religieuse, jusqu'aux dernières limites et prêchait l'obéissance passive que toute hiérarchie ecclésiastique favorise, mais d'autre part il gémissait sur le sort du pape. » Et c'est précisément, à ce moment-là, que sur un ordre indirect de l'empereur, Pie VII fut emmené de Rome, ce qui indisposa contre Napoléon des millions d'âmes pieuses.

Cela étant, l'empereur devait chercher à complaire d'une façon ou d'une autre au peuple français afin de le disposer de nouveau en sa faveur. Or c'était le vœu de tous, vœu qui pénétra jusque dans l'entourage immédiat de l'empereur, qu'il eut, en contractant un nouveau mariage, un héritier direct. On se disait qu'une fois père de famille le sort de l'État l'intéresserait davantage et l'empêcherait de s'abandonner à son ambition désordonnée. On le désirait d'autant plus qu'à la cour impériale les bonnes mœurs n'étaient pas précisément en honneur et Joséphine qui depuis longtemps n'était plus aimée de l'empereur, favorisait plutôt ses caprices afin de ne pas déchoir de son rang [1]. Il circulait des histoires scandaleuses sur le compte des frères de l'empereur surtout et l'on se disait que tout cela cesserait du moment qu'il y aurait à la cour une vie de famille réglée. En outre on espérait qu'une alliance avec une fille d'un des princes de l'Europe serait un gage de paix et en même temps, pour l'empereur, une digue à son ambition embrassant le monde entier.

Napoléon alla au-devant de ce désir universel. Il fit préparer Joséphine au divorce, rendu indispensable par les nécessités de la politique, par l'intermédiaire de son fils, le vice-roi ; le 15 décembre il convoqua un Conseil de famille aux Tuileries et lui déclara qu'il était résolu à contracter une nouvelle union : « La politique de ma monarchie, dit-il, l'intérêt et le besoin de mes peuples qui ont constam-

[1] Dans ses *Souvenirs*, de Broglie raconte qu'il a vu l'impératrice avant la guerre de 1809. « La cohue splendide des dames d'honneur, d'atours et de palais marchait à sa suite et, à sa suite aussi, le cortège des lectrices qui formaient le harem de notre sultan et l'aidaient à prendre en patience encore pendant quelque temps la vieillesse plâtrée de la sultane émérite ».

ment guidé toutes mes actions, veulent qu'après moi je laisse à des enfants, héritiers de mon amour pour mes peuples, ce trône où la Providence m'a placé». Le mariage avec son épouse bien-aimée Joséphine lui enlevant tout espoir à cet égard, il se voyait obligé, dit il, de sacrifier l'affection chère à son cœur au bien de l'État et de rompre le lien qui l'attachait à elle. Agée de quarante ans seulement, il espérait élever les descendants que le ciel lui accorderait, dans son esprit et ses idées. L'impératrice qu'il avait couronnée lui-même, garderait son titre. Joséphine se déclara, en sanglotant, prête au sacrifice que l'Etat exigeait d'elle et le lendemain un sénatus-consulte déclarait dissout le mariage de l'empereur. Le tout était de faire accepter la chose par les catholiques croyants, car comme nous l'avons vu plus haut, le mariage religieux avait été célébré la veille du couronnement. Mais Napoléon n'hésita pas à déclarer qu'il n'avait prononcé le *oui* solennel qu'en cédant à une pression morale, ce qui constituait un argument pour plaider la nullité du mariage religieux, nullité que certifia l'officialité diocésaine de Paris dans le courant du mois de janvier 1810.

Dès que le divorce eut été prononcé, Joséphine se retira à la Malmaison. Mais où était la nouvelle épouse ? Nul doute n'était possible : la politique avait dénoué l'ancien lien, elle allait nouer le nouveau. Cette seule considération allait guider Napoléon à moins qu'on ne suppose chez lui, comme principal motif, l'ambition du parvenu d'entrer dans l'une des vieilles familles souveraines de l'Europe. Les plus considérées étaient celles d'Autriche et de Russie. Le système politique suivi par lui indiquait tout naturellement cette dernière. Et en effet, depuis l'entrevue de Tilsit on parlait d'un mariage entre Napoléon et la grande duchesse Catherine et Alexandre lui-même avait, à Erfurt, parlé, quoiqu'avec une certaine réserve, de sa sœur, la toute jeune grande duchesse Anna. La première avait, il est vrai, été mariée dans l'intervalle au duc Georges d'Oldenbourg, mais l'autre n'était pas encore pourvue. Alors se présenta la question de savoir si ce mariage cadrait avec la situation politique. Depuis l'entrevue d'Erfurt il s'était passé bien des choses qui étaient de nature à troubler l'entente existant entre les deux États. Il y avait eu la guerre d'Autriche que le czar eût tant tenu à éviter afin de n'être détourné par rien de sa lutte avec la Turquie et la Suède; puis ce furent les victoires des Français qui jetèrent l'alarme à Saint-Pétersbourg.

Alexandre réussit, il est vrai, à obtenir des Suédois la cession de la Finlande par la paix de Friedrichshamm (19 septembre 1809) ; mais il n'était nullement parvenu à triompher de la Turquie et dans l'automne de cette même année les troupes russes durent même repasser le Danube. Mais ce qui indisposait le plus le czar, c'était la conduite que Napoléon avait tenue vis-à-vis des Polonais pendant la guerre. En effet lorsqu'il vit la lenteur calculée que mettait la Russie à soutenir la lutte contre l'archiduc Ferdinand, il eut recours aux troupes nationales du duché de Varsowie, commandées par Poniatowski, il appela à l'indépendance les habitants de la Galicie occidentale et de la sorte il obtint grâce aux Polonais, ce que la Russie refusait de faire pour lui. Il se montra reconnaissant envers eux en donnant au duché de Varsowie 2 millions de Galiciens, car il doutait autant de son allié de Tilsit et d'Erfurt que celui-ci doutait de lui. Mais il n'eût pas voulu que pour cela la Russie prît les armes à ce moment-là, car la Prusse était prête à faire la guerre. Aussi, à peine la paix de Schönbrunn était-elle signée qu'une dépêche fut envoyée, le 20 octobre 1809, à St-Pétersbourg pour déclarer que l'empereur n'avait pas pu laisser la Galicie occidentale, qui avait unanimement pris son parti, sous la domination de l'Autriche, mais que son intention n'était nullement de faire croire qu'il allait rétablir le royaume de Pologne, mais qu'il approuvait au contraire que le nom de Pologne et de Polonais disparût non seulement de toute transaction, mais de l'histoire. (Il ne se doutait pas qu'Alexandre apprendrait qu'à ce moment-là même il donnait aux Polonais l'assurance que cette déclaration n'était nullement sérieuse). Mais pour endormir la vigilance d'Alexandre, il revint, même avant le divorce, à ce projet de mariage dans ces instrutions qu'il adressa à Caulaincourt ; il fit même demander la main de la grande duchesse (22 novembre 1809). Il est facile de comprendre que cette demande n'avait pour le moment d'autre but que de calmer les susceptibilités de la Russie. La princesse Anne n'avait que quinze ans et les rapports de Caulaincourt portaient qu'elle n'était pas encore formée. On pouvait prévoir qu'Alexandre répondrait sinon par un refus, du moins par une demande d'ajournement, ce que l'on pourrait interpréter comme étant un refus déguisé. Et il est d'autant moins possible de croire cette demande sérieuse qu'au même moment, avant le divorce également, un autre projet, dans le plus grand mystère, prenait corps : celui du mariage avec l'archiduchesse Marie Louise d'Autriche.

Depuis que la Russie avait montré tant de tiédeur au courant de l'été, Napoléon comprenait que son alliance avec cette puissance ne durerait plus fort longtemps et qu'il lui faudrait engager une lutte acharnée pour l'hégémonie, afin de savoir lequel des deux resterait seul maître. » En prévision de cette éventualité, il ne fallait pas que les puissances allemandes du centre, pour le moins pas l'Autriche subissent l'influence russe. C'est sans doute cette considération qui aura fait naître en lui l'idée d'épouser une archiduchesse ; il y avait une autre considération encore qui était d'une certaine importance, c'est que cette princesse appartenait à une famille où aucune femme n'était stérile. Le tout était de savoir si la maison d'Autriche consentirait à ce mariage. Afin de l'y décider, on donna le plus de publicité possible au projet de mariage russe, afin que la crainte qu'on aurait à Vienne de voir des relations absolument intimes s'établir entre la France et la Russie préparât les voies et décidât peut-être même la cour impériale à faire des ouvertures. On ne sait actuellement pas encore si le mot de mariage fut d'abord prononcé par Napoléon ou par la cour de Vienne, si ce fut le comte Laborde, un des confidents de Napoléon qui, après avoir joué un rôle pendant la négociation de la paix, était resté quelque temps encore à Vienne, en parla d'abord à Metternich ou si c'est ce dernier qui fit à mots couverts la proposition [1]. En tout cas l'empereur Fran-

[1] Metternich dit dans sa dépêche à Schwarzenberg (Vienne, 25 décembre 1809) qu'Alexandre de Laborde, qui avait été autrefois au service de l'Autriche et s'y était lié avec beaucoup de monde, en particulier avec Schwarzenberg et autres, l'avait sondé, en prenant congé de lui, au sujet d'une union entre les deux familles, en mettant sur le tapis le mariage du prince impérial Ferdinand avec une fille de Lucien ou celui de Napoléon avec l'archiduchesse Louise et Metternich ajoute qu'il refusa la première proposition mais non la seconde. De son côté Laborde — et non Narbonne comme disent Lanfrey, Lefebvre et autres — dit dans un mémoire qu'il rédigea pour l'empereur peu après son retour à Paris, dans les premiers jours de décembre, que

çois et son nouveau ministre des affaires étrangères considéraient le mariage comme offrant des garanties de sûreté pour leur État et cette considération fit taire les sentiments peu sympathiques que l'on nourrissait à l'égard du prétendant.

Après que les premiers pourparlers secrets eurent eu lieu entre les diplomates, ce furent Joséphine et Hortense elles-mêmes qui parlèrent de la chose à la comtesse Metternich, alors à Paris, tandis qu'Eugène en entretenait l'ambassadeur autrichien prince Schwarzenberg, car Napoléon tenait à ce que les principaux intéressés collaborassent à son nouveau mariage[1]. Puis il réunit son conseil des ministres le 27 janvier, pour la forme, afin de pouvoir plus tard

Metternich l'avait engagé à ne pas partir encore et que dans une conversation sur les moyens d'améliorer les rapports entre la France et l'Autriche il avait bonnement indiqué, comme étant un de ces moyens, le mariage de Napoléon avec une archiduchessse au cas où l'empereur se décidât à divorcer. Cette idée, aurait ajouté le ministre autrichien, lui était personnelle, il ne connaissait pas les intentions de son souverain, mais il était sûr qu'elles seraient favorables à son projet. Plus tard, dans une lettre adressée à Jacobi-Klost, et datée du 11 septembre 1811, Metternich s'est désigné lui-même comme ayant proposé le mariage (M. Duncker, *Aus der Zeit Friedrich des Grossen und Friedrich Wilhelm III.* p. 325.) Enfin dans ses *Mémoires* il nie le fait et il attribue l'initiative du projet à Napoléon, tandis que des hommes bien placés pour connaître la vérité, comme le ministre bavarois Montgelas, le désignent comme ayant été l'instigateur du mariage. Quoi qu'il en soit, on constate, en étudiant de près tout ce qui a rapport à cette union, que de part et d'autre on était très porté à la conclure.

[1] « Le chef de l'État, dit Montgelas qui était certainement très exactement informé par le vice-roi, ne voulait pas qu'Eugène eût l'air d'une victime digne de sympathie ; il tenait au contraire à ce que les personnes qui perdraient le plus au nouveau mariage, fassent ostensiblement les premières démarches. »

invoquer auprès d'Alexandre l'avis de ses conseillers. Maret, initié aux desseins secrets du maître, prit la parole en faveur du mariage autrichien contre le russe et le 7 février 1810 l'empereur communiqua au conseil de famille la résolution à laquelle il s'était arrêté. Le même soir Schwarzenberg signa le contrat provisoire. Le projet russe était donc définitivement abandonné. A la première demande de Caulaincourt, Alexandre n'avait fait aucune réponse. L'ambassadeur de Napoléon ayant insisté, on attendit longtemps pour envoyer à celui-ci la réponse qu'il comptait bien recevoir, que la grande-duchesse était trop jeune et qu'il fallait remettre l'affaire. Napoléon tenait le prétexte qu'il lui fallait. Il déclara que ce n'était là qu'un refus déguisé et que d'ailleurs il ne voulait pas de prêtre étranger entre lui et sa femme. Napoéon répondit avec la plus grande politesse qu'il renonçait à son projet. Le czar sans doute en serait froissé — et nous savons qu'en effet il le fut — mais cela ne tirait plus à conséquence du moment qu'on était sûr de l'Autriche. Le jeu double qu'il venait de jouer lui avait réussi.

Berthier partit pour Vienne avec le titre de grand-ambassadeur, pour faire la demande officielle et le 11 mars le mariage par procuration eut lieu à l'église St-Augustin ; l'archiduc Charles représentait son illustre adversaire. Puis on se hâta de faire partir l'archiduchesse et le 27 elle fut rejointe par l'empereur à Compiègne. Le 1er avril le mariage civil fut célébré à St-Cloud et le lendemain la bénédiction nuptiale fut donnée aux nouveaux époux dans la chapelle du Louvre. On fit la remarque que le cérémonial fut exactement le même qu'au mariage de Louis XVI et de Marie-Antoinette et que le contrat était la reproduction presque exacte de celui de 1770.

Marie-Louise ne plut pas grandement aux Parisiens. C'était une belle personne de dix-huit ans, ayant l'air bien portant et le regard de ses yeux bleus était clair et franc, mais malgré ses belles couleurs et son teint pur, on la trouva laide et surtout fagotée. Ce qui frappa particulièrement les courtisans c'était son embarras sans bornes. Mais bientôt elle sut se composer une tenue digne et elle acquit une certaine fermeté, surtout quand Napoléon, devant lequel elle voyait trembler tout le monde, se montra bon pour elle et lui prodigua les encouragements. Elle l'avait haï jusqu'à son mariage, comme l'ennemi le plus acharné de l'Autriche — autant que la fille du moins passionné des monarques pouvait ressentir des sentiments violents — et les lettres qu'elle adressait alors à une amie et qui viennent d'être publiées, nous prouvent qu'elle fit le sacrifice de sa personne au bien de sa patrie. C'est ainsi que le 23 février elle écrivait d'Ofen : « Depuis le divorce de Napoléon j'ouvre chaque gazette de Francfort dans l'idée d'y trouver la nomination de la nouvelle épouse et j'avoue que ce retard me cause des inquiétudes involontaires, je remets mon sort entre les mains de la divine Providence, elle seule sait ce qui peut nous rendre heureux. Mais si le malheur voulait, je suis prête à sacrifier mon bonheur particulier au bien de l'État, persuadée que l'on ne trouve la vraie félicité que dans l'accomplissement de ses devoirs, même au préjudice de mes inclinations. Priez pour que cela ne soit pas. » Mais cela devait être.

Quoique les Parisiens ne ménageassent pas leurs critiques à la nouvelle impératrice, on n'en était pas moins bien aise que le mariage se fût fait. Les irréconciliables du faubourg St Germain étaient, à la vérité, indignés de cette alliance entre la légitimité et la révolution et les républicains radicaux ne l'étaient pas moins du nouvel appui que trouvait en l'Autriche le régime qui les opprimait. Mais la grande majorité de la nation était satisfaite. Les soldats de la Garde eux-mêmes pensaient que ce mariage avec une princesse étrangère était une garantie de paix. La rente subit une hausse, quand le 9 février on apprit que le contrat était signé. Napoléon profita immédiatement de ce revirement pour faire entendre ses assurances habituelles. Il ordonna à Champagny de rédiger une circulaire destinée à être envoyée à tous ses ambassadeurs à l'étranger et dans laquelle il affirmait son amour de la paix. Mais l'Europe va-t-elle ajouter cette foi à ces protestations? A la cour de Vienne on se demandait, nous dit Metternich, quel avait été le calcul de Napoléon en contractant ce mariage, s'il allait remettre l'épée au fourreau afin de fonder réellement, sur le principe de l'ordre et de la paix, les destinées de sa famille et de la France ou s'il ne comptait employer les forces de l'Autriche que pour sa politique de conquêtes. Et c'était en effet le nœud de la question. L'empereur ne devait pas tarder à y répondre. Quand, le 20 mars 1811, le canon des Invalides annonça aux Parisiens anxieux la naissance d'un prince, les initiés savaient déjà que l'horizon politique était chargé de nuages et ils n'ignoraient pas d'où venait l'orage. Et le titre de *roi de Rome* que l'empereur donna au nouveau-né n'en disait-il pas assez? Le nom seul de la maîtresse du monde lui semblait digne d'être porté par l'héritier de sa puissance.

BIBLIOGRAPHIE

CHAPITRE I. — Pour la situation intérieure de la France : 1° impressions et notes d'étrangers venus en France et à Paris : HASE, *Briefe und Tagebücher von 1801 und 1802* dans la *Deutsche Revue*, 1881 ; F. J. L. MEYER, *Briefe aus der Hauptstadt und dem Innern Frankreichs, geschrieben in J.* 1801, 2 *Theile*, Tübingen, 1802 ; J. F. REICHARDT, *Vertraute Briefe aus Paris geschrieben in den Jahren 1802 und* 1803, Hambourg, 1805 ; *Une année d'une correspondance de Paris, ou lettres sur Bonaparte* (extraites du Courrier de Londres) Londres, 1803 ; A. V. KOTZEBUE, *Erinnerungen aus Paris im Jahre* 1804, Berlin, 1804 ; (SCHLABRENDORF), *Napoleon Bonaparte u. d. Franz. Volk unter seinem Consulate.* Germanien, 1814 ; J. G. RIST's *Lebenserinnerungen, herausgegeben von G. Poel*, Gotha, 1880.

2° Publications françaises : le *Moniteur* (organe officiel depuis 1799) ; la *Correspondance de Napoléon I*, 7e volume ; les *Mémoires de Fauriel*, publiés par Lalanne, 1886 ; ceux de BOURRIENNE (jusqu'en 1802 on n'a pas trop lieu de suspecter la bonne foi de l'auteur), ceux de LUCIEN (dans l'édition Jung laissant malheureusement beaucoup à désirer sous le rapport de l'esprit critique, IIe vol.); THIBAUDEAU, *Mémoires sur le Consulat*; les *Mémoires* de Mme DE RÉMUSAT; les *Mémoires* de MIOT DE MÉLITO; les *Considérations* de Mme DE STAËL, les *Lettres* de P. L. COURIER de l'année 1804 dans ses *Œuvres complètes*. De plus: MONTGAILLARD, *de la France et de l'Europe sous le gouvernement de Bonaparte*, Paris et Lyon, an XII; FORNERON, *les émigrés et la Société française sous Napoléon I*, dans *le Correspondant*, 1887; GAFFAREL, *l'opposition militaire sous le Consulat* dans *la Révolution Française*, 6e année, 10e fascicule; DEBIDOUR, *le général Fabvier*, dans les *Annales de l'Est*, Janvier, 1887 (d'après les lettres de Fabvier); *L'opposition littéraire sous le Consulat* dans *la nouvelle Revue*, 1889; DOINEL, *les conspirations dans le Loiret sous le Consulat*, dans *la Révolution Française*, 1888; WELSCHINGER, *la censure sous le premier Empire*, 1882; THIERS, *Histoire du Consulat et de l'Empire*, 3e et 4e vol. et LANFREY, *Napoléon I*, 2e et 3e vol. — Pour les rapports extérieurs 1° en général: en plus des traités dans DE CLERCQ, *Recueil des traités conclus par la France* (le 1er volume s'arrête à l'année 1803) et de la *Correspondance de Napoléon Ier*, 8e vol. l'ouvrage de premier ordre de LEFEBVRE, *Histoire des cabinets de l'Europe*; 2° par rapport à l'Italie: BOTTA, *Storia d'Italia dal 1789 al 1814*, 3 vol.; CASTRO, *Storia d'Italia dal 1799 al 1814*, Milan; 1881, le même, *Milano durante la dominazione napoleonita*, Milan, 1880; FRANCESCO MELZI D'ERIL, *Memorie, Documenti e lettere inedite di Napoleone I e Beauharnais ed. Giov. Melzi*, 2 vol. 1869; BONACOSSI, *Bourrienne et ses erreurs*; DEJOB, Mme *de Staël et l'Italie* (avec une bibliographie de l'influence française en Italie 1796-1814, Paris, 1890. Par rapport à la Suisse ; VUILLEMIN, *Histoire de la Confédération suisse* (édit. allemande de J. Keller, Aarau 1869) ; MURALT, *Hans von Reinhard*, Zürich, 1839 ; *Bonaparte, Talleyrand et Stapfer*, Zürich, 1869 ; LUGINSBUL, *Stapfer*, 1887. Par rapport à l'Allemagne : HAEUSSER *Deutsche Geschichte*, 2 vol. (avec des citations empruntées aux différents auteurs ayant traité de cette période) ; RANKE, *Hardenberg und der preussische Staat* (œuvres compl. t. 47e) ; MARTENS. *Recueil des traités conclus par la Russie*, 1re *section* (*Autriche*) 2e vol. ; FOURNIER, *Gentz u. Cobenzl, Geschichte der Oesterreichischen Diplomatie von* 1801 *bis* 1805. Par rapport à l'Espagne : BAUMGARTEN, *Geschichte Spaniens seit dem Ausbruch der franz. Revolution*, I ; BERNHARDI, *Napoléon I. und Spanien* dans la *Historische Zeitschrift* 40e vol. Pour les constitutions des États italiens, de la Hollande et de la Suisse : POELIZ, *Europäische Verfassungen*, 3 vol. Pour la politique coloniale de Napoléon : ADAMS, *Napoléon et St-Domingue* (*Revue historique*, XXIV) et TESSIER. *Le général Decaen aux Indes* (*Revue historique*, XV). Sur Toussaint, la *Revue de l'Agenais*, 1884, donne des pièces originales ; SCHOELCHER, *la vie de Toussaint-Louverture*, Paris, 1889, et sur le différend avec l'Angleterre, en plus de la *Correspondance*, VII, et du *Moniteur* de 1803 : BROWNING, *England and Napoleon in* 1803, Londres 1887 (avec les dépêches de Withworth) ; les *Memorials and correspondance of Ch. F. Fox*, 3 vol. ; l'*Annual register or review of the history etc. for the year* 1803, les *Letters and Dispatches of lord Castlereagh*, 5e vol. ; STANHOPE, *Life of*

Pitt, IV ; ASHTON, *English caricature and satire on Napoleon I*, Londres, 1885, MAX DUNCKER, *Die Landung in England* dans ses *Abhandlungen aus der neuen Geschichte* ; SEELEY, *A Short history of Napoleon I*, 1886 ; OMPTEDA, *Die Ueberwältigung Hannovers durch die Franzosen*, Hanovre, 1866. Sur la flottille du canal : CHEVALIER, *Histoire de la marine française sous le Consulat et le premier Empire*, 1886. Sur la conjuration de Georges et consorts on trouvera toutes les pièces réunies dans : *Procès instruit par la cour de justice criminelle contre Georges, Pichegru, Moreau, etc.* 8 vol. Paris, 1804 ; en outre : DESMAREST (un des directeurs de la police), *Quinze ans de haute police sous Napoléon ;* les *Souvenirs* de FAURIEL (il est sujet à caution) les *Mémoires* de MIOT, et de HYDE DE NEUVILLE ; sur Georges en particulier : G. DE CADOUDAL, *Georges Cadoudal et la chouannerie*, Paris, 1887 (les deux derniers chapitres ne sont pas impartiaux, bien entendu). Sur l'affaire du duc d'Enghien : NOUGARÈDE DE FAYET, *Recherches historiques sur le procès du duc d'Enghien*, Paris, 1886, BOULAY DE LA MEURTHE, *Les dernières années du duc d'Enghien* (toute la littérature ayant trait à cette affaire s'y trouve) ; FOURNIER dans la *Revue historique*, octobre, 1887 sur le précédent ; WELSCHINGER, *le duc d'Enghien*, Paris, 1859 ; HYDE DE NEUVILLE, *Mémoires*, I. Sur l'établissement de l'empire : THIERS, 5e vol. ; MIOT DE MÉLITO, II ; Mme DE RÉMUSAT, le Sénatus-consulte du 18 mai 1804 dans HÉLIE, *les constitutions de la France* ; ROCQUAIN, *Notices sur Napoléon Ier* dans la *Revue de France*, mars, 1880 ; les conversations de Napoléon avec le chirurgien du *Northumberland* en 1815, communiquées dernièrement par HÉRRISSON, *Le Cabinet Noir*, 1886. En fait de rapports étrangers, ceux de l'envoyé prussien LUCHESINI ont une importance toute spéciale, ils viennent d'être publiés par BAILLEU, *Preussen und Frankreich* 1795-1807, II, 1887 ; en outre les dépêches de l'envoyé de Hesse MALSBOURG dans la *Deutsche Revue*, oct. 1881. Les sorties moqueuses des Parisiens sont empruntées à une lettre inédite du suédois Brinckman au comte Philippe Stadion.

CHAPITRE II. — Sur l'histoire des mois qui ont précédé la guerre de 1805, en plus des lettres de Napoléon dans les tomes 8, 9 et 10 de la *Correspondance* et des *Lettres inédites de Talleyrand à Napoléon*, 1800-1809 publiées par P. BERTAUD : les *Mémoires* de MIOT DE MÉLITO (une des sources les plus importantes et les plus sûres pour cette période), de Mme DE RÉMUSAT, de SAVARY, duc de Rovigo, de HULOT (dans le *Spectateur militaire* de 1883), la correspondance de VILLENEUVE dans JURIEN DE LA GRAVIÈRE, *guerres maritimes* ; sur le projet de débarquement voir l'article ci-dessus mentionné de MAX DUNCKER qui cependant n'est pas concluant. Sur le séjour de Pie VII à Paris : les mémoires de CONSALVI (de Crétineau-Joly) et le grand ouvrage de D'HAUSSONVILLE, *l'Eglise romaine et le premier Empire* ; puis *Paris zur Zeit der Kaiserkrönung*, extrait de lettres d'un témoin oculaire, Cologne 1805. Sur la formation de la troisième coalition : MARTENS, *Recueil des Traités* ; L. NEUMANN, *Recueil des traités conclus par l'Autriche* ; MARTENS, *Recueil des traités conclus par la Russie*, II et VI, TATISTCHEFF, *Alexandre et Napoléon d'après leur correspondance inédite* (extraite des Archives de St-Pétersbourg) *dans la nouvelle Revue*, 1890; en outre la correspondance d'Adam Czartoryski avec Alexandre Ier publiée par de Mazade, 1865; les *Mémoires de* Czartoryski, 1887, les souvenirs de Razoumowski dans sa biographie par Wassilschikow (en russe) 1887 et les rapports envoyés de Paris par Markow dans *Archiv Worontzowa*, XIII, XIV, 1879, puis les mémoires de Hardenberg (publiés par L. Ranke); les rapports de Lucchesini dans Bailleu II; *Letters and dispatches of Lord Castlereagh* V.; Cobbett, *Parliamentary debates* vol. VI, Londres 1806; *Annual Register*, 1803-1805. En fait de travaux : Lefebvre, *Histoire des Cabinets de l'Europe*; Ranke, *Hardenberg und die Geschichte des preussischen Staates von* 1793-1813 et l'article critique de Max Duncker, *Graf Haugwitz und Freiherr von Hardenberg* dans les *Abhandlungen a. d. neueren Geschichte* et son compte rendu de l'ouvrage de Ranke dans les *Mittheilungen a. d. historischen Litteratur*, 6e année); Bernhardi, *Geschichte Russlands im 19. Jahrhundert*, II; Beer, *Zehn Jahre oesterreichischer Politik*; Fournier, *Gentz und Cobenzl*, *Geschichte der œsterreichischen Diplomatie von* 1801-1805; Stanhope, *Life of Pitt*, IV et les lettres ci-dessus citées de Talleyrand à Napoléon; les *Mémoires* de Marmont, Rapp, Ségur, Savary, Fézensac; Piou des Loches, *mes campagnes* (1792-1815), les *cahiers* du capitaine Coignet, la *Correspondance* de Davout (publiée par de Mazade, 1885, 4 vol.) et Montégut, *Le maréchal Davout*, Paris, 1882; de plus les *Mémoires* de Czartoryski et son exposé du mois d'avril 1806 dans sa correspondance avec Alexandre; les *Souvenirs* de de Maistre (voir l'article de Sybel dans la *Historische*

Zeitschrift, 1859); *Matériaux pour servir à l'histoire de la bataille d'Austerlitz recueillis par un militaire* avec une carte très instructive), 1806; (STUTTERHEIM), *La bataille d'Austerlitz, par un militaire témoin de la journée du 2 décembre* 1805, Hambourg, 1806; les *Souvenirs* de RADETZKY dans les *Mittheilungen des K. K. Kriegsarchivs*, 1887; BERNHARDI, *Denkwürdigkeiten des Generals Toll*, 2e édition, Leipzig 1865. En outre : MICHAILOWSKI-DANILEVSKI. *La campagne de* 1805; ANGELI, *Ulm und Austerlitz* dans *Streffleur's Militärische Zeitschrift*, 1877, 1879; EINSIEDEL, *Der Feldzug der Oesterreicher in Italien* 1805, Weimar, 1812; différents détails empruntés aux papiers de l'archiduc Charles dans ED. WERTHEIMER, *Geschichte Œsterreichs uud Ungarns im ersten Jahrzehnt des* 19. *Jahrhunderts* 1er vol. (sans intérêt pour l'étude de la grande politique); YORK, *die Feldzüge Napoleon I.* 1er vol.; l'écrit justicatif de MACK dans le *Historische Taschenbuch* de Raumer, 1873; DIEFFENBACH; *K. L. Schulmeister, der Hauptspion, Parteigänger, Polizeipräfekt und geheime Agent Napoleon I.* (1879). Sur la politique prussienne, les armements et les plans d'opérations prussiens en 1805 dans les *Kriegsgeschichtlichen Einzelschriften*, 1. fasc., Berlin, 1885; BAILLEU, *Preussen und Frankreich* 1795 *bis* 1807, 2e vol.; M. LEHMANN, *Scharnhorst*, 1 vol.; BAILLEU, *Prinz Louis Ferdinand* dans la *Deutsche Rundschau*, 1883. Sur l'Allemagne du Sud : entre autres les *Mémoires* de MONTGELAS, 1887; PERTHES, *Politische Zustände u. Personen in Deutschland zur Zeit d. franz. Herrschaft*, 2e vol.

CHAPITRE III. — Sur l'opinion publique en France

en 1805 et 1806 : Les rapports de LUCHESINI et les lettres de HAUTERIVE à Talleyrand dans BAILLEU, *Preussen und Frankreich* 2e vol; MOLLIEN, *Souvenirs d'un ministre du trésor* ; les *Mémoires* de Mme DE RÉMUSAT ; les *Souvenirs* de BARANTE. Sur la France et Naples : HELFERT, *Königin Karoline von Neapel* ; BOULAY DE LA MEURTHE, *Quelques lettres de Marie Caroline, Reine des Deux-Siciles* (Revue d'histoire diplomatique, 1888); COLETTA, *Histoire du royaume de Naples* 3 vol. (édition allemande, 1855); les *Mémoires* du roi JOSEPH (éd. Du Casse) et ceux de MIOT DE MÉLITO. Sur les rapports avec le pape : en plus de la *Correspondance de Napoléon I*, les *Mémoires* de CONSALVI ; D'HAUSSONVILLE, *L'église romaine et le premier Empire* ; ARTAUD, *Histoire du Pape Pie VII*. Sur l'établissement du royaume de Hollande : le roi LOUIS, *Documents historiques et réflexions sur le gouvernement de la Hollande ;* Paris, 1820, en outre, ALB. REVILLE, *la Hollande et le Roi Louis* (Revue des Deux Mondes, 1870) et FÉLIX ROCQUAIN, *Napoléon Ier et le Roi Louis*. Sur la Confédération du Rhin : HÆUSSER, *Deutsche Geschichte*, 2e vol. et les documents dans DAHLMANN, *Quellenkunde zur Deutschen Geschichte;* en outre : PERTHES, *Pol. Zustände und Personen zur Zeit der franz. Herrschaft* 2 vol.; J. G. v. POHL, *Denkwürdigkeiten a. meinem Leben u. aus meiner Zeit*, 1840 ; les *Mémoires* de MONTGELAS, les lettres d'un agent secret de l'Autriche en 1806 dans FOURNIER, *Historische Studien und Skizzen* ; SCHLOSSBERGER, *Briefwechsel der Königin Katharina u. d. Königs Jérôme, I*, le même, *Politische Correspondenz Napoleons u. König Friedrich I. v. Würtenberg* (peu de données importantes et neuves) ; GŒCKE, *Das*

Grossherzogthum Berg unter Joachim Murat, 1877 ; BAULIEU-MARCONNAY, *K. F. v. Dalberg*, 2 vol. (en outre : BAILLEU, *Fürstenbriefe an Napoleon I.* dans la *Historische Zeitschrift*, 1887) ; STRIPPELMANN, *Beiträge zur Geschichte Hessen-Kassels* 2° fasc., Marbourg, 1878 ; BAADER, *Streiflichter auf die Zeit der tiefsten Erniedrigung Deutschlands, oder die Reichstadt Nürnberg von* 1801-1806 (1878) ; MEJER, *Zur Geschichte der römisch-deutschen Frage*). Sur l'armée française dans l'Allemagne du Sud, entre autres : les *Souvenirs militaires* de FEZENSAC et la *Correspondance de Napoléon Ier*. Sur le différend avec l'Angleterre : RUSSEL, *biographie de Fox* (1859) ; COBBETT, *Parliamentary debates*, VI ; JACKSON, *Diaries and letters*, I ; LEFEBVRE, *Histoire des Cabinets de l'Europe*, III. Sur les négociations avec la Russie : BIGNON, THIERS, BERNHARDI, et MARTENS, *Recueil des traités conclus par la Russie*, VI. La cause première de la guerre franco-prussienne n'est actuellement pas encore complètement éclaircie, Haugwitz ayant brûlé les pièces la concernant. Les documents essentiels se trouvent dans le 2e vol. de BAILLEU, *Preussen und Frankreich von* 1795-1807. Consulter en outre : les *Mémoires* de HARDENBERG dans l'édition Ranke et lire les observations critiques de M. LEHMANN dans la *Historische Zeitschrift, Neue Folge*, 3e vol. ; LOMBARD, *Matériaux pour servir à l'histoire des années* 1805, 1806, 1807 ; les lettres de GENTZ à Starhemberg dans les *Mittheilungen d. Instituts f. österr. Geschichtsforschung*, VIIe année ; voir de plus RANKE, *Hardenberg und der preussische Staat* ; HÆUSSER, *Deutsche Geschichte*, I, HÖPFNER, *Geschichte des Krieges von* 1806 et 1807 ; M. LEHMANN *Scharn-*

horst, I ; BAILLEU, *Prinz Louis Ferdinand* dans la *Deutsche Rundschau*, 1887.

CHAPITRE IV. — Sur la campagne de Thuringe : avant tout la *Correspondance de* Napoléon Ier ; puis les ouvrages militaires de CLAUSEWITZ, LOSSAU, *Charakteristik der Kriege Napoleon I.* 2e vol. (témoin oculaire de la bataille d'Auerstaedt) ; MATH. DUMAS, *Précis des événements militaires*, 18e vol. ; HÖPFNER, *Geschichte d. Kriegs von* 1806 u. 1807 ; M. P. FOUCART, *La campagne de Prusse en* 1806, 2 vol. Paris 1887 et 1890 ; C. v. d. GOLTZ, *Rossbach und Iena*, 1883 ; YORK, *Feldzüge Napoleon I.* 1er vol. ; HEIMANN, *der Feldzug v.* 1806 *in Deutschland ;* DECHEND, *Beitraege zur Geschichte des Krieges von* 1806-1807 ; LETTOW-VORBECK, *Der Krieg von* 1806 *und* 1807, 1er vol. 1891 (jusqu'à la bataille d'Auerstaedt) ; en outre : RÜHLE VON LILIENSTERN, *Bericht eines Augenzeugen vom Feldzuge* 1806 (écrit sous l'influence de Massenbach, officier de l'état-major de Hohenlohe, dont les idées étaient peu claires) ; MASSENBACH, *Geschichtliche Denkwürdigkeiten* (confus et peu sûr) ; MÜFFLING, *der Operationsplan der preussisch-sächsischen Arme* 1806, Weimar, 1807 ; MÜFFLING, *Aus meinem Leben*, 1851, (peu sûr) ; PLOTHO, *Tagebuch während der Kriegsoperationen*, 1806 *und* 1807, Berlin, 1811 ; LEDEBUR, *Erlebnisse aus den Kriegsjahren* 1806 *und* 1807, Berlin, 1855 ; BORCKE-LESZCZYNSKI, *Kriegsleben des Johann v. Borcke*, 1806-1815, Berlin, 1888 ; *Erinnerungen aus dem Leben des General-Feldmarschalls Hermann v.* BOYEN 1er vol. Leipzig, 1889 ; GENTZ, *Tagebuch im preussischen Hauptquartier* (dans ses œuvres complètes, édition

Schlesier); TIEDEMANN, *Denkwürdigkeiten*; GENTZ et MAYER von HELDENSFELD, *Berichte über die Schlacht bei Iena* (dans les *Mittheilungen des k. k. Kriegsarchivs*, 1882); BURCKHARDT, *aus den Tagen der Schlacht bei Iena* (*Neues Archiv. für Saechs. Gesch.* IV); voir le jugement rétrospectif porté par SCHARNHORST sur cette campagne, qui a été publié par Lehmann dans la *Histor. Zeitstchrift, Neue Folge*, XXIV; la *Correspondance de* DAVOUT et le jugement que porte MONTÉGUT sur ce maréchal; SÉGUR, *Histoire et mémoires*, 3e vol.; FÉZENSAC, *Souvenirs militaires*; PIOU DES LOCHES, *mes campagnes*; COIGNET, *cahiers*; PERTZ, *Gneisenau*, 1er vol. et LEHMANN, *Scharnhorst* 1er vol. Sur la guerre de Pologne, en plus des ouvrages ci-dessus mentionnés : FOUCART, *La Campagne de Pologne*, Paris, 1882; ROB WILSON, *Briefs remarks of the campaigns in Poland*, 1806-1807; les *Mémoires* du comte OGINSKI, D'EUGÈNE DE WURTEMBERG, de BENNIGSEN (dans les *Beitraege* (anonymes) *zur Geschichte des Kriegs von* 1806 *und* 1807, Breslau, 1836); GROLMANN, *Tagebuch über d. Feldzug d. Erbgrossherzogs von Baden*, 1887. Sur la politique de Napoléon pendant cette guerre : BERTRAND, *Lettres inédites de Talleyrand*; LEFEBVRE, *Histoire des Cabinets de l'Europe*, 3e vol. (de la 2e édition, où la situation extrêmement compliquée se trouve admirablement exposée; il n'y a que quelques points à rectifier); VANDAL, *Napoléon et Alexandre Ier*, 1er vol. de *Tilsit à Erfurt*, Paris, 1891; TATISTCHEFF, *Alexandre Ier et Napoléon* dans la *Nouvelle Revue*, 1888; BAILLEU, *Preussen und Frankreich*, 2e vol.; BEER, *Zehn Jahre österreichischer Politik*; THIERS, t. VII; RANKE, *Hardenberg und Preussen*, 3e vol.; BERNHARDI, *Geschi-*

chte Russlands, 2e vol.; *The annual register for the year* 1807; *Diaries and letters from the peace, of Amiens to the battle of Talavera*, 2 vol. Londres, 1872; DE MAISTRE, *Mémoires politiques* (lettres écrites pendant le printemps de 1807); CZARTORYSKI, *Mémoires*, 2e vol.; BERNHARDI, *Denkwürdigkeiten Tolls*; (pour cette période les *Mémoires* de SAVARY sont plus dignes de foi) DE BARANTE, *Souvenirs*, 1er vol.; GAGERN, *Mein Anteil an der Politik*, 1er vol.; Csse VOSS, *Neun und sechzig Jahre am preussischen Hof*, 1876; les *Mémoires* de HARDENBERG (éd. Ranke, surtout le 5e vol. avec les pièces); le *Tagebuch* de SCHLADEN; G. HORN, *Das Buch v. d. Königin Luise*, 1883; MARTENS, *Recueil des traités conclus par la Russie*, 6e vol.; ERNOUF, *Maret duc de Bassano*; MENEVAL, *Napoléon et Marie Louise*, 1er vol.; BOPPE, *La mission de l'adjudant-commandant Mériage à Widdin* (1807-1809) dans les *Annales de l'École politique*; GARDANE, *La mission du général Gardane en Perse sous le premier Empire*, Paris, 1865; Voir en outre sur les relations de Napoléon avec le Shah Feth-Ali : GAFFAREL, dans la *Revue politique et littéraire*, 1878. — Sur les traités de Tilsit, voir DE CLERCQ, *Recueil des traités de la France*, 2e vol.; GARDEN, *Histoire générale des traités de paix*, 10e vol.; BIGNON, *Histoire de France*, 6e vol.; LEFEBVRE, *Histoire des Cabinets de l'Europe*, 3e vol.; THIERS, *Consulat et Empire*, 7e vol.; VANDAL, *Napoléon et Alexandre Ier*; cet ouvrage ainsi que les articles de TATISTCHEFF (*nouvelle Revue*, 1890) contiennent le texte authentique de l'alliance secrète publiée en premier lieu par moi. Cela ne m'empêchera pas de le donner ici et de mentionner expressément l'amabilité de M. Girard de Rialle, directeur des Archives au ministère des affaires étrangères à Paris, grâce à laquelle j'ai pu, il y a deux ans de cela, porter à la connaissance du public ce document si important, dont voici la teneur :

S. M. l'Empereur des Français, Roi d'Italie, Protecteur de la Confédération du Rhin, et S. M. l'Empereur de toutes les Russies, ayant spécialement à cœur de rétablir la paix générale en Europe sur des bases solides et, s'il se peut, inébranlables, ont à cet effet résolu de conclure une alliance offensive et défensive et nommé pour leurs Plénipotentiaires, savoir :

S. M. l'Empereur des Français, Roi d'Italie, Protecteur de la Confédération du Rhin : M. Charles Maurice Talleyrand, Prince de Bénévent, son Grand-Chambellan et Ministre des Relations Extérieures, grand-cordon de la Légion d'honneur, chevalier grand'croix des ordres de l'Aigle-Noir et de l'Aigle-Rouge de Prusse et de Saint-Hubert.

Et S. M. l'Empereur de toutes les Russies : M. le Prince Alexandre Kourakin, son Conseiller privé actuel, membre du Conseil d'État, Sénateur, Chancelier de tous les ordres de l'Empire, Chambellan actuel, Ambassadeur Extraordinaire et Ministre Plénipotentiaire de S. M. l'Empereur de toutes les Russies près S. M. l'Empereur d'Autriche, et chevalier des ordres de Russie : de St André, de St Alexandre, de Ste Anne de la première classe et de St Wolodimir de la première classe, de l'Aigle-Noir et de l'Aigle-Rouge de Prusse, de St Hubert de Bavière, du Danebrog et de l'Union parfaite de Danemarck, et bailli-grand'croix de l'ordre souverain de St Jean de Jérusalem.

Et M. le Prince Dmitri Labanoff de Rostow, lieutenant général des armées de S. M. l'Empereur de toutes les Russies, chevalier des ordres de St Anne de la première classe, de l'ordre militaire de St Georges et de l'ordre de St Wolodimir de la troisième classe.

Lesquels, après avoir échangé leurs pleins-pouvoirs respectifs, sont convenus des articles suivants :

Article Premier :

S. M. l'Empereur des Français, Roi d'Italie et S. M. l'Empereur de toutes les Russies s'engagent à faire cause commune, soit par terre, soit par mer, soit enfin par terre et par mer dans toute guerre que la France ou la Russie serait dans la nécessité d'entreprendre ou de soutenir contre toute Puissance Européenne.

Article Second :

Le cas de l'alliance survenant, et chaque fois qu'il surviendra, les Hautes Parties Contractantes régleront, par une convention spéciale, les forces que chacune d'elles devra employer contre l'ennemi commun, et les points où ces forces devront agir ; mais, dès à présent elles s'engagent à employer, si les circonstances l'exigent, la totalité de leurs forces de terre et de mer.

Article Troisième :

Toutes les opérations des guerres communes seront faites de concert, et ni l'une ni l'autre des Parties Contractantes ne pourra, dans aucun cas, traiter de la paix sans le concours ou le consentement de l'autre Partie.

Article Quatrième :

Si l'Angleterre n'accepte pas la médiation de la Russie ou si l'ayant acceptée elle n'a point au premier novembre prochain consenti à conclure la paix, en reconnaissant que les pavillons de toutes les Puissances doivent jouir d'une égale et parfaite indépendance sur les mers et en restituant les conquêtes par elle faites sur la France et ses Alliés depuis l'année dix-huit cent cinq où la Russie a fait cause commune avec elle, une note sera dans le courant dudit mois de Novembre remise au Cabinet de St James par l'Ambassadeur de S. M. l'Empereur de toutes les Russies. Cette note, exprimant l'intérêt que Sadite Majesté Impériale prend au repos du monde et l'intention où elle est d'employer toutes les forces de son Empire pour procurer à l'humanité le bienfait de la paix, contiendra la déclaration positive et explicite que, sur le refus de l'Angleterre de conclure la paix aux conditions susdites, S. M. l'Empereur de toutes les Russies fera cause commune avec la France, et pour le cas où le Cabinet de St James n'aurait pas donné au 1er Décembre prochain une réponse catégorique et satisfaisante, l'Ambassadeur de Russie recevra l'ordre éventuel de demander ses passeports ledit jour et de quitter immédiatement l'Angleterre.

Article Cinquième :

Arrivant le cas prévu par l'article précédent, les Hautes Parties Contractantes feront de concert et au même moment sommer les trois Cours de Copenhague, de Stockholm et de Lisbonne de fermer leurs ports aux Anglais, de rappeler de Londres leurs Ambassadeurs, et de déclarer la guerre à l'Angleterre. Celle des trois Cours qui s'y refusera, sera traitée comme ennemie par les deux Hautes Parties Contractantes, et, la Suède s'y refusant, le Danemarck sera contraint de lui déclarer la guerre.

Article Sixième :

Le deux Hautes Parties Contractantes agiront pareillement de concert et insisteront avec force auprès de la Cour de Vienne pour qu'elle adopte les principes exposés dans l'article quatre ci-dessus, qu'elle ferme ses ports aux Anglais, rappelle de Londres son Ambassadeur et déclare la guerre à l'Angleterre.

Article Septième :

Si, au contraire, l'Angleterre, dans le délai spécifié ci-dessus, fait la paix aux conditions susdites [et S. M. l'Empereur de toutes les Russies emploiera toute son influence pour l'y amener], le Hanovre sera restitué au Roi d'Angleterre en compensation des colonies françaises, espagnoles et hollandaises.

Article Huitième :

Pareillement, si par suite des changements qui viennent de se faire à Constantinople, La Porte n'acceptait pas la médiation de la France, ou si après qu'elle l'aura acceptée il arrivait que, dans le délai de trois mois après l'ouverture des négociations, elles n'eussent pas conduit à un résultat satisfaisant, la France fera cause commune avec la Russie contre la Porte Ottomane, et les deux Hautes Parties contractantes s'entendront pour soustraire toutes les provinces de l'Empire Ottoman en Europe, la ville de Constantinople et la Province de Roumélie exceptées, au joug et aux vexations des Turcs.

Article Neuvième.

Le présent traité restera secret et ne pourra être rendu public et communiqué à aucun Cabinet par l'une des Parties Contractantes sans le consentement de l'autre.

Il sera ratifié et les ratifications en seront échangées à Tilsit dans le délai de quatre jours.

Fait à Tilsit le sept juillet 1807 (vingt-cinq juin mil huit cent sept)

Signé : A. MAURICE TALLEYRAND, P^{ce} de Bénévent. L. S.
Signé : Le Prince ALEXANDRE KOURAKIN L. S.
Signé : Le Prince DMITRI LABANOFF de Rostow. L. S.

Chapitre V. — Voir sur la situation intérieure la bibliographie du VIe chap. du 1er vol ; en outre : Thiers, t. VI-VIII, (à consulter Barni, *Napoléon Ier et son historien M. Thiers*) ; Lanfrey, t. III-IV ; Taine, *le régime moderne* ; *le Moniteur*, *la Correspondance de Napoléon Ier*, t. XIII à XVII ; les *Mémoires* de Mme de Rémusat, t. II et III ; les mémoires de Mme Avrillon (femme de chambre de l'impératrice Joséphine) 2 vol. ; ceux de Beugnot ; les *Souvenirs* du duc de Broglie ; Véron, *Mémoires d'un bourgeois de Paris*, 1er v. ; Faber, *Notices sur l'intérieur de la France* ; les *considérations* de Mme de Stael, 2e vol. ; les dépêches de Metternich dans le 2e vol. des *Nachgelassene Papiere* ; en outre : Pelet de la Lozère, *Opinions de Napoléon au Conseil d'État*, les *Mémoires* de Vitrolles, 2e vol. p. 443 et suiv. ; Welschinger, *La Censure sous Napoléon Ier* ; Sainte-Beuve, *Châteaubriand et son groupe littéraire*, 2 vol. ; Merlet, *Tableau de la littérature française*, 1800-1815, Paris 1877 ; B. Jullien, *Histoire de la poésie à l'époque impériale* ; Vauthier, *Lemercier* ; Nodier, *souvenirs* ; Brunetière, *Études critiques sur l'histoire de la littérature française*, 1880 ; Boissonnade, *La critique littéraire sous le premier Empire* ; Fauchille. *La question juive sous le premier Empire* (1886) ; Taine, *Napoléon Bonaparte* (*Revue des deux mondes* 1887 et 1888 avec des extraits des mémoires manuscrits du chancelier Pasquier). Sur les rapports avec les puissances, en général : Lefebvre, *Histoire des Cabinets*, dans le 3e vol. de la 2e édition de Paris. En particulier sur les rapports avec la Russie : Vandal, *Napoléon et Alexandre Ier*, 1er vol., (ouvrage où, d'après les documents des archives de St-Pétersbourg et de Paris et les notes des diplomates les plus distingués, l'auteur expose en détail la situation telle qu'elle était en 1807 et en 1808 en ne s'exposant qu'au seul reproche de trop prendre à la lettre les pièces contenues dans les archives); TATISTCHEFF, *Alexandre Ier et Napoléon*; TALLEYRAND, *Mémoires*, éd. Broglie, 1er v.; *Mémoires* du feld-maréchal Cte de STEDINÇK, ministre de Suède en Russie; BERNHARDI, *Geschichte Russlands im 19. Jahrh*, 2e vol. — 2° Sur les rapports avec la Prusse: G. HASSEL, *Geschichte der Preuss. Politik*, 1807-1808, 1er vol. et l'article de DUNCKER, *Preussen während der französischen Occupation* dans la collection: *Aus der Zeit Friedrichs des Grossen und Friedrich-Willhelm* 3e vol. — 3° Avec l'Autriche: BEER, *Zehn Jahre österreich. Politik* et le même, *die orientalische Politik Oesterreichs seit 1774*; les *Mémoires* et rapports de *Metternich* dans le IIe vol. des *Nachgelassene Papiere*. — 4° Avec le pape et l'Italie en général: HAUSSONVILLE et les auteurs précédemment cités; en outre: MAYOL DE LUPÉ, *Un pape prisonnier*, dans le *Correspondant*, 1884 et 1885; CASTRO, *Storia d'Italia dall 1799 al 1814*; CORRACINI, (La Folie), *Histoire de l'administration du royaume d'Italie*; SCLOPIS, *La domination française en Italie* (Compte rendu de l'Académie des sciences morales et politiques, 1861); CASTRO, *Milano, durante la dominazione napoleonita*. — 5° avec l'Espagne: BAUMGARTEN, *Geschichte Spaniens*, 1er v. (tous les mémoires espagnols y sont mentionnés) et BERNHARDI, *Napoléon I. Politik in Spanien* (*Histor. Zeitschrift*, 40e vol.); l'ouvrage le plus important est: LAFUENTE, *Historia general de España*; on consultera en outre avec profit: REHFUES, *Spanien nach eigener Ansicht in J. 1808*, Francfort

1813; en outre: Les *Mémoires* du roi JOSEPH et les *Souvenirs* de MIOT DE MÉLITO, 3e v.; ESCOIGNIZ, *Wahre Darstellung der Gründe welche König Ferdinand VII. bewogen heben, april* 1808, *nach Bayonne n reisen*; les lettres de MURAT à Savary, de Madrid 1808 (*Mittheilungen des Instituts f. österr. Geschichtsforschung*, 1880); SOUTHEY, *History of the peninsular war*, Londres, 1823; THIERS, t. VIII (à rectifier sur plusieurs points). — 6° Sur l'entrevue d'Erfurt, en plus des ouvrages déjà cités sur l'histoire de la politique étrangère: HÆUSSER, *Deutsche Geschichte*, 3e v.; les *Souvenirs* des Allemands MUEFFLING, F. DE MUELLER, STEFFENS; les *Mémoires* et rapports de METTERNICH, de 1808, en particulier sur le rôle joué par Talleyrand, dans le 2e vol. des *Nachgelassene Papiere*; TALLEYRAND, *Mémoires* 1er vol.; Cte CHOISEUL-GOUFFIER, *Réminiscences sur Napoléon et Alexandre Ier*; MENEVAL, *Napoléon et Marie-Louise*, 3e vol.; ERNOUF, *Maret, duc de Bassano*; les *Mémoires* de MONTGELAS; BITTARD DES PORTES, *les préliminaires de l'entrevue d'Erfurt* (*Revue d'histoire diplom*, 1890), ; *Description des fêtes données à LL. MM. les empereurs Napoléon et Alexandre par Charles Auguste duc de Saxe-Weimar*, 1809; *Souvenirs de l'entrevue d'Erfurt par un page de Napoléon* (*Correspondant*, 63e vol.)

CHAPITRE VI. — Sur la campagne d'Espagne voir les ouvrages mentionnés pour le chap. V, en outre la *Correspondance* de Napoléon Ier, 17e et 18e vol; DUCASSE, *les rois frères* de *Napoléon Ier*; YORCK *die Feldzüge Napoleon I.* 2e partie; NAPIER, *Histoire de la guerre dans la Péninsule*; la *Correspondance* de DAVOUT; les *souvenirs* de FÉZENSAC; les *cahiers* du capitaine Coignet ; les lettres écrites d'Espagne par des soldats allemands dans Bernays, *Die Schicksale des Grossherzogthums Frankfurt u. s. Truppen*. Sur l'expédition contre J. Moore : *A narrative of the campaign of the british army in Spain commanded by sir John Moore*, Londres 1809. Sur les causes de la guerre avec l'Autriche : Metternich *Nachgelassene Papiere* (les dépêches du 2e vol. sont souvent en contradiction avec les souvenirs du premier, voir Bailleu, *die Mémoiren Metternichs* dans la *Histor. Zeitschrift, Neue Folge*, 8e vol.) ; les rapports de Fred. Stadion, envoyés de Bavière de 1807 à 1809 (*Archiv für österr. Geschichte*, 63e vol) ; les *Mémoires* de Montgelas ; en outre Thiers, Bignon ; Beer, *Zehn Jahre oesterr. Politik* ; Wertheimer, *Geschichte Oesterreichs u. Ungarns im ersten Jachrzhnt des* 19. *Jahrh.* 2e vol. (d'après les notes de l'archiduc Charles et les suivant trop fidèlement) ; Albert Jæger, *Zur Vorgeschichte des Kriegs von* 1809 (*Sitzungsberichte* de l'Académie de Vienne, 1852). Sur la conduite tenue par la Russie, Bernhardi, *Geschichte Russlands*, 2e v. ; Mazade, *Alexandre Ier et le prince Czartoryski* ; Czartoryski, *Correspondance* (dans le 2e vol. de ses mémoires) ; les *Souvenirs* de de Maistre. Sur la conduite tenue par la Prusse : Hassel, *Gesch. de preuss. Politik seit* 1807, 1er v. ; les articles de Max Duncker, *Preussen waehrend der franz. Okkupation* et *Eine Milliarde Kriegsentschädigung, welche Preussen an Frankreih gezahlt hat* dans : *Aus der Zeit Friedrich d. Grossen u. Friedr. Wilhelm III.* 1er vol. M. Duncker, *Friedr. Wilhelm im Jahre* 1809 dans les *Abhandlungen aus der neueren Geschichte* ; Ranke, *Hardenberg und die Geschichte des preussischen Staates von* 1793-1813 (*Sämmtl. Werke*, 48ᵉ vol.) ; A STERN, *Abhandlungen und Aktenstücke zur Geschichte der preussischen Reformzeit* ; M. LEHMANN, *Scharnhorst*, 2ᵉ v. ; BOYEN, *Erinnerungen*, 1ᵉʳ v. ; MARTENS, *Recueil des traités conclus par la Russie*, 6ᵉ v. ; les écrits politiques de H. DE KLEIST et les autres additions à ses œuvres par R. *Köpke*, 1862. Sur la campagne en Bavière et en Autriche en plus des ouvrages militaires mentionnés à plusieurs reprises : 1° documents français : *Correspondance de Napoléon Iᵉʳ* ; PELET, *Mémoire sur la guerre de* 1809 *en Allemagne*, 4 vol. 1825 ; CADET DE GASSICOURT, *Voyage en Autriche*, 1818 ; SÉGUR, *Histoire et mémoires*, 3ᵉ vol. ; MARMONT, *Mémoires*, 3ᵉ v. ; RAPP, *Mémoires* ; en outre la *Correspondance* de DAVOUT et les *Souvenirs* du prince EUGÈNE, 4ᵉ vol. — 2° documents autrichiens : (STUTTERHEIM), *der Krieg von* 1809 *zwischen Oesterreich u. Frankreich* (jusqu'à la bataille d'Essling pour l'édition française, l'édition allemande ne comprend que la campagne de Bavière) ; en outre : *Der Feldzug des Jahres* 1809 *in Süddeutschland* dans la *österr. milit. Zeitschrift* de STREFFLEUR, 1862. Lire à côté de Stutterheim : WELDEN, *der Krieg von* 1809 *zwischen Oseterreich und Frankreich von Aufang mai bis zum Friedensschlus*, 1872 ; en particulier sur la bataille d'Essling : SCHELS, *la bataille d'E.* 21. *u.* 22. *mai* 1809 dans la *Zeitschrift* de STREFFLEUR, 1843. Sur les événements qui suivirent : ANGELI, *Wagram, Novelle zur Geschichte von* 1809 (*Mittheilungen des k. k. Kriegsarchivs*, 1881) ; VARNHAGEN, *die Schlacht bei Wagram* (dans ses *Mémoires*) ; RUHLE VON LILIENSTERN, *Reise mit der Armee*, 3ᵉ vol. et dans la *Pallas*, 1810) ; (HORMAYR), *Lebensbilder u. d. Befreiungs-*

Kriegen, 3 vol. (HORMAYR), *Kaiser Franz und Metternich* ; (ARCHIDUC JEAN), *des Heer von Inneroesterreich* ; F. DE GENTZ, *Tagebücher*, 1er vol. (les rapports du comte Hardenberg, déposés aux archives de Hanovre sont à peu près conformes à ce journal de Gentz ; ONCKEN, *das Zeitalter der Revolution, des Kaiserreichs u. der Befreiungs-Kriege*, 2° vol., en a donné quelques extraits) ; (Le *journal* de MAYER DE HELDENSFELD, déposé aux archives de la guerre à Vienne ne sont pas communiqués aux savants), les *Souvenirs* de RADETZKY (*Mittheil. des K. K. Kriegsarchivs*, 1887) ; RADETZKY *Denkschrift über die oesterr. Armee nach der Schlacht bei Wagram* (*Mittheil. des K. K. Kriegsarchivs*, 1884) ; de plus le rapport (très instructif) d'un officier autrichien sur *die Armee Napoleon I. im J.* 1809 *mit vergleichenden Rückblicken auf das oesterreichische Heer* (ibid. 1881) ; (la *Geschichte Oesterreichs und Ungarns im 1. Jahrzehnt des 19. Jahrh.* de WERTHEIMER d'après les notes de l'archiduc Charles n'est pas impartiale). Les souvenirs laissés par l'archiduc Jean ont fourni d'intéressants détails à KRONES dans *Geschichte Oesterreichs im Zeitalter der französischen Kriege*, Gotha 1886 et à ZWIEDINECK-SÜDENHORST, dans *Erzherzog Johann im Feldzug* 1809, Graz, 1892. Dans le compte rendu sur le livre de Krones (*histor. Zeisschrift*, 1887) FOURNIER a publié les *lettres* de L'ARCHIDUC CHARLES après la bataille d'Essling. Les lettres de Stadion à sa femme dont il est question dans le texte ne sont pas encore publiées. On en trouvera d'autres de lui dans THURHEIM, *Ludwig Fürst Starhemberg*, Graz, 1889. Sur l'agitation qui régnait alors en Allemagne voir en plus des ouvrages cités pour la Prusse : HÆUSSER, *Deutsche Geschichte*, 3e vol. où se trouve la nomenclature de tous les ouvrages ayant trait à ce soulèvement. Voir aussi la *Quellenkunde* de DAHLMANN. Sur le soulèvement du Tyrol et les publications le concernant : EGGER, *Geschichte Tirols*, 3e vol. et S. CLAIR, *André Hofer et l'insurrection du Tyrol en* 1809, Paris, 1881. Sur la paix de Schnöbrunn : les ouvrages de *Thiers* et de *Bignon* qui ont consulté les notes de Champagny ; ERNOUF, *Maret duc de Bassano* (d'après les souvenirs de Maret); BEER, *Zehn Jahre oesterreichischer Politik* ; KLINKOWSTROM. *Aus der alten Registratur der Staatskanzlei*; GENTZ, *Tagebücher*, 1er v.; FOURNIER, *Gentz und der Friede von Schoenbrunn* (*Deutsche Rundschau*, 1886) ; KRONES, *zur Geschichte etc.* et le compte rendu de FOURNIER dans la *histor. Zeitschrift.* (Les mémoires de Metternich ne méritent aucune confiance. La correspondance privée du prince Jean Liechtenstein de 1809 a été brûlée après sa mort). Sur l'attentat de Staps : *Fr. Staps, erschossen zu Schoenbrunn bei Wien auf Napoleons Befehl im Oktober* 1809, une biographie tirée des papiers laissés par son père ; en outre les *Mémoires* de RAPP et le *Mémorial* du payeur PEYRUSSE. Sur Marie-Louise : HELFERT. *M, Louise* ; *Correspondance de Marie-Louise* 1799-1847 ; *Lettres intimes*, 1887 ; les dépêches de METTERNICH dans le 2e vol. des *Hinterlassene Papiere* ; METTERNICH lettres à des diplomates amis dans (HORMAYR), *Lebensbilder a. d. Befreiungskriegen*; VANDAL, *Projet de mariage de Napoléon Ier avec la grande duchesse Anne de Russie* (*Correspondant*, 1890) ; WERTHEIMER, *Die Heirat der Erzherzogin Marie Luise mit Napoleon* (*Archiv f.*

österr. Geschichte, 64e v.)et WELSCHINGER. *Le divorce de Napoléon*, Paris 1889 (les deux ouvrages sont insuffisants par rapport aux causes politiques) ; DUHR, *Ehescheidung und 2. Heirath Napoleon I.* (*Zeitschrift für katholische Theologie*, 1888) ; LEFEBVRE, *Histoire des Cabinets de l'Europe*, 5e vol.; ERNOUF, *Maret duc de Bassano*; BARANTE, *Souvenirs* 1er vol.; BROGLIE, *Souvenirs*, 1er vol.; les *Mémoires* de MONTGELAS.

TABLE DES MATIÈRES

Pages

CHAPITRE PREMIER. — *Les dernières années du Consulat. L'Empereur (1802-1804).* — La France après la paix d'Amiens. Tendances anti-révolutionnaires. La cour du premier Consul. Sa famille. Projets de guerre. Les républiques vassales. Modifications subies par la constitution des Républiques batave et cisalpine. Annexion du Piémont. La Ligurie, l'île d'Elbe, le duché de Lucques. La Suisse. Les sécularisations en Allemagne et l'isolement de l'Autriche. — La paix n'est pas populaire en Angleterre. Les motifs pour lesquels elle ne l'est pas. La politique coloniale de Bonaparte. St-Domingue et la Louisiane. Malte. Les instructions qu'il donne à Otto. Provocation adressée aux Anglais. La guerre éclate. Le Hanovre et Tarente. Les contributions imposées aux États vassaux et l'armée de Boulogne. — Le complot contre le premier Consul. L'affaire du duc d'Enghien. L'effet qu'elle produit. L'hérédité de la première dignité de l'État est reconnue nécessaire par la nation. La proposition Curée. La constitution de l'an XII. Napoléon Ier Empereur. Sa cour. L'Empire et l'État 1

CHAPITRE DEUXIÈME. — *La guerre de 1805.* — L'armée impériale. Le projet de descente en Angleterre. Critique de ce projet. Napoléon veut la guerre continentale. Son différend avec la Russie. Les deux grandes puissances allemandes. La neutralité de l'Autriche ses complaisances pour Napoléon. Pie VII à Paris. Le couronnement. La question italienne. L'Autriche, se joint à la coalition. Démonstration de Boulogne. La guerre continentale commence. Armements et projets de l'Autriche. Mack sur l'Iller. Le mouvement tournant de Napoléon. La catastrophe d'Ulm. Trafalgar. Marche de Napoléon sur Vienne. Kutusow. Murat et l'affaire d'Hollabrunn. La Prusse se rapproche de la coalition. Napoléon à Brunn. Sa position précaire. L'ennemi se charge de l'en tirer. Austerlitz. Le départ des Russes. Armistice conclu avec l'Autriche. Haugwitz. La paix de Pressbourg. Le patriotisme national et la révolution couronnée . . . 48

CHAPITRE TROISIÈME. — *Créations napoléoniennes. Le différend avec la Prusse (1806).* — Effet produit sur les Français par les derniers événements. Leur double erreur. Naples. Les fiefs italiens. Leur caractère international. L'Empereur et le Pape. Développement du système napoléonien. Le royaume de Hollande. Les princes de l'Allemagne du Sud déclarés souverains, sont de fait les vassaux de Napoléon. Alliances entre leurs familles et celle de Napoléon. Dalberg et la création de la Confédération du Rhin. Conduite tenue par les grandes puissances allemandes. François II dépose la couronne impériale d'Allemagne. Les Français continuent à occuper l'Allemagne du Sud. Importance de cette occupation. Traité du 13 février 1806 entre la France et la Prusse. Négociations avec l'Angleterre et la Russie. Elles n'aboutissent pas. La Prusse se voit menacée par la France. Elle arme. Les calculs de Napoléon. Éveil du sentiment national en Allemagne. Palm. La Prusse refuse de désarmer. Nouvelle guerre. 98

CHAPITRE QUATRIÈME. — *D'Iéna à Tilsit (1806-1807).* — Napoléon procède avec circonspection pour établir son plan de campagne. Le désarroi règne dans le quartier général prussien. Les Français se portent de Bamberg en Thuringe. Conversion qu'ils font pour prendre l'ennemi à revers. Les batailles d'Iéna et d'Auerstädt. L'armée prussienne est dispersée. Napoléon à Berlin. Il refuse de traiter. La Russie intervient dans la guerre. Mesures politiques que Napoléon prend contre elle. Ses relations avec les Polonais et la Turquie. Le décret du blocus dirigé contre l'Angleterre. Marche vers l'est. Pultusk. L'armée est cantonnée en Pologne. Mouvement offensif de Bennigsen vers l'ouest. Napoléon marche au nord pour parer le coup. La bataille d'Eylau. Les Français sur la Passarge. Napoléon à Osterode et à Finkenstein. La situation critique où il se trouve. Négociations avec la Prusse, l'Autriche et les puissances orientales. Il est renforcé. Reprise des hostilités. Friedland. Napoléon et Alexandre Ier. Leurs conventions à Tilsit. Le traité et l'alliance secrète. Appréciation de ces traités. 135

CHAPITRE CINQUIÈME. — *Situation de la France, Bayonne et Erfurt (1808).* — Napoléon et les Français. Opposition cachée. Mesures prises par Napoléon pour la combattre. Mesures prises pour remédier à la misère et relever la fortune publique. La question juive. Politique financière. Noblesse héréditaire établie pour récompenser les services rendus ; majorats. L'armée se dénationalise. Entraves imposées à la liberté de la presse. Suppression du tribunat. Les juges ; les sénateurs. L'éducation publique ayant pour but de faire des Français des impérialistes. L'Université. La personnalité de Napoléon. La cour à Fontainebleau. Mesures politiques prises contre la Russie. Les intrigues de Napoléon. La conduite qu'il observe vis-à-vis de la Prusse et de l'Autriche. Annexion de la Toscane. Les desseins de Napoléon à l'égard des États de l'Église. Napoléon et l'Espagne. Ses visées. Le Portugal et le traité de Fontainebleau. Son importance. Les dissensions à la cour de Madrid. L'occupation française. L'intrigue de Bayonne. L'erreur de Napoléon. Le soulèvement de la nation espagnole. Les capitulations de Baylen et de Cintra. Leur effet en Europe. Dispositions hostiles en Autriche et en Prusse. La France se rapproche de la Russie. L'entrevue d'Erfurt. Le nouveau traité. Napoléon et les grands écrivains allemands 176

CHAPITRE SIXIÈME. — *Campagne d'Espagne et d'Autriche. Marie-Louise (1809-1810).* — La grande armée est dirigée sur l'Espagne. La guerre dirigée par Napoléon. Son intervention personnelle. Les Espagnols sont faibles et désunis. Espinosa et Tudela. Napoléon à Madrid. L'expédition de John Moore. Napoléon marche contre lui. Son plan. L'ennemi lui échappe. Il n'atteint qu'à moitié son but en Espagne. L'Empereur part pour Paris. Causes de ce départ. Talleyrand et Fouché. Les armements menaçants de l'Autriche. Les efforts qu'elle fait pour s'assurer le concours de la Prusse et de la Russie. La guerre est inévitable. Le plan d'opérations des Autrichiens. Ils perdent du temps. Les fautes commises par Berthier. Napoléon arrive au quartier général. Ses succès à Abensberg, Landshut, Eggmühl et Ratisbonne. Leur importance. Marche sur Vienne. Bataille d'Aspern. Revirement politique. Wagram. L'armistice de Znaim. Les négociations d'Altenbourg. La paix de Schönbrunn. Mécontentement des Français. Ils désirent que Napoléon ait un héritier direct. Le divorce. Napoléon joue la Russie. Il négocie en secret son mariage avec Marie-Louise. On accepte à Vienne. La nouvelle impératrice. Motifs de Napoléon. Le roi de Rome 238

BIBLIOGRAPHIE 295

FIN

Imprimerie DESTENAY Saint-Amand (Cher.)

EN VENTE A LA MÊME LIBRAIRIE

Saint-Amand (Cher). — Imprimerie de DESTENAY.

www.ingramcontent.com/pod-product-compliance
Ingram Content Group UK Ltd.
Pitfield, Milton Keynes, MK11 3LW, UK
UKHW031832260826
14628UKWH00001B/346